le premier livre en réalité augmentée !

Avec ton ordinateur et ta webcam, tu vas pouvoir animer des pages de ce livre en 3D sur ton ordinateur, et même jouer avec !

Télécharge d'abord le logiciel de réalité augmentée sur le site :

www.dokeo-realiteaugmentee.com

Vérifie que tu as bien le matériel requis pour utiliser le programme.

1. Branche ta **webcam** sur l'ordinateur et lance le **logiciel de réalité augmentée**.

2. Présente les pages signalées par ce **picto** à la webcam.

3. À l'écran, l'**objet jaillit de la page en 3D et s'anime !** Des consignes t'indiquent les touches du clavier qu'il faut actionner.

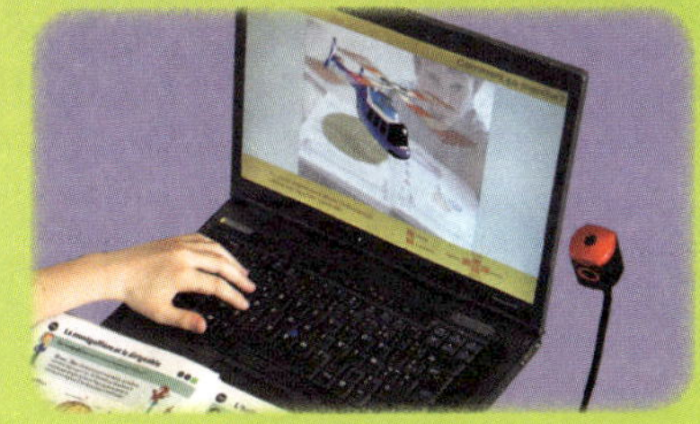

N'hésite pas à rapprocher la webcam du livre pour **voir l'objet de plus près** ou à changer d'angle de vue pour **l'observer sous toutes ses coutures** !

Si tu veux savoir comment marche la réalité augmentée, reporte-toi à la fiche 29 : tout est expliqué !

DOKÉO+

RÉALITÉ AUGMENTÉE

COMPRENDRE COMMENT ÇA MARCHE !

Les animations en réalité augmentée ont été développées par **TOTAL IMMERSION** d'après les illustrations du livre.

POWERED BY
TOTAL IMMERSION

La fiche ordinateur **19** a été réalisée en partenariat avec **HP France** et la fiche train **98** en partenariat avec **Alstom**.

Direction éditoriale :
Céline Charvet

Conception graphique :
Lawrence Honoré, Jean-François Saada, Lieve Louwagie

Direction artistique :
Lawrence Honoré, Lieve Louwagie

Édition :
Jean-Christophe Fournier

Maquette :
Lawrence Honoré, Albane Rouget

Conception et maquette de la couverture :
Françoise Maurel

Photos de la couverture, du plat 4 et de la garde :
Frédéric Hanoteau

Relecture scientifique :
Nathalie Magneron

Recherche iconographique (vidéos) :
Danièle Portaz

Correction :
Anne Bleuzen

Fabrication :
Céline Premel-Cabic

Photogravure :
Fap

ISBN : 978 209 251602-7

DOKÉO+
RÉALITÉ AUGMENTÉE

COMPRENDRE COMMENT ÇA MARCHE !

Textes de **Joël Lebeaume**
et **Clément Lebeaume**

Illustrations de **Didier Balicevic**, **Grégory Blot**,
Buster Bone, **Bruno Liance**,
Jazzi et **Tino**

Nathan

SOMMAIR

Les fiches sur **fond blanc** sont consacrées à un **objet** ou une **famille d'objets**.

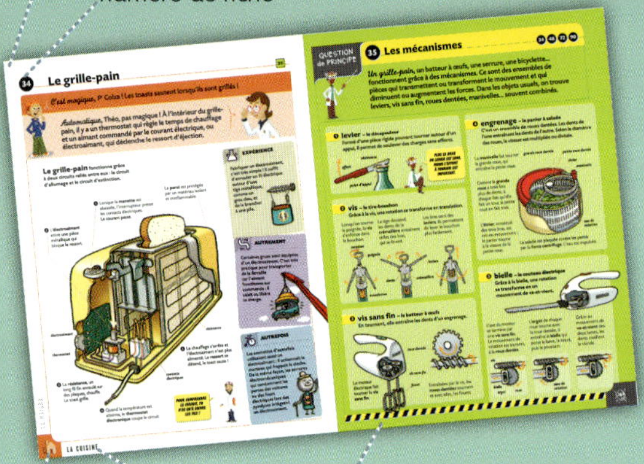

numéro de fiche

lieu

chapitre

Les fiches ou encadrés sur **fond vert** sont dédiés aux **grands principes scientifiques** ou **techniques**.

Ce **pictogramme** signale une animation en réalité augmentée.

Les **numéros** renvoient vers d'autres fiches qui présentent une parenté technique ou thématique.

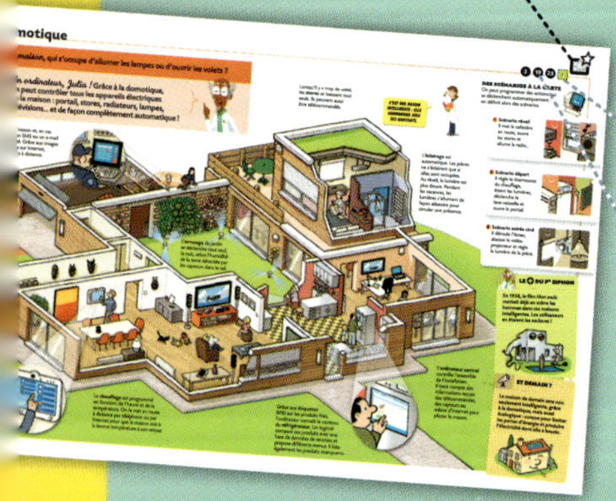

3 renvoi fiche principe

40 renvoi fiche objet

Un **lexique**, à la fin du livre, explique les mots compliqués.

MODE D'EMPLOI

LA MAISON

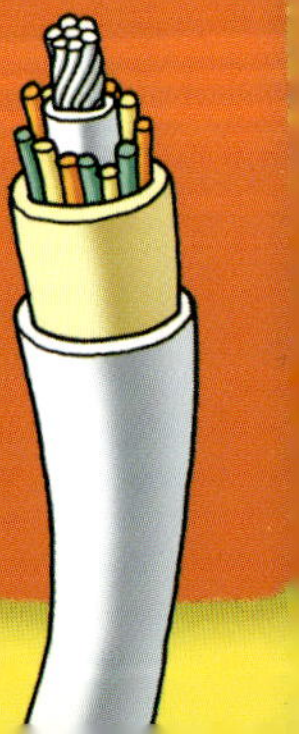

E

40 fiche objet | 3 fiche principe | encadré principe | réalité augmentée

LA VILLE

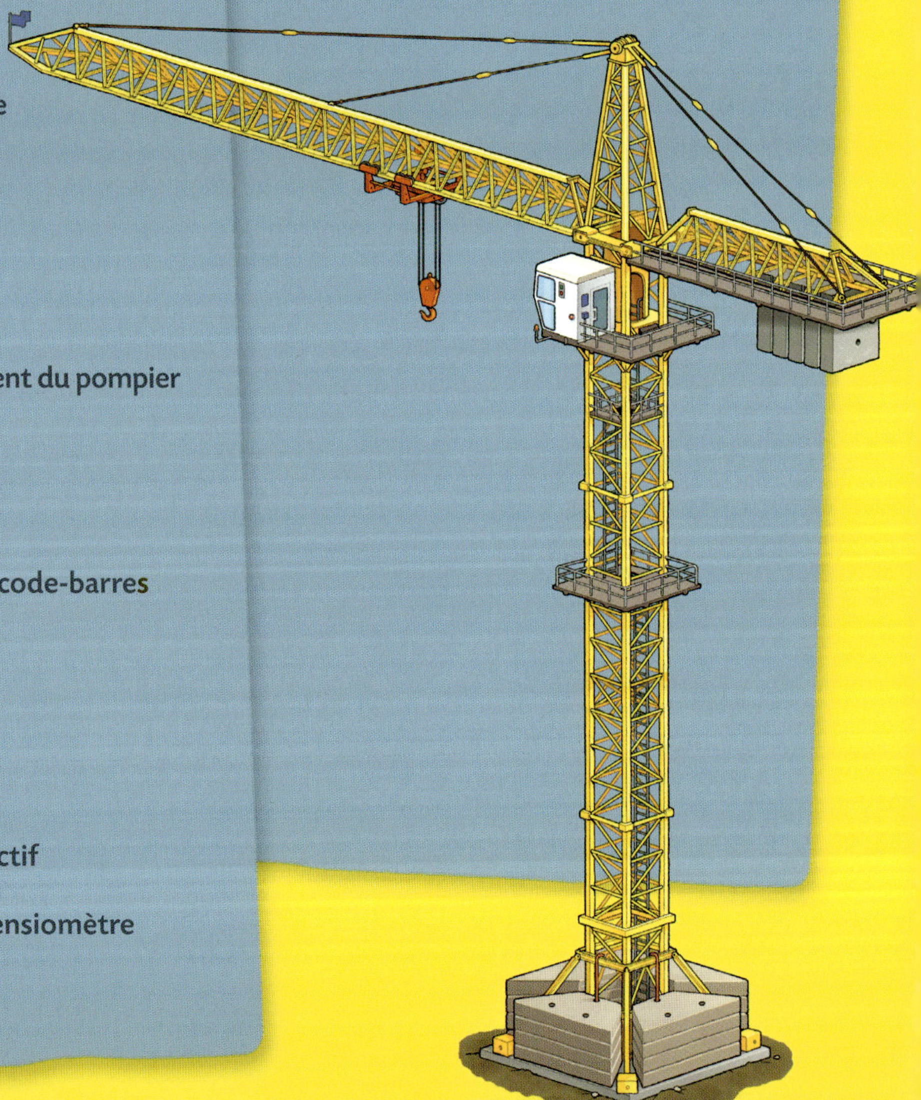

LES LOISIRS

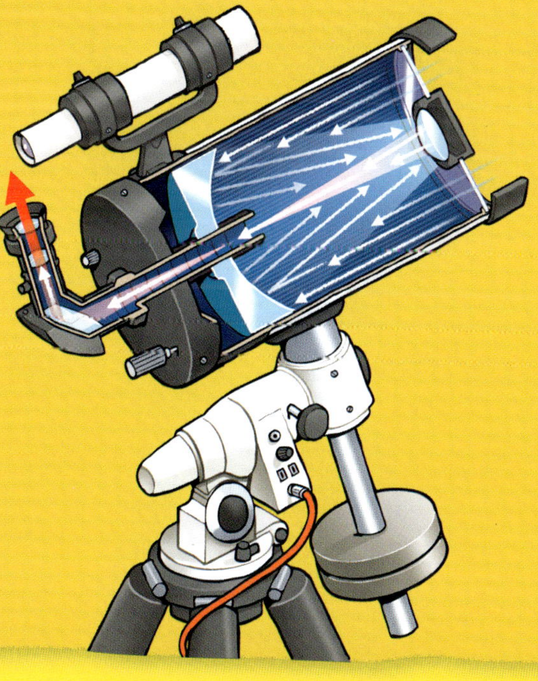

SOMMAIRE

LES TRANSPORTS

SOMMAIRE ALPHABÉTIQUE

chapitre 1

LA

MAISON

1 La domotique

Dans cette maison, qui s'occupe d'allumer les lampes ou d'ouvrir les volets ?

Un ordinateur, Julia ! Grâce à la domotique, on peut contrôler tous les appareils électriques de la maison : portail, stores, radiateurs, lampes, télévisions… et de façon complètement automatique !

L'**alarme** protège la maison et, en cas d'intrusion, adresse un SMS ou un e-mail à la société de sécurité. Grâce aux images des caméras envoyées sur Internet, la maison est surveillée à distance.

Le **garage** s'ouvre tout seul, dès que la voiture approche, et se referme automatiquement.

L'**arrosage** du jardin se déclenche tout seul, la nuit, selon l'humidité de la terre détectée par les capteurs dans le sol.

LA MAISON EST PILOTÉE PAR ORDINATEUR, MAIS OBÉIT D'ABORD À SES HABITANTS !

Grâce aux **écrans tactiles**, disposés un peu partout dans la maison, on peut tout commander et contrôler.

Le **chauffage** est programmé en fonction de l'heure et de la température. On le met en route à distance par téléphone ou par Internet pour que la maison soit à la bonne température à son retour.

Lorsqu'il y a trop de soleil, les **stores** se baissent tout seuls. Ils peuvent aussi être télécommandés.

L'**éclairage** est automatique. Les pièces ne s'éclairent que si elles sont occupées. Au réveil, la lumière est plus douce. Pendant les vacances, les lumières s'allument de façon aléatoire pour simuler une présence.

L'**ordinateur central** contrôle l'ensemble de l'installation. Il tient compte des informations reçues des télécommandes, des capteurs ou même d'Internet pour piloter la maison.

Grâce aux étiquettes RFID sur les produits frais, l'ordinateur connaît le contenu du **réfrigérateur**. Un logiciel compare ces produits avec une base de données de recettes et propose différents menus. Il liste également les produits manquants.

DES SCÉNARIOS À LA CARTE

On peut programmer des actions qui se déclenchent automatiquement : on définit alors des scénarios.

1 Scénario réveil
Il met la cafetière en route, ouvre les stores et allume la radio...

2 Scénario départ
Il règle le thermostat du chauffage, éteint les lumières, déclenche le lave-vaisselle et ouvre le portail.

3 Scénario soirée ciné
Il déroule l'écran, abaisse le vidéo-projecteur et règle la lumière de la pièce.

LE + DU Pr SIPHON

En 1958, le film *Mon oncle* mettait déjà en scène les hommes dans ces maisons intelligentes. Les utilisateurs en étaient les esclaves !

ET DEMAIN ?

La maison de demain sera non seulement intelligente, grâce à la domotique, mais aussi écologique : conçue pour limiter les pertes d'énergie et produire l'électricité dont elle a besoin.

2 Le portail automatique

16 30 3 31

Les portes s'ouvrent **et se ferment toutes seules ! C'est quoi le truc, Pr Colza ?**

L'ouverture et la fermeture **ne se font pas vraiment toutes seules, Théo ! C'est un automate qui s'en charge. Grâce au programme qu'il a en mémoire, il réagit au quart de tour à l'ordre de la télécommande.**

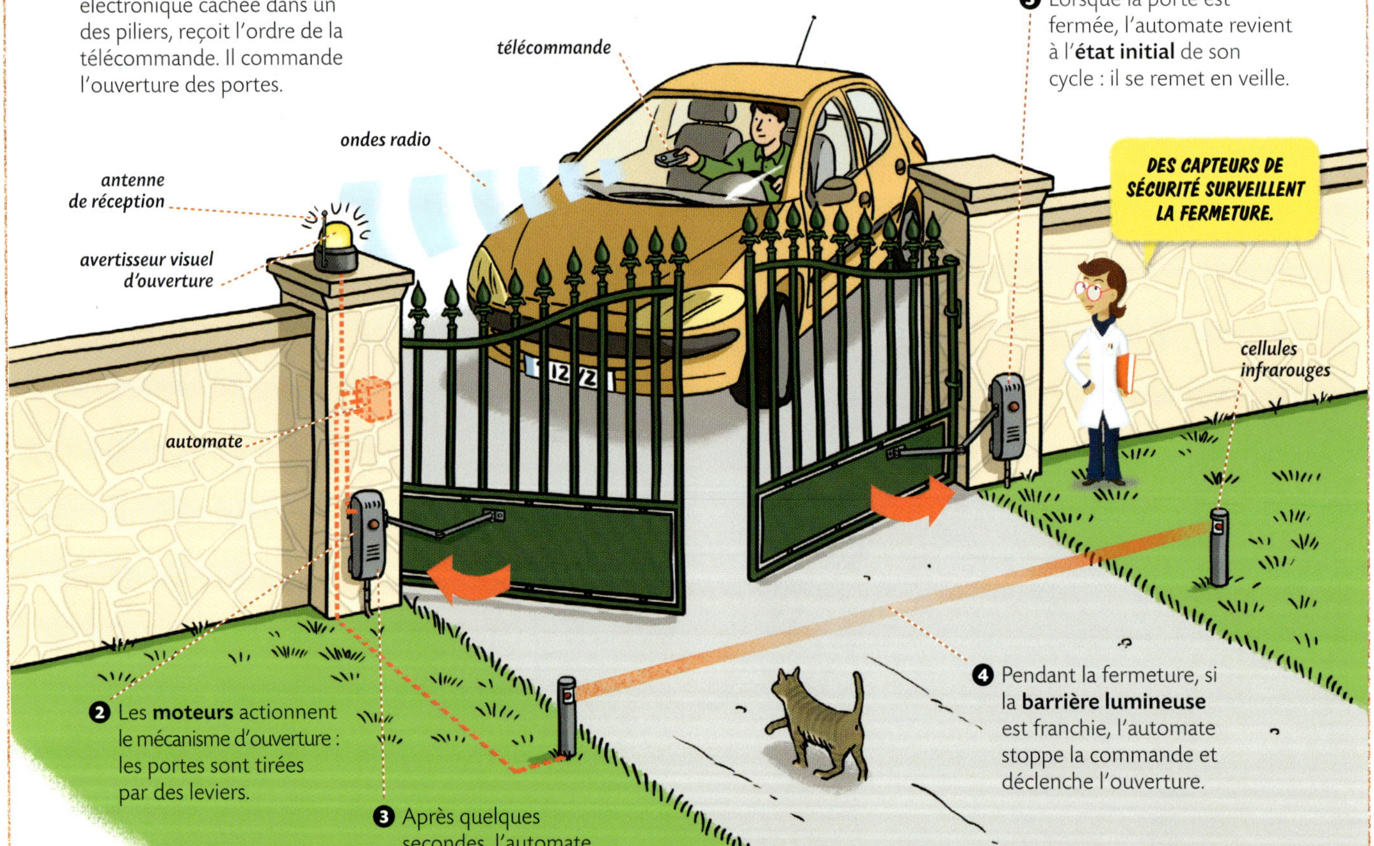

❶ L'**automate**, une carte électronique cachée dans un des piliers, reçoit l'ordre de la télécommande. Il commande l'ouverture des portes.

❷ Les **moteurs** actionnent le mécanisme d'ouverture : les portes sont tirées par des leviers.

❸ Après quelques secondes, l'automate ordonne la **fermeture**.

❹ Pendant la fermeture, si la **barrière lumineuse** est franchie, l'automate stoppe la commande et déclenche l'ouverture.

❺ Lorsque la porte est fermée, l'automate revient à l'**état initial** de son cycle : il se remet en veille.

L'AUTOMATE RÉFLÉCHIT AVANT D'AGIR ?

PAS EXACTEMENT. En fait, son programme a en mémoire des commandes associées à des opérations logiques comme : « tant que la porte est fermée, tu attends une commande d'ouverture » ; ou bien : « si le rayon lumineux est franchi pendant la fermeture, alors tu déclenches l'ouverture ». Son intelligence se limite à l'application des règles prévues.

LE + DU Pr SIPHON

Portail à rideau, basculant ou coulissant… il existe bien d'autres types de portails, qui s'adaptent aux maisons selon la place. Les automates fonctionnent de la même façon. Seuls les mécanismes d'ouverture varient.

AUTREMENT

Dans certaines maisons, l'ouverture des stores est pilotée par un automate. Celui-ci surveille l'ensoleillement et la force du vent. Il effectue des opérations logiques comme : « s'il y a du soleil et si le vent est faible, alors le store s'ouvre » ; « s'il y a du soleil et si le vent est fort, alors le store se ferme ».

QUESTION de PRINCIPE

3 Les automatismes

Tout automatisme est formé de trois éléments essentiels : dispositif de commande, des capteurs et des actionneurs. L'ordina reçoit les informations des capteurs, les traite et commande l'action des moteurs, des lampes... C'est comme le cerveau qui reçoit les informations de la peau, de l'œil... et commande les muscles du corps.

❶ robot industriel

Ces trois robots alignés mettent en boîte des chocolats. Chaque robot intervient sur une rangée. Leur bras articulé leur permet d'atteindre chaque chocolat du tapis roulant, de l'aspirer et de le déposer dans une alvéole vide d'une des boîtes posées sur un autre tapis roulant.

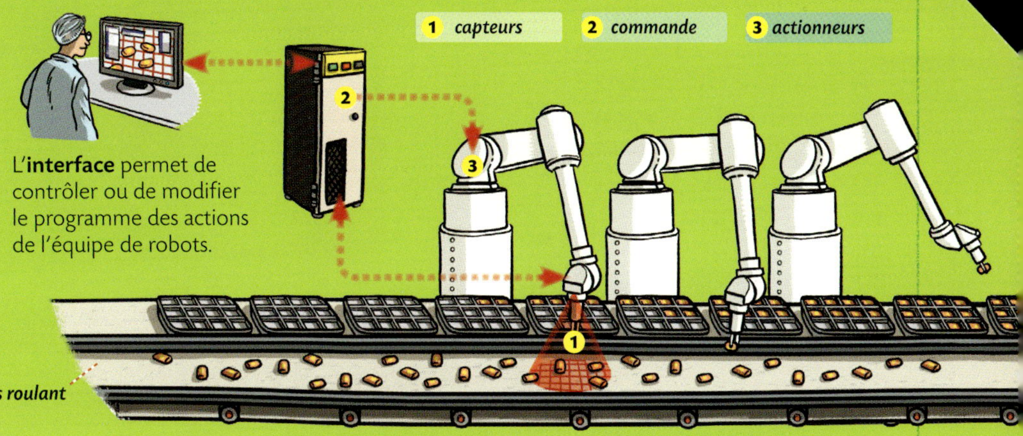

1 Les robots sont équipés de **caméras (capteurs)** qui filment le déplacement des chocolats.

2 L'**ordinateur** analyse ces images : pour chaque robot, il calcule la trajectoire optimale pour atteindre le chocolat sur le tapis roulant.

3 L'ordinateur commande les **moteurs** de chacun des trois robots dont les bras décrivent la trajectoire indiquée par l'ordinateur.

❷ machine à laver

Elle est entièrement automatisée. Il suffit de la charger et de sélectionner le programme.

1 Les différents **capteurs** contrôlent si la porte est ouverte ou fermée, s'il y a beaucoup ou peu de linge...

2 Le **programmateur** permet de choisir un des programmes de lavage en mémoire. Chacun est une suite d'instructions.

3 Au fil du cycle de lavage, la **pompe**, la **résistance** et le **moteur** qui fait tourner la cuve sont mis en service ou arrêtés.

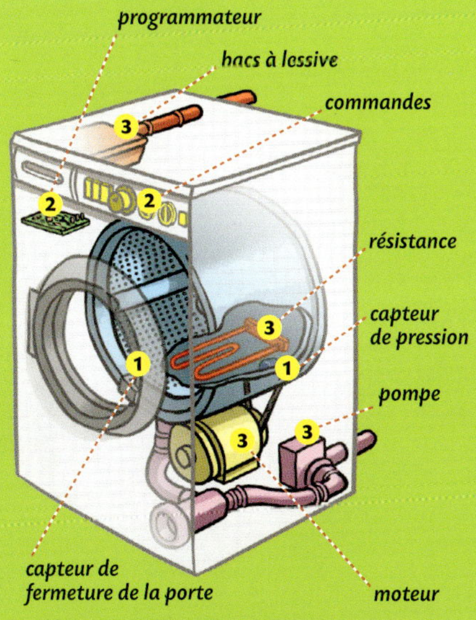

❸ éclairage automatique

Il se met en route à deux conditions : qu'il fasse nuit et qu'une personne soit détectée.

1 Le **capteur** détecte la présence de quelqu'un la nuit. Il envoie une information au dispositif de commande.

2 Le **dispositif de commande électronique** allume la lampe et déclenche la minuterie.

3 La **lampe** éclaire selon la durée programmée.

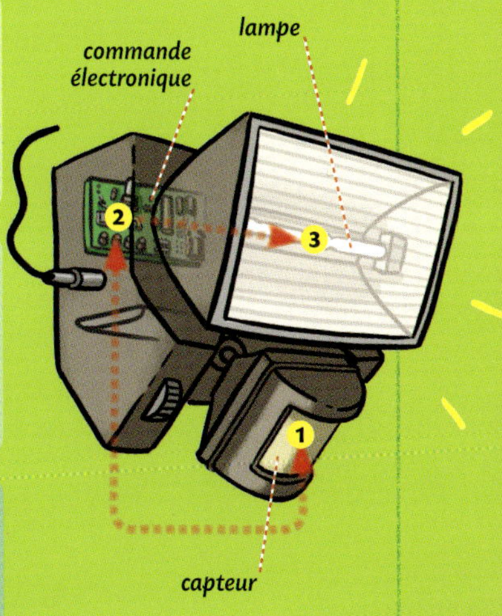

…é

…langereux ! Est-ce qu'on est bien protégé, Pr Siphon ?

… *À condition de rester prudent !*
…teurs protègent tous les circuits de la maison,
…t alimentés par le courant du réseau
…u bien produits par des panneaux solaires.

❶ réseau électrique

Le courant électrique provient des centrales situées à des centaines de kilomètres. Réparti pour les différents usages et distribué dans les villes, il arrive au compteur.

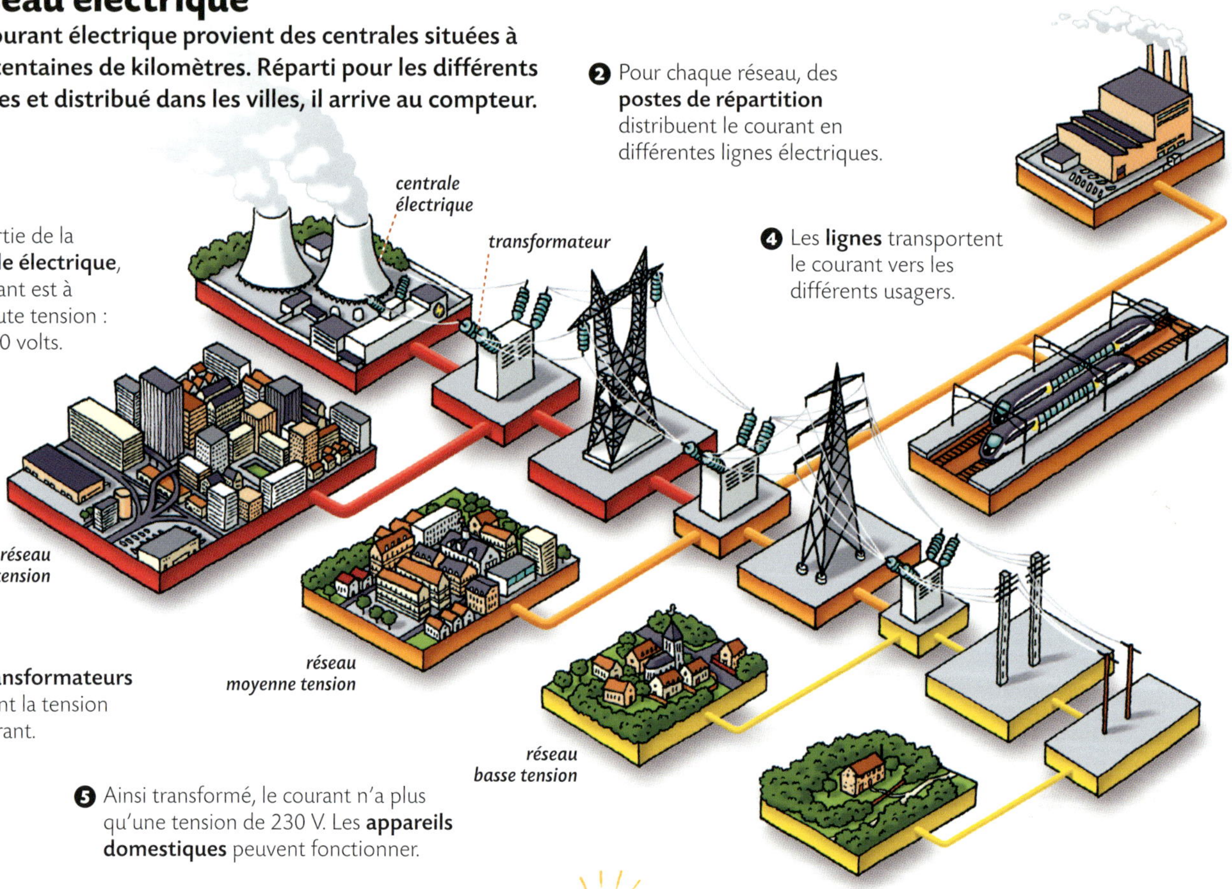

❶ À la sortie de la **centrale électrique**, le courant est à très haute tension : 400 000 volts.

❷ Pour chaque réseau, des **postes de répartition** distribuent le courant en différentes lignes électriques.

❸ Des **transformateurs** abaissent la tension du courant.

❹ Les **lignes** transportent le courant vers les différents usagers.

❺ Ainsi transformé, le courant n'a plus qu'une tension de 230 V. Les **appareils domestiques** peuvent fonctionner.

❷ panneau solaire

Un panneau solaire (ou photovoltaïque) est constitué d'une multitude de cellules solaires qui transforment l'énergie lumineuse en énergie électrique.

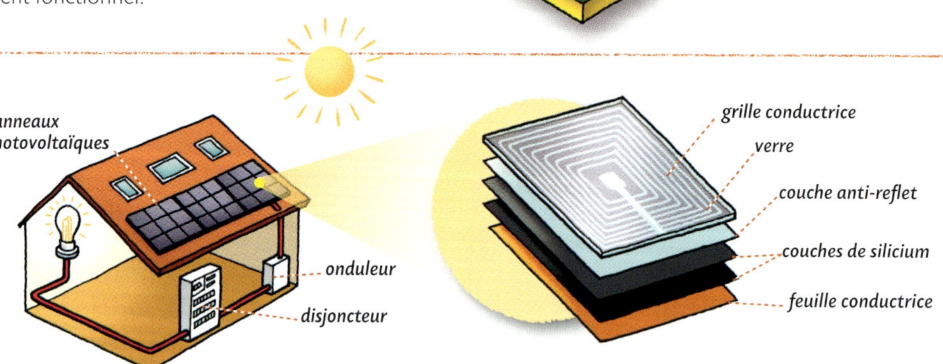

Les **panneaux photovoltaïques** sont reliés à un **onduleur** qui modifie le courant électrique, puis au tableau électrique.

La lumière atteint les **couches de silicium**. L'énergie de la lumière captée par les électrons du silicium engendre un courant électrique qui circule de la grille à la feuille conductrice.

3 installation électrique

L'électricité est répartie en différents circuits pour l'éclairage, les prises de courant, le chauffe-eau…

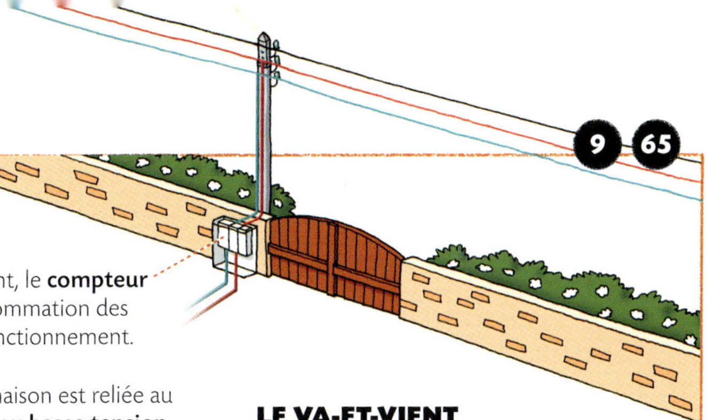

À chaque instant, le **compteur** calcule la consommation des appareils en fonctionnement.

Trois fils arrivent au **tableau électrique** : les deux fils du courant électrique et le fil de terre relié à un piquet, enfoncé dans la terre.

La maison est reliée au **réseau basse tension**. Le courant arrive par deux fils : la phase et le neutre.

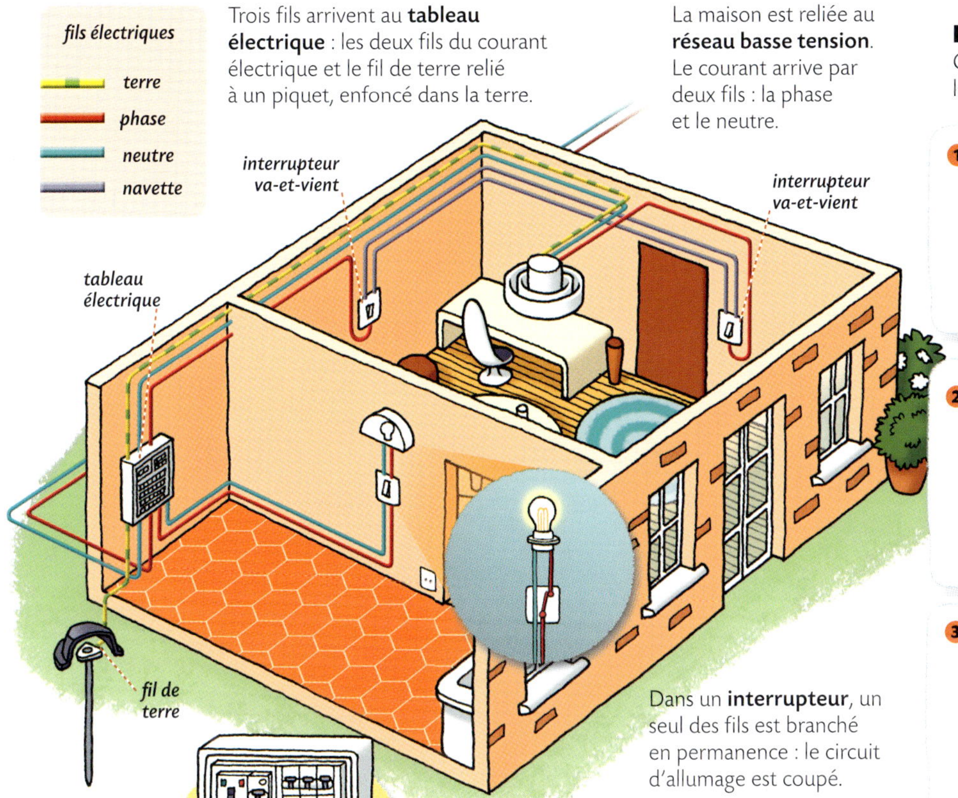

Dans un **interrupteur**, un seul des fils est branché en permanence : le circuit d'allumage est coupé.

LE VA-ET-VIENT

Grâce au va-et-vient, on peut commander la lampe des deux extrémités de la pièce !

1 Lampe allumée
Le premier fil arrive à la lampe. L'autre passe par les interrupteurs qui ferment le circuit.

2 Lampe éteinte
L'action sur l'un ou l'autre des interrupteurs ouvre le circuit : la lampe n'est plus alimentée.

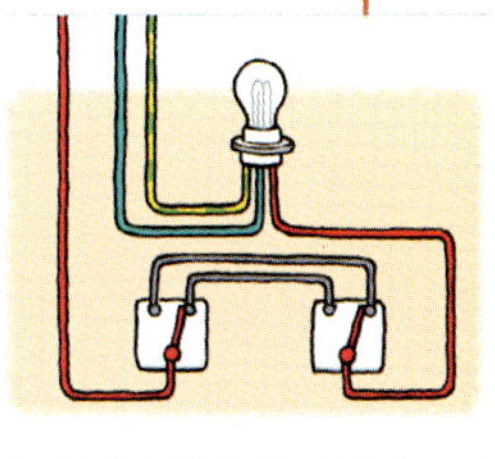

3 Lampe allumée
Inversement, l'action sur l'un ou l'autre des interrupteurs ferme le circuit : la lampe est alimentée.

Le **disjoncteur central** est un interrupteur. En cas de court-circuit, il se coupe automatiquement.

Un **disjoncteur** ou un fusible protège chaque circuit. En cas de surchauffe, un filament fond et le circuit est coupé.

À QUOI SERT LE FIL DE TERRE, Pr COLZA ?

C'EST UNE PROTECTION contre les électrocutions ! En cas de défaut d'un appareil, le courant passe directement par le fil de terre et non à travers le corps.

QUESTION de PRINCIPE

La conduction électrique

Les fils électriques sont en cuivre recouvert d'une gaine en matière plastique. Le cuivre est conducteur et la gaine isolante, du fait de leur structure atomique.

Dans le **fil électrique**, les atomes de cuivre sont ordonnés. Lorsqu'un fil est branché, un électron de chaque atome de cuivre se libère et se déplace. Le courant électrique correspond au déplacement des électrons.

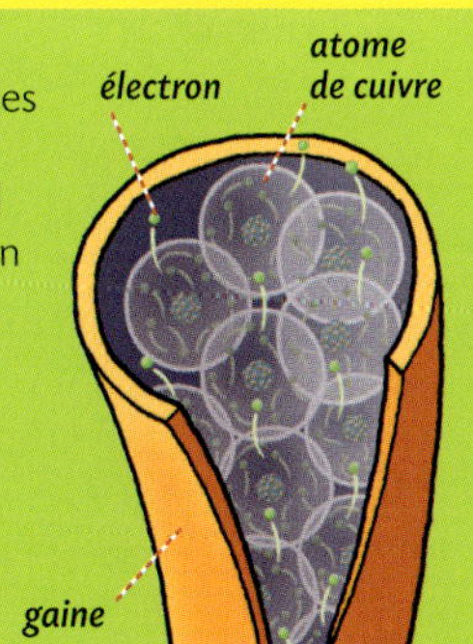

Dans les objets électroniques, les composants sont assemblés sur des **circuits imprimés**. Ce ne sont pas des fils mais des pistes de cuivre tracées sur un support isolant.

Pour miniaturiser les composants électroniques, on utilise des **nanofils** en carbone ou en or.

CES ASSEMBLAGES D'ATOMES SONT DIX MILLE FOIS PLUS FINS QU'UN CHEVEU.

5 Les serrures

Comment se fait-il que seule la bonne clé puisse ouvrir la serrure, Pr Siphon ?

Tout simplement parce que les découpes de la clé sont ajustées aux crochets de la serrure : une serrure et sa clé forment un couple unique ! La clé entraîne tout le mécanisme.

La clé, en tournant dans le cylindre, entraîne le déplacement du pêne. La porte est alors verrouillée ou déverrouillée.

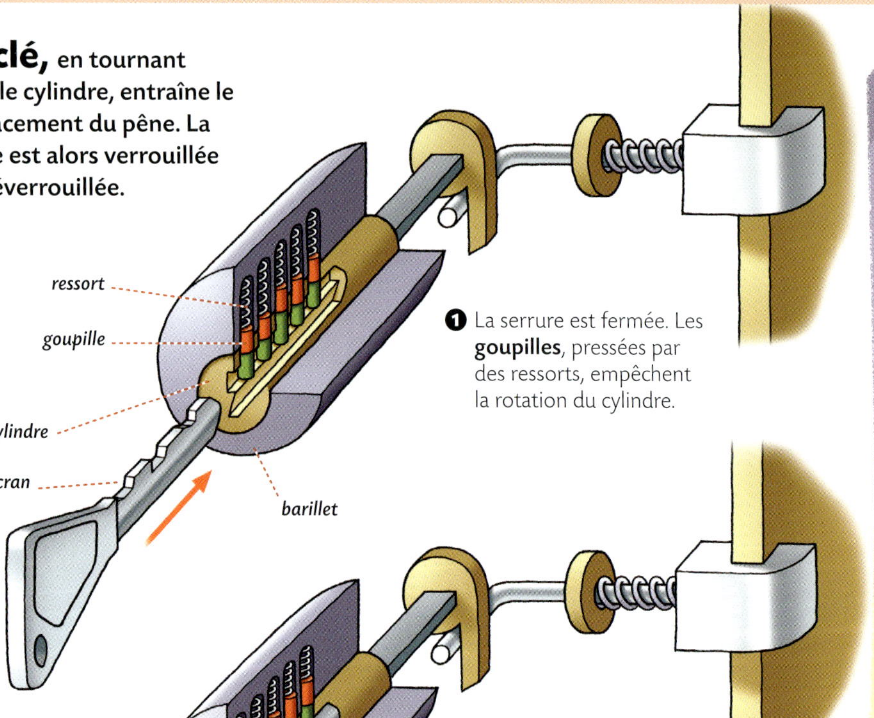

❶ La serrure est fermée. Les **goupilles**, pressées par des ressorts, empêchent la rotation du cylindre.

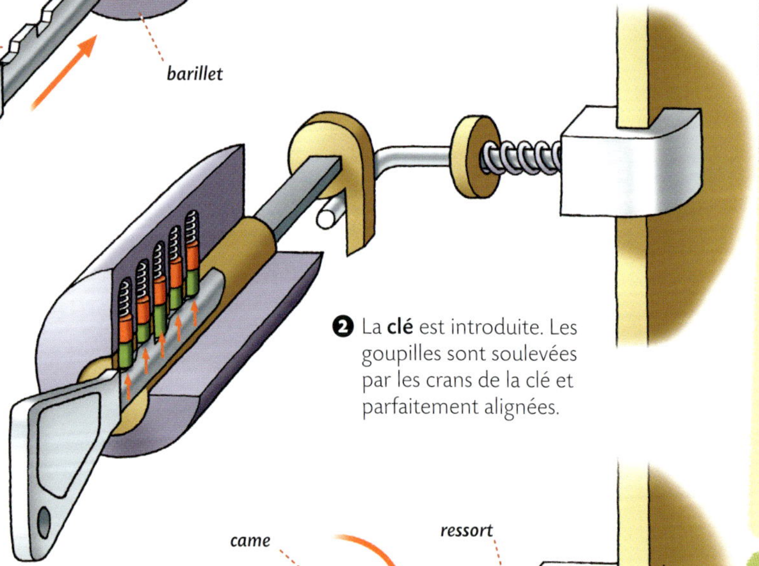

❷ La **clé** est introduite. Les goupilles sont soulevées par les crans de la clé et parfaitement alignées.

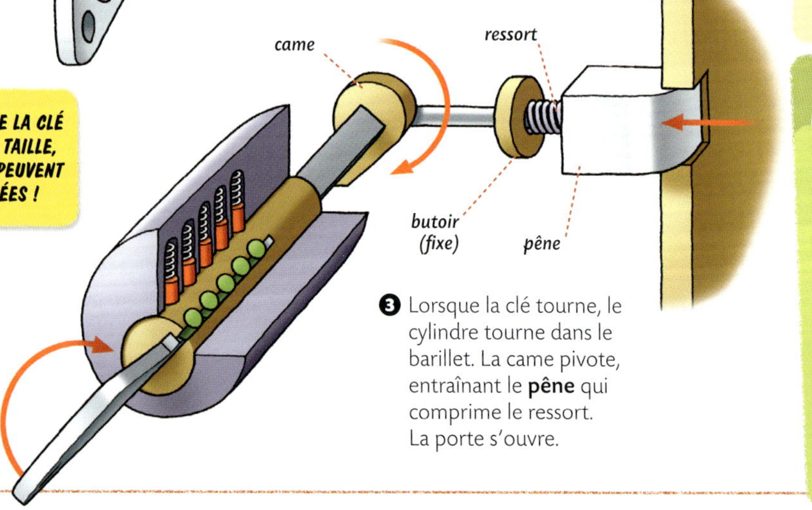

❸ Lorsque la clé tourne, le cylindre tourne dans le barillet. La came pivote, entraînant le **pêne** qui comprime le ressort. La porte s'ouvre.

SI UN DES CRANS DE LA CLÉ N'A PAS LA BONNE TAILLE, LES GOUPILLES NE PEUVENT PAS ÊTRE ALIGNÉES !

AUTREMENT

La clé d'une serrure électronique, c'est l'empreinte digitale. Les nœuds et bifurcations de l'empreinte sont scannés. Cette image est comparée avec les images en mémoire.

DEVINETTE

Quelle est la différence entre la serrure d'une porte d'appartement et celle d'un four ?

La porte du four électrique comporte une serrure électromagnétique. Un électroaimant maintient le pêne fermé.

LE + DU PR COLZA

Une serrure anti-crochetage comporte plusieurs pièces métalliques qui doivent être poussées en même temps. Seule la clé peut les dégager.

6 Les systèmes d'alarme

1 3 31

L'alarme se déclenche **à l'ouverture d'une porte ou d'une fenêtre, Pr Colza ?**

Oui, mais pas seulement. **La maison peut être aussi équipée de capteurs de chaleur, de fumée, de chocs, de bruits... L'alerte est donnée par la centrale dès qu'un problème est détecté.**

La centrale est le cerveau du système. Elle reçoit les informations de l'ensemble des capteurs de surveillance et déclenche l'alerte.

Si l'un des capteurs détecte quelque chose, les **sirènes** intérieures ou extérieures se mettent à hurler.

Le **détecteur de bris de verre** capte les sons. Si un son correspond au bruit du verre qui se casse, qu'il sait reconnaître, l'alerte est donnée.

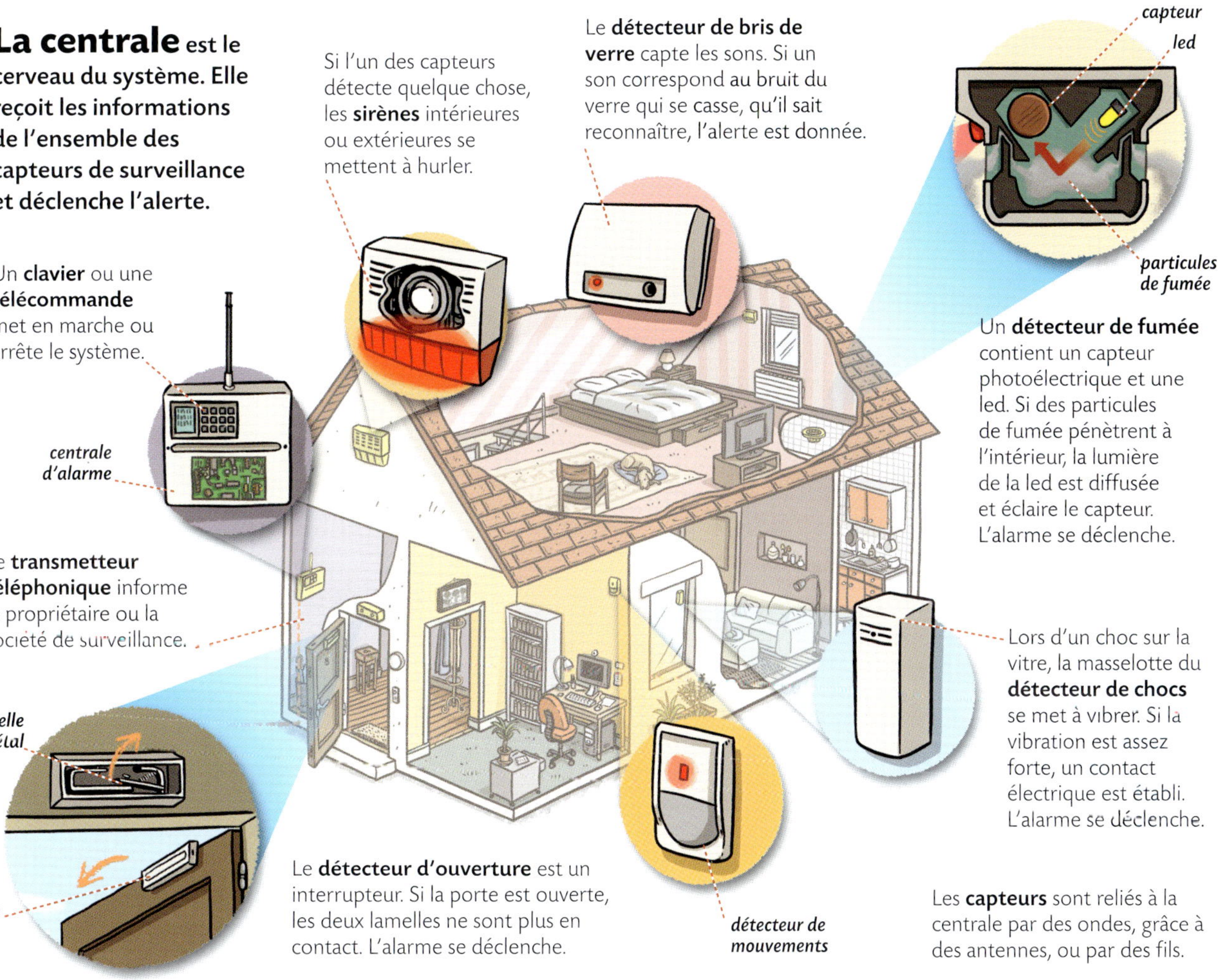

Un **clavier** ou une **télécommande** met en marche ou arrête le système.

Un **détecteur de fumée** contient un capteur photoélectrique et une led. Si des particules de fumée pénètrent à l'intérieur, la lumière de la led est diffusée et éclaire le capteur. L'alarme se déclenche.

Le **transmetteur téléphonique** informe le propriétaire ou la société de surveillance.

Lors d'un choc sur la vitre, la masselotte du **détecteur de chocs** se met à vibrer. Si la vibration est assez forte, un contact électrique est établi. L'alarme se déclenche.

Le **détecteur d'ouverture** est un interrupteur. Si la porte est ouverte, les deux lamelles ne sont plus en contact. L'alarme se déclenche.

Les **capteurs** sont reliés à la centrale par des ondes, grâce à des antennes, ou par des fils.

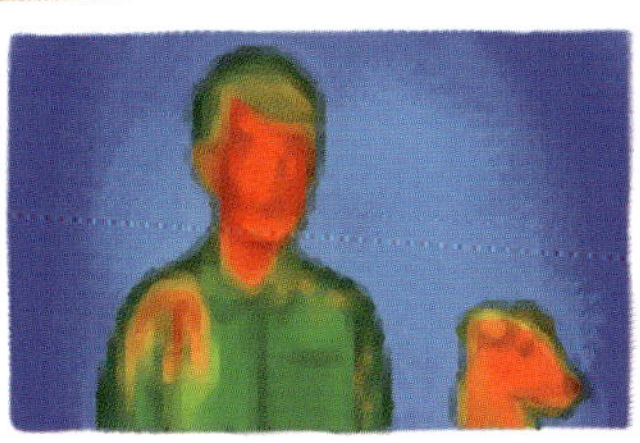

1 Le **détecteur de mouvements** capte la lumière infrarouge (invisible) émise par le corps chaud.

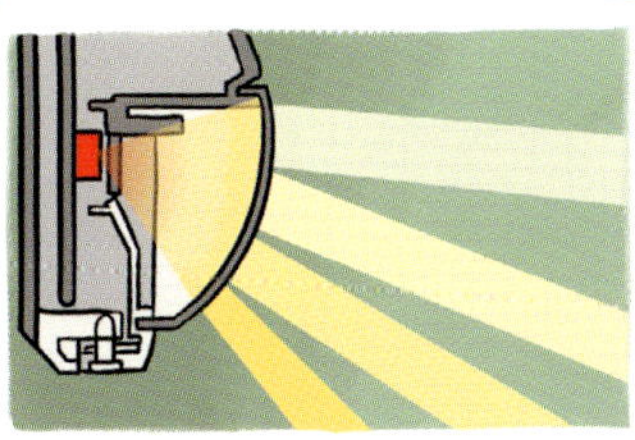

2 La pièce est découpée en plusieurs **zones**.
Le capteur reçoit les rayonnements infrarouges.

3 S'il identifie de la **lumière infrarouge** dans plusieurs zones, nombre qui varie avec la distance, il déclenche l'alarme.

4 Un **chien** ne déclencherait pas l'alarme car il ne représente qu'une zone.

L'aspirateur

Comment les poussières sont-elles aspirées dans l'aspirateur, Pr Colza ?

C'est comme si tu aspirais des miettes avec une paille, Théo ! La turbine, un puissant ventilateur, pompe l'air du tuyau : l'air chargé des poussières s'engouffre alors dans l'aspirateur, les poussières sont piégées et l'air est expulsé.

1 aspirateur à sac

Grâce aux filtres, l'air est débarrassé des poussières.

1 Le **moteur** électrique fait tourner la turbine.

2 Grâce à ses pales légèrement inclinées, la **turbine** crée un courant d'air.

3 Le **suceur** aspire tout sur son passage.

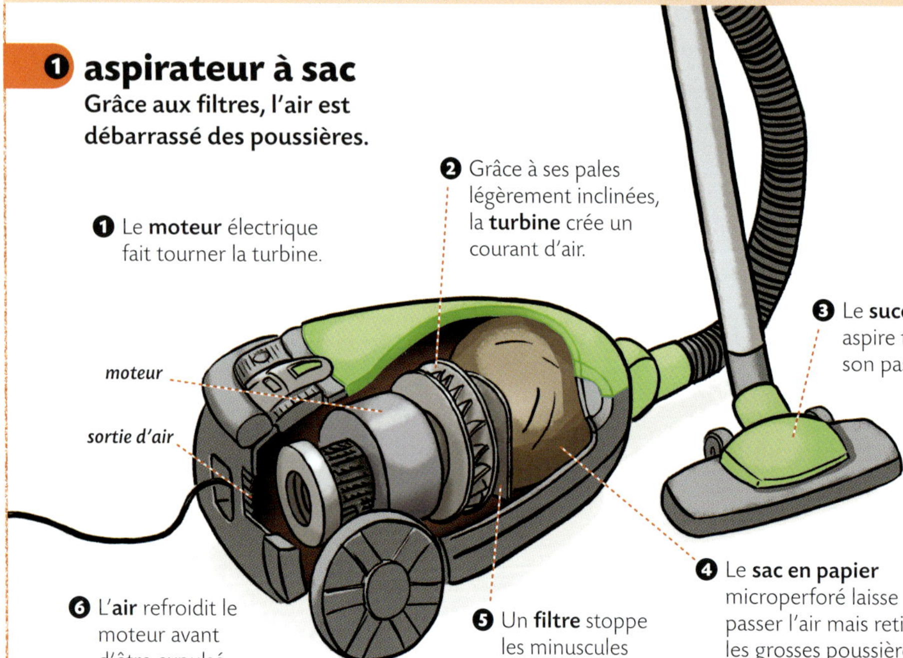

4 Le **sac en papier** microperforé laisse passer l'air mais retient les grosses poussières.

5 Un **filtre** stoppe les minuscules poussières.

6 L'**air** refroidit le moteur avant d'être expulsé.

2 aspirateur à cyclones

Les aspirateurs sans sac, inventés par Dyson, retiennent même les plus petites poussières.

1 Les poussières sont entraînées par de **puissants tourbillons**.

2 La **force centrifuge** sépare les plus grosses poussières de l'air.

3 Celles-ci tombent dans un **collecteur**.

4 Les poussières plus petites, soumises à **de nouveaux tourbillons**, sont éjectées à leur tour.

5 Plus les tourbillons sont rapides, plus l'**air rejeté** est propre.

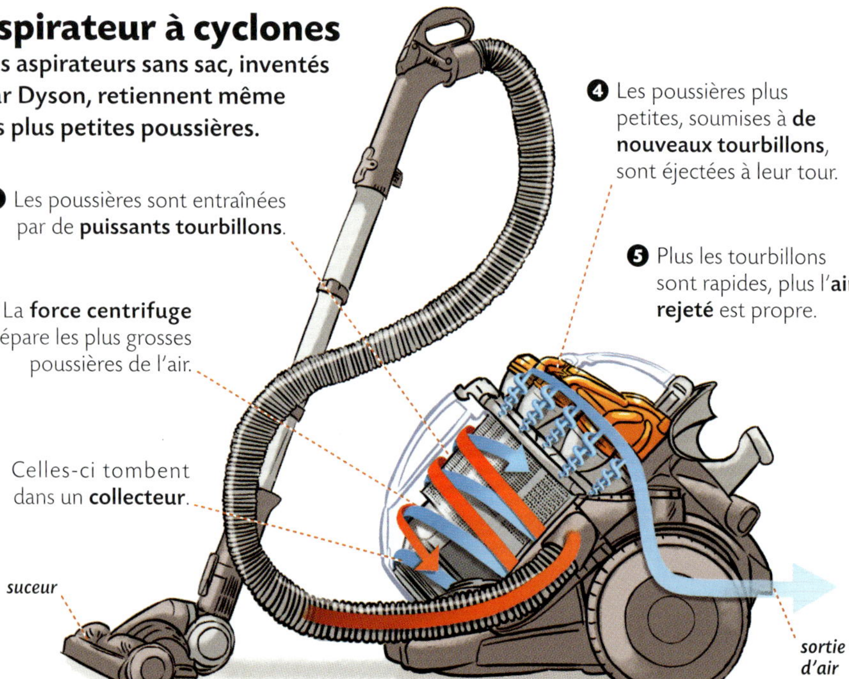

ANECDOTE

Le premier aspirateur n'était pas électrique. À chaque pas, un soufflet aspirait l'air et la poussière tandis que l'autre expulsait l'air dans la pièce !

LE + DU Pr SIPHON

Pour aspirer de l'eau, il faut un appareil spécial, mais le principe est le même. La turbine pompe l'air du réservoir et du tuyau. L'eau, qui est aspirée, remplit le réservoir sans jamais être en contact avec le moteur.

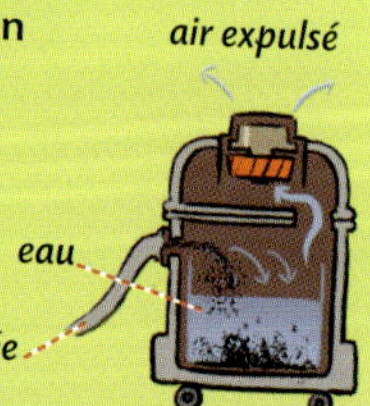

AUTREMENT

Le robot aspirateur est autonome ! Il se déplace tout seul, retrouve son chargeur lorsque sa batterie est faible et signale que son bac est plein. Grâce à l'écho des ultrasons qu'il émet, il parcourt la pièce en évitant les obstacles. Cet aspirateur est déjà en vente !

QUESTION de PRINCIPE

8 Les moteurs électriques

22 30 39

Un moteur électrique est une machine qui transforme l'énergie électrique en énergie mécanique. Son axe tourne et transmet son mouvement à la turbine d'un aspirateur, à l'hélice d'un ventilateur… Formé de bobines de fils électriques et d'aimants, le moteur fonctionne grâce aux phénomènes électromagnétiques. Il y a plusieurs types de moteurs.

❶ moteur avec aimant permanent

Dans un moteur de jouet, les pôles Nord et Sud de l'aimant produisent un champ magnétique. Dès qu'il est alimenté par une pile, le rotor tourne.

voiture radiocommandée

Le moteur de la voiture est relié aux roues par un engrenage. Pour la faire avancer ou reculer, il suffit d'inverser la pile. La télécommande actionne des inverseurs de courant.

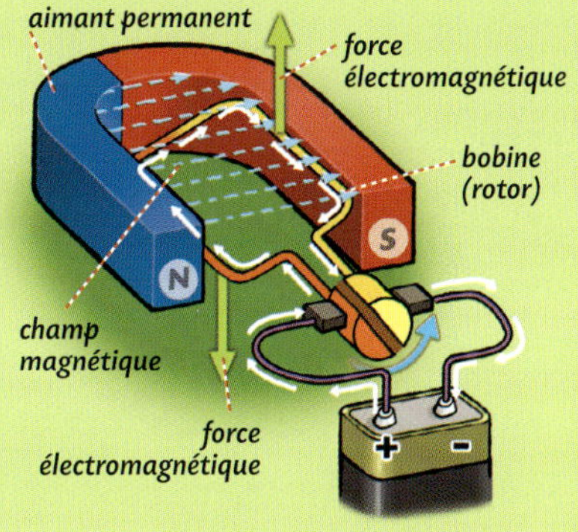

La **bobine**, placée dans le champ magnétique et parcourue par le courant, tourne sous l'effet des **forces électromagnétiques**.

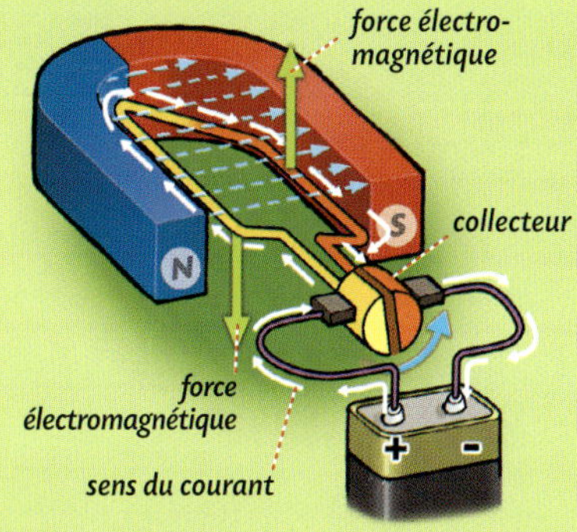

Pour que la bobine fasse un tour complet, les deux forces doivent être complémentaires. Grâce au collecteur, **l'alimentation de la bobine est inversée** à chaque demi-tour.

❷ moteur avec électroaimant

Dans un appareil électroménager, le moteur est constitué d'un électroaimant : des pièces métalliques qui deviennent des aimants quand elles sont entourées de bobinages électriques.

perceuse

L'arbre du moteur transmet sa puissance aux roues dentées, puis au foret.

Le **stator** est un électroaimant fixe.

Le **rotor** est un bobinage de fils électriques.

Les **forces électromagnétiques** mettent en mouvement le rotor.

L'**arbre** du moteur tourne.

❸ moteur pas à pas

Dans ce moteur, le rotor est un aimant. Le champ magnétique produit par les bobines électriques le fait tourner. Ce moteur a l'avantage de la précision.

imprimante

Pour faire avancer le papier dans une imprimante, on utilise un moteur pas à pas, capable de ne tourner que d'une portion de tour.

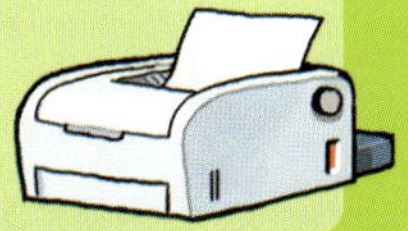

Les bobines opposées sont activées : l'aimant tourne.

Puis ce sont les deux bobines suivantes.

Le moteur tourne au gré de l'alimentation en courant des bobines.

Les lampes

Qu'est-ce qui distingue toutes ces lampes, Pr Siphon ? Vite, vos lumières !

Quelle que soit la lampe, l'émission de lumière se produit à l'échelle des électrons d'un filament, de ceux d'un gaz ou d'un composant électronique. Leur excitation s'accompagne de l'émission de petits grains de lumière.

1 lampe à incandescence

Dans cette lampe, c'est le tungstène chauffé qui produit de la lumière. Hélas, elle produit neuf fois plus de chaleur que de lumière. Pas très économique !

Sans un gaz inerte comme le **krypton**, le filament brûlerait instantanément.

Le **filament de tungstène**, un métal, est parcouru par le courant électrique.

À 2 700 °C, les **électrons** des atomes de tungstène du filament sont excités et émettent de la lumière.

2 lampe fluo-compacte

Elle émet de la lumière à partir d'une lumière invisible produite dans le tube. Presque toute l'énergie électrique est transformée en lumière !

Le tube de verre contient du **mercure** et un gaz, le **néon**.

L'intérieur du tube est recouvert d'une **couche fluorescente**.

1 Les **électrodes** produisent des **décharges électriques** dans le tube, faisant ainsi circuler les électrons.

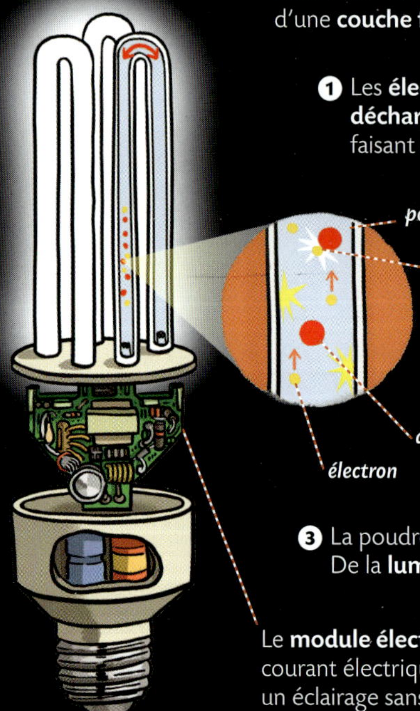

2 Les chocs des électrons avec les atomes de mercure génèrent de la **lumière ultraviolette**, invisible à l'œil nu.

3 La poudre fluorescente réagit. De la **lumière blanche** est émise.

Le **module électronique** adapte le courant électrique pour produire un éclairage sans clignotement.

3 lampe à led

Elle est constituée de diodes électroluminescentes (led) qui émettent de la lumière grâce à une minuscule pastille de matériaux spéciaux. Elle consomme très peu d'électricité.

Pour utiliser des lampes à led, qui ne fonctionnent que sous une faible tension électrique, il est indispensable d'utiliser un **transformateur**.

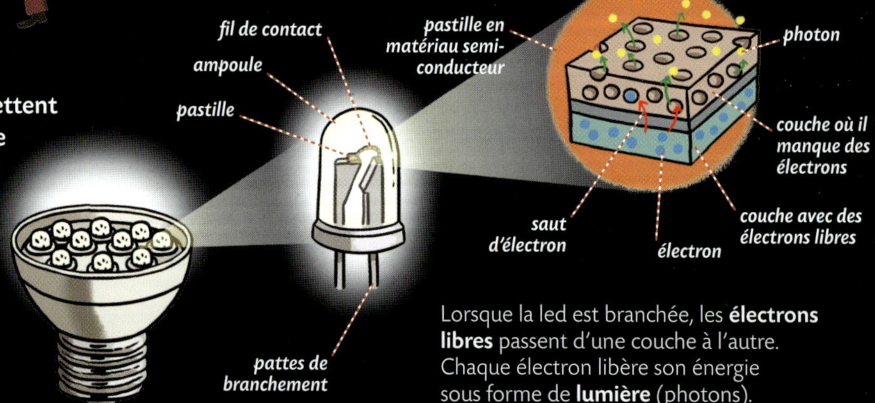

Lorsque la led est branchée, les **électrons libres** passent d'une couche à l'autre. Chaque électron libère son énergie sous forme de **lumière** (photons).

10 La box ou centrale multimédia

1 3 31

Tous les appareils sont branchés à cette fameuse box. À quoi sert-elle, Pr Colza ?

C'est la centrale multimédia, Julia !
Elle permet la communication des appareils informatiques de la maison avec l'univers numérique. Avec ou sans fils !

La box est un ordinateur : ses composants électroniques traitent, dirigent et enregistrent les informations des émissions de télévision, du courrier électronique, des pages web...

Même le **téléphone** passe par la box. Il est aussi possible de téléphoner avec un ordinateur et un logiciel ou avec un téléphone wifi.

Grâce au **wifi**, les informations sont transmises par ondes, sans fil.

La box adresse à l'**imprimante** les différentes commandes d'impression des ordinateurs.

La **box** est branchée sur la prise du téléphone ou du câble. Elle raccorde l'ensemble du réseau à Internet.

Le **bluetooth** est une liaison radio de faible débit et à courte distance.

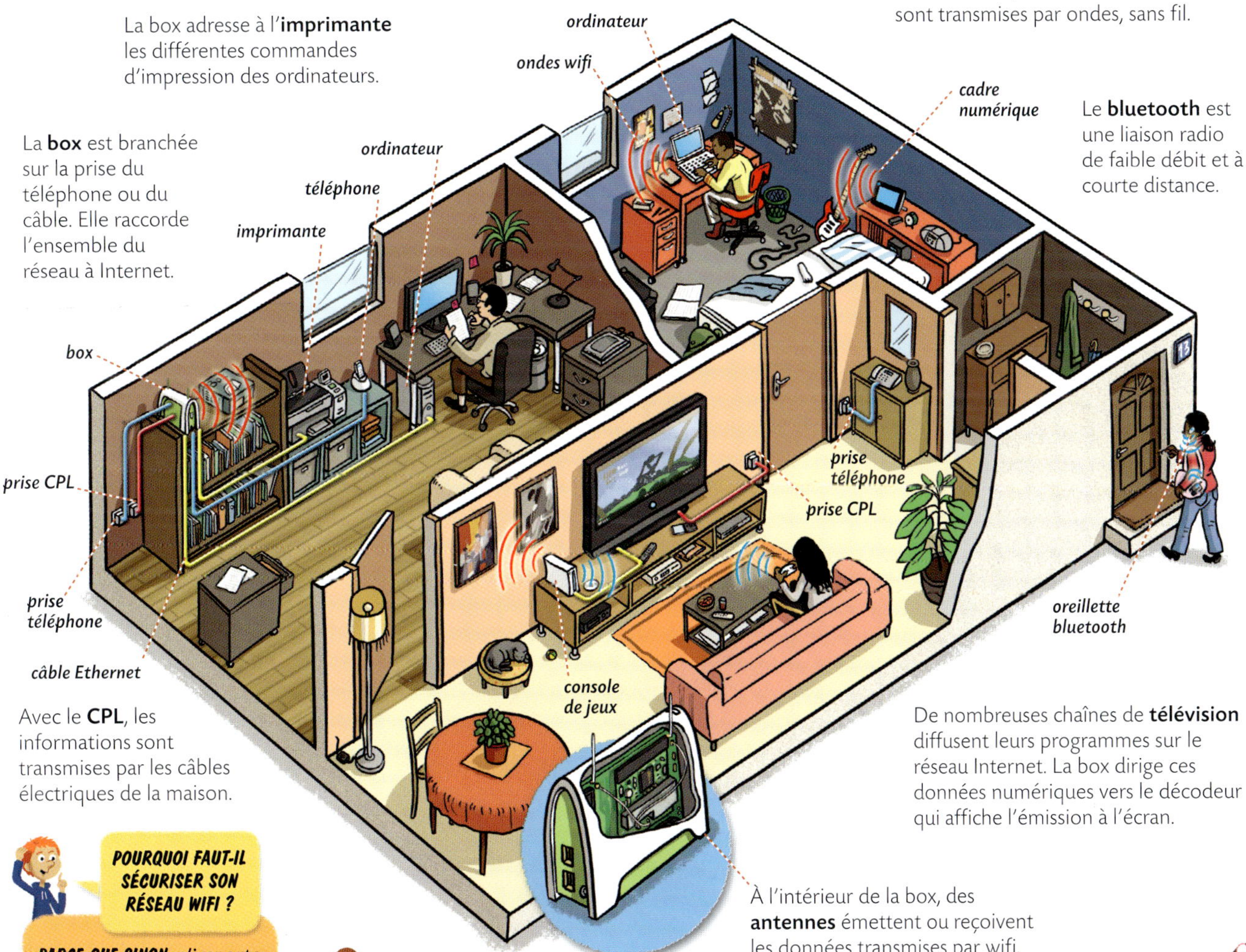

Avec le **CPL**, les informations sont transmises par les câbles électriques de la maison.

De nombreuses chaînes de **télévision** diffusent leurs programmes sur le réseau Internet. La box dirige ces données numériques vers le décodeur qui affiche l'émission à l'écran.

À l'intérieur de la box, des **antennes** émettent ou reçoivent les données transmises par wifi.

POURQUOI FAUT-IL SÉCURISER SON RÉSEAU WIFI ?

PARCE QUE SINON, n'importe qui pourrait se connecter au réseau de la maison, avoir accès à des données personnelles, voire exercer des activités illégales sur Internet.

Le **câble Ethernet** est composé de plusieurs fils par lesquels les appareils communiquent.

En connectant la **console de jeux** à la box, on peut jouer sur Internet avec des millions d'autres joueurs.

PLUS BESOIN D'ANTENNE POUR RECEVOIR LA TÉLÉ : TOUT PASSE PAR LA PRISE TÉLÉPHONIQUE !

La télévision

12 31

Comment les émissions nous parviennent-elles à la maison, Pr Colza ?

Elles sont numériques, Théo ! **Elles arrivent via des satellites, des antennes, des câbles et même Internet. Ces émissions sont décodées avant de s'afficher sur ton écran de téléviseur, d'ordinateur ou de téléphone.**

production

❶ L'**émission** en direct est filmée avec une **caméra numérique**. Elle peut être enregistrée pour une diffusion ultérieure.

❷ L'image et le son sont **codés** en des milliards de 0 et 1.

Les émissions produites sont envoyées au **centre de diffusion** avant d'être transmises.

émission

La parabole envoie le signal numérique au **satellite**, qui le transmet à la parabole de la maison.

❸ L'émission est transmise **par ondes**, en utilisant les satellites ou les antennes (TNT), ou par câbles.

réception

❹ Le **décodeur** reçoit les 1 et les 0, les traduit en images et en sons, qui sont envoyés à l'écran et aux haut-parleurs.

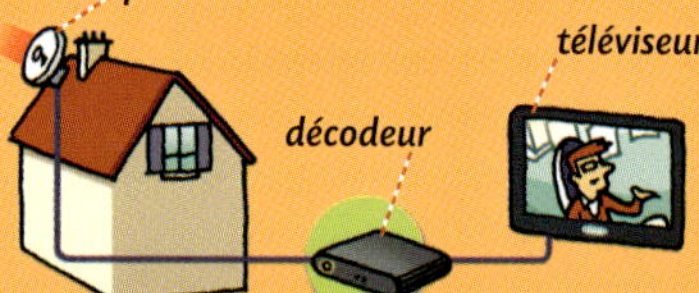

L'**antenne parabolique** capte les chaînes cryptées ou en clair diffusées par des satellites. À la maison, les chaînes cryptées sont décodées selon l'abonnement du client.

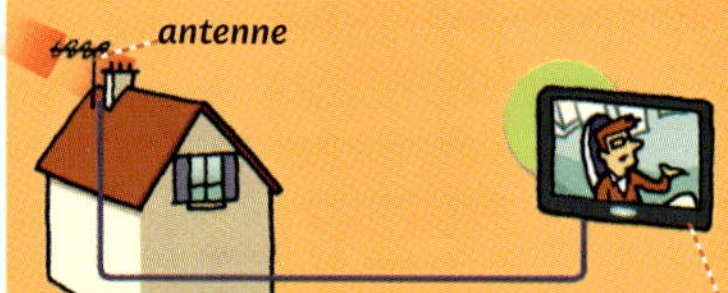

L'**antenne TNT** transmet le signal numérique. À la maison, l'antenne le capte et le transmet au décodeur intégré au téléviseur.

Selon l'équipement de la maison, les émissions arrivent sur le boîtier du **câble** de télédistribution ou sur la **prise téléphonique**. On peut les regarder sur un téléviseur ou sur un ordinateur.

Transmission par fibres optiques

En matière de télécommunications, les **fibres optiques** ont de hautes performances. Dans ces fibres plus fines qu'un cheveu, de la lumière transmet, en rebondissant sur ses parois, les émissions codées en 0 et 1.

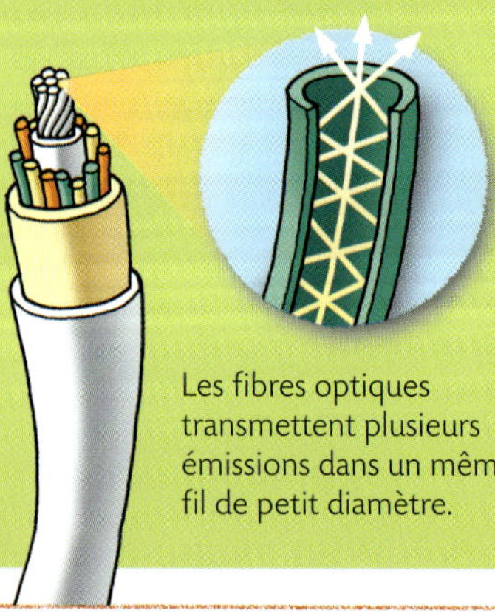

Les fibres optiques transmettent plusieurs émissions dans un même fil de petit diamètre.

Transmises par les **ondes hertziennes**, les émissions sont également reçues par des téléphones portables ou des ordinateurs de poche.

Les écrans plats

11 14

Quelle est la différence entre un écran plasma et un écran LCD, Pr Siphon ?

Tous les deux sont des sandwichs **: entre deux plaques de verre, des millions de points peuvent s'éclairer en couleur. Leur différence tient seulement dans la façon de produire ces points lumineux.**

❶ écran plasma

Il est constitué d'une myriade de lampes fluorescentes qui s'éclairent grâce à un gaz excité : le plasma.

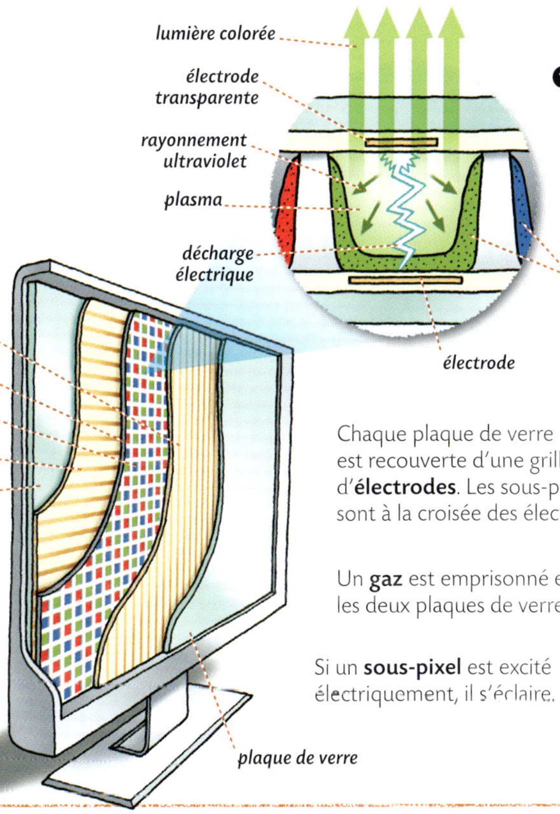

❶ Entre les deux électrodes d'un sous-pixel, la décharge électrique excite le gaz : il devient **plasma**.

❷ Le gaz ainsi excité produit un **rayonnement ultraviolet** invisible.

❸ La réaction de la **poudre fluorescente colorée** transforme le rayonnement en lumière visible : le sous-pixel s'éclaire.

Chaque plaque de verre est recouverte d'une grille d'**électrodes**. Les sous-pixels sont à la croisée des électrodes.

Un **gaz** est emprisonné entre les deux plaques de verre.

Si un **sous-pixel** est excité électriquement, il s'éclaire.

Les **données numériques** de chaque image du film sont transformées par un microprocesseur qui active alors l'éclairage des pixels concernés.

Un **écran** est constitué de millions de pixels, chaque pixel contenant trois sous-pixels un vert, un bleu, un rouge.

❷ écran LCD

Il utilise la propriété des cristaux liquides qui laissent passer plus ou moins la lumière selon leur excitation électrique.

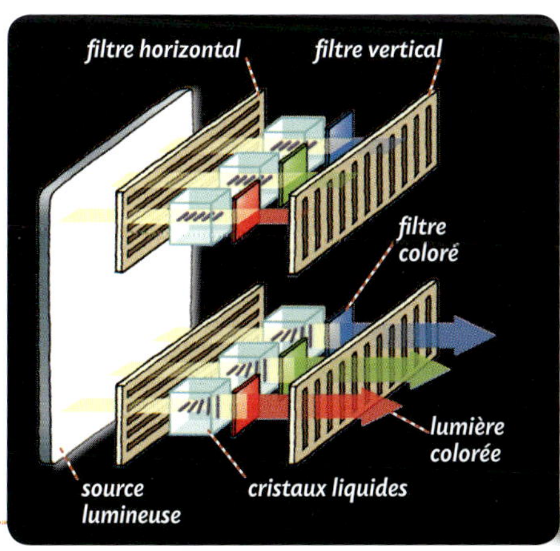

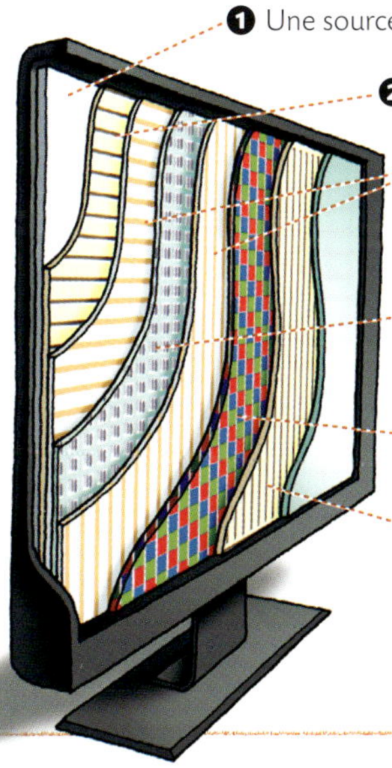

❶ Une source de **lumière blanche** éclaire l'écran par l'arrière.

❷ Un **filtre** oriente la lumière horizontalement.

❸ Grâce aux réseaux d'**électrodes** qui apportent le courant aux endroits adéquats, certains cristaux liquides sont excités.

❹ Selon leur excitation, les **cristaux liquides** dévient plus ou moins la lumière à la verticale.

❺ La lumière traverse ensuite les **filtres** rouge, vert et bleu.

❻ Un autre **filtre** ne laisse passer que les rayons verticaux de lumières colorées.

❼ Les **sous-pixels** s'éclairent.

13 Le lecteur de CD et DVD

Comment le lecteur lit-il les disques numériques comme le CD ou le DVD ?

Les musiques ou les images sont gravées sur le disque sous forme de creux microscopiques. Le lecteur est un œil électronique qui les « voit » quand ils sont éclairés par un laser. C'est une lecture optique.

❶ Le **moteur** fait tourner le disque à une vitesse précise.

❷ Le **chariot** se déplace pour suivre la piste de données.

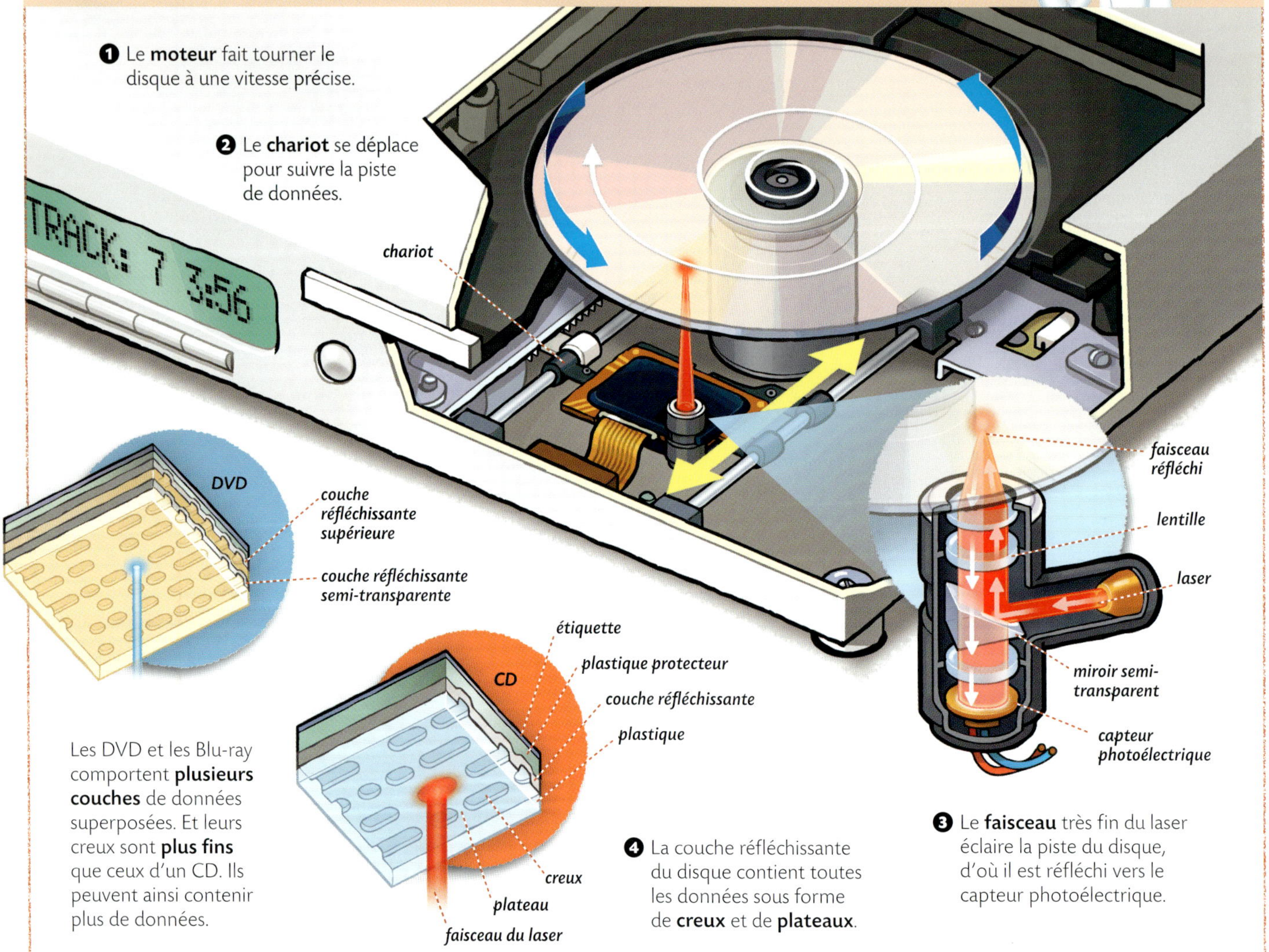

Les DVD et les Blu-ray comportent **plusieurs couches** de données superposées. Et leurs creux sont **plus fins** que ceux d'un CD. Ils peuvent ainsi contenir plus de données.

❸ Le **faisceau** très fin du laser éclaire la piste du disque, d'où il est réfléchi vers le capteur photoélectrique.

❹ La couche réfléchissante du disque contient toutes les données sous forme de **creux** et de **plateaux**.

❺ Le **capteur photoélectrique** détecte les plateaux et les transforme en signaux électriques.

❻ Les **signaux** sont convertis et envoyés à l'ordinateur, à la télévision ou à l'amplificateur.

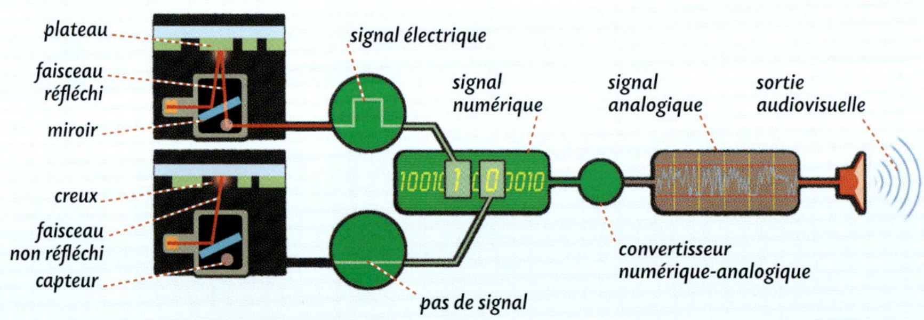

14 La lumière et le laser

45 46

Visible par l'œil humain, la lumière blanche émise par le Soleil ou par les lampes électriques est composée d'une infinité de lumières colorées. Les lasers produisent une lumière très différente : un faisceau très fin d'une seule couleur pure aux applications multiples.

1 lumière blanche

C'est le mélange de lumières colorées correspondant aux couleurs de l'arc-en-ciel.

En passant dans un prisme en verre, une goutte d'eau ou au travers du fin relief des plateaux et des creux d'un CD, la **lumière blanche** se décompose car les lumières colorées ne sont pas déviées de la même façon.

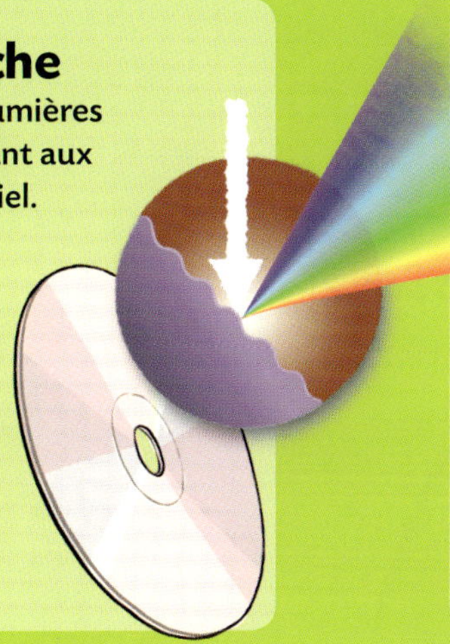

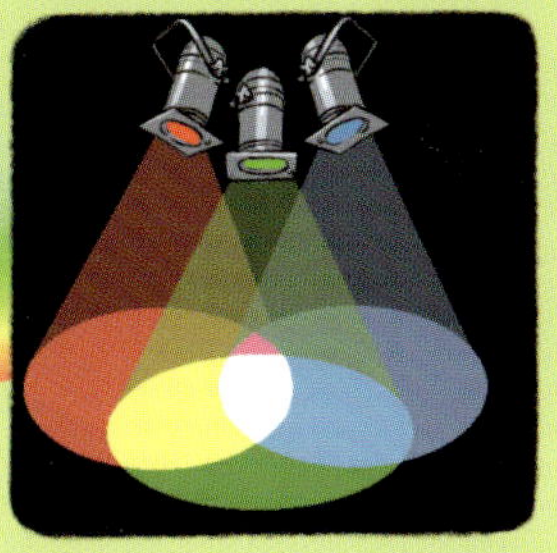

Le mélange de trois **lumières colorées** (le rouge, le vert et le bleu) permet d'obtenir de la lumière blanche ainsi que toutes les autres couleurs.

Les **millions de couleurs** des écrans de télévision et des appareils photos sont donc issues des multiples additions de ces trois lumières colorées primaires.

2 rayon laser

Il est produit par l'excitation d'un cristal, d'un gaz ou d'un liquide dans une ampoule dont les extrémités sont des miroirs.

Un **miroir opaque** renvoie la lumière. L'autre miroir, **semi-transparent**, laisse passer la lumière.

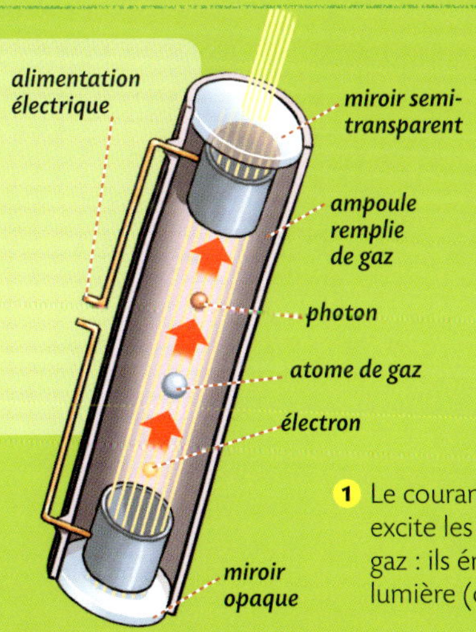

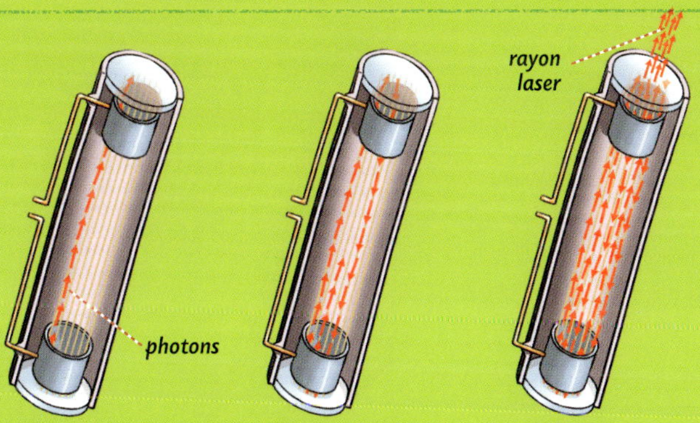

1 Le courant électrique excite les **atomes** du gaz : ils émettent de la lumière (des photons).

2 La lumière augmente car les photons sont aussi renvoyés par les **miroirs**.

3 Le **rayon** se forme dès que la lumière est assez forte pour traverser le miroir.

Applications

Les rayons laser peuvent être guidés et concentrés par des miroirs et des lentilles pour des usages domestiques (lecteur CD), industriels (découpe de l'acier), chirurgicaux... Canalisés dans une fibre optique, ils transmettent les données des télécommunications.

spectacle laser
Le rayon laser trace des lignes, des lettres ou des images très précises et à grande distance grâce aux mouvements ultrarapides de miroirs commandés par le programme d'un logiciel.

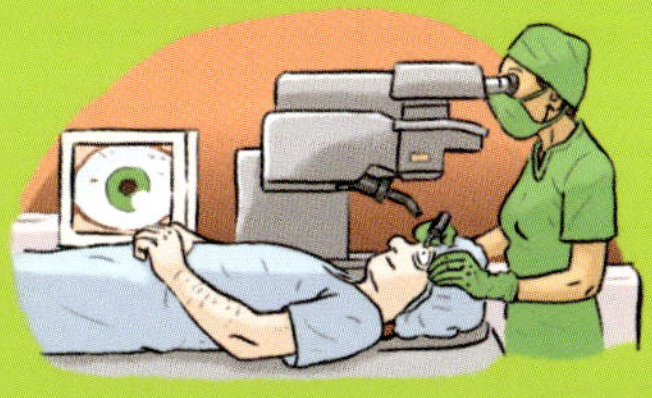

chirurgie de l'œil
La finesse du rayon laser permet de sectionner partiellement la cornée et de corriger ainsi la myopie. Grâce au laser, on peut soigner une zone précise de l'œil sans léser les zones voisines.

télémétrie
Pour calculer la distance d'un satellite artificiel de la Terre, il suffit de mesurer le temps d'un aller-retour d'une impulsion laser. Cette technique a aussi des usages militaires.

15 Le haut-parleur et le microphone

Comment se fait-il que les haut-parleurs vibrent au rythme de la musique ?

Tout simplement parce qu'il faut faire vibrer de l'air pour produire les sons. Si le volume est très élevé, c'est toute l'enceinte qui vibre ! Et sais-tu que le microphone fonctionne comme un haut-parleur à l'envers ?

❶ haut-parleur

Il permet d'entendre les sons en transformant un courant électrique en vibration sonore.

❶ L'**amplificateur** envoie un courant électrique au haut-parleur.

❷ La **bobine** parcourue par le courant électrique se déplace et vibre.

La bobine, mobile, et l'aimant, fixe, forment un **électroaimant**.

❸ La bobine communique ce mouvement à la **membrane**.

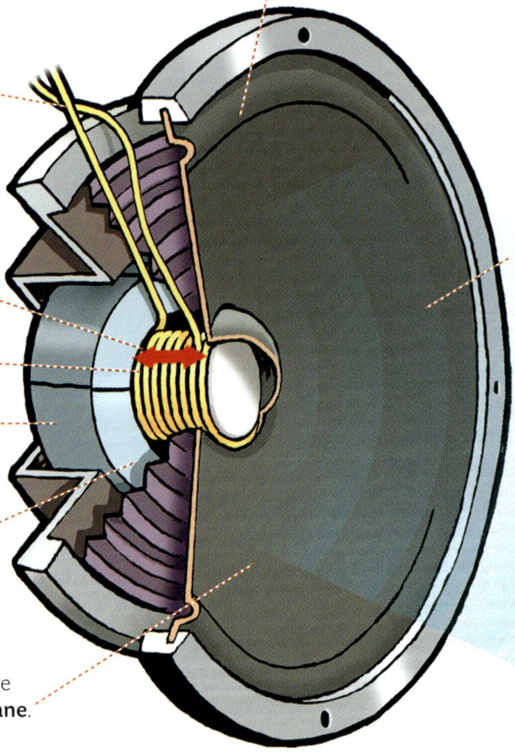

❹ La membrane fait **vibrer** l'air : les sons deviennent audibles.

Les **vibrations de l'air** sont différentes selon que le son est grave ou aigu. Le petit haut-parleur diffuse les sons aigus, le grand les sons plus graves : les basses.

À QUOI SERT L'AMPLIFICATEUR, Pʳ SIPHON ?

IL PERMET D'ADAPTER LE FAIBLE COURANT ÉLECTRIQUE délivré par un microphone, une antenne de radio ou encore une tête de lecteur CD aux puissants haut-parleurs.

❷ microphone

C'est l'inverse du haut-parleur : il transforme une vibration sonore en courant électrique.

❶ La voix fait vibrer l'air qui fait vibrer la **membrane** puis la bobine.

❷ Les déplacements de la **bobine** le long de l'aimant génèrent un courant électrique.

❸ Le micro est relié à l'**amplificateur**, qui augmente le courant électrique pour rendre le son audible.

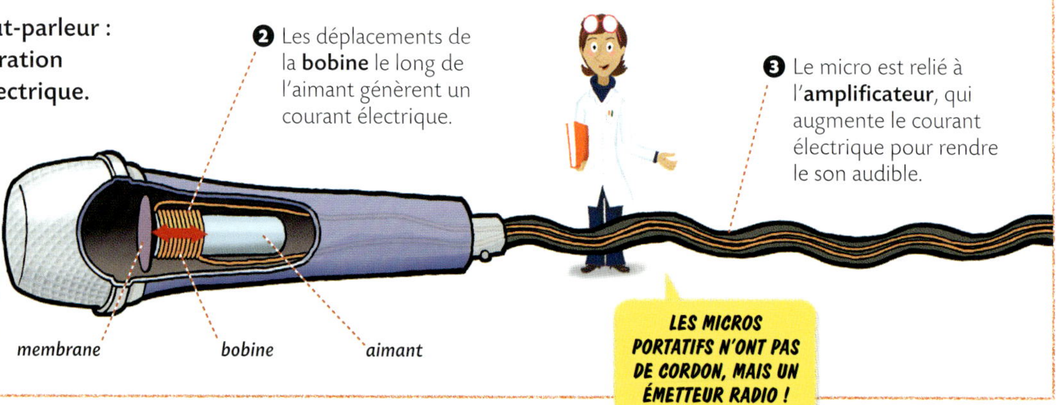

LES MICROS PORTATIFS N'ONT PAS DE CORDON, MAIS UN ÉMETTEUR RADIO !

16 Le home cinéma

12 15 77

On se croirait vraiment dans la scène ! Comment est-ce possible, Pr Siphon ?

C'est tout simple, Julia ! Les différents haut-parleurs émettent les paroles ou les bruits avec un décalage de quelques secondes, et plus ou moins forts. Comme au cinéma !

Un home cinéma

est composé d'un décodeur et de plusieurs enceintes qui restituent l'ambiance sonore d'un film.

Le **haut-parleur central** diffuse les sons sans mouvement.

❶ Le **décodeur** est connecté au lecteur DVD. Il lit la répartition de tous les sons du film, enregistrée sur le DVD.

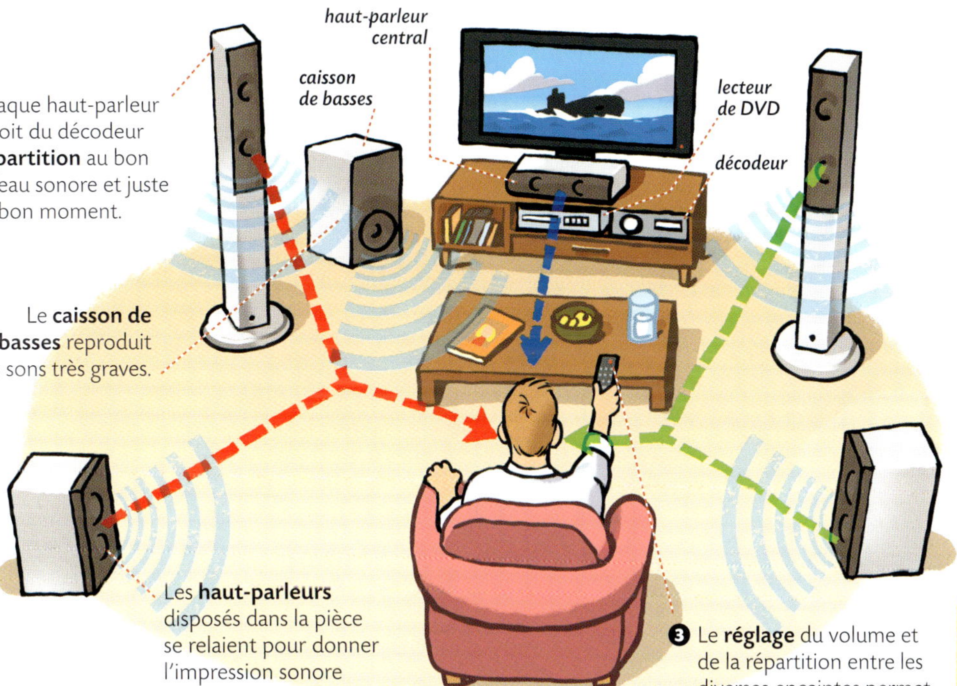

❷ Chaque haut-parleur reçoit du décodeur sa **partition** au bon niveau sonore et juste au bon moment.

Le **caisson de basses** reproduit les sons très graves.

Les **haut-parleurs** disposés dans la pièce se relaient pour donner l'impression sonore des mouvements.

❸ Le **réglage** du volume et de la répartition entre les diverses enceintes permet d'ajuster les effets.

Avec une **télécommande**, les commandes se font à distance !

1. Lorsqu'on appuie sur une touche, le circuit électronique allume la led infrarouge.
2. Le rayon invisible est codé en fonction de la commande (volume, couleur...).
3. L'appareil reçoit ce code et exécute la commande.

LE + DU PR COLZA

Les écrans larges sont dits 16/9 du fait du rapport entre leur largeur et leur hauteur. C'est le format des films de cinéma. Sur les écrans de télévision classiques, qui ont un format 4/3, les images des films ne sont pas entières.

DEVINETTE

Quel est le point commun entre la télécommande d'une télé et la manette d'une console de jeux ?

Les deux envoient des signaux lumineux. La manette de la console transmet aussi le sens du mouvement et, grâce à un accéléromètre, sa vitesse.

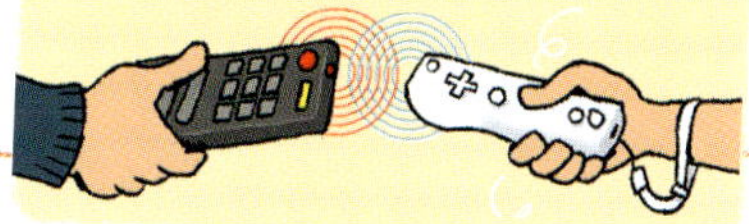

EXPÉRIENCE

Dans une pièce obscure, place ta télécommande devant l'objectif d'un appareil photo numérique. Lorsque tu appuies sur les boutons de la télécommande, le faisceau infrarouge, invisible à l'œil nu, devient visible sur l'écran : cela fait des dessins !

17 L'appareil photo numérique

18 24 89

Qu'y a-t-il à l'intérieur d'un appareil photo numérique, Pr Colza ?

Pas grand-chose, Théo ! En gros, c'est une boîte noire percée d'un trou qui laisse passer la lumière, car photographier, c'est écrire avec la lumière. C'est le capteur qui transforme la lumière en image.

L'appareil photo

numérique possède un automatisme qui règle tout seul le diaphragme et le temps d'exposition du capteur.

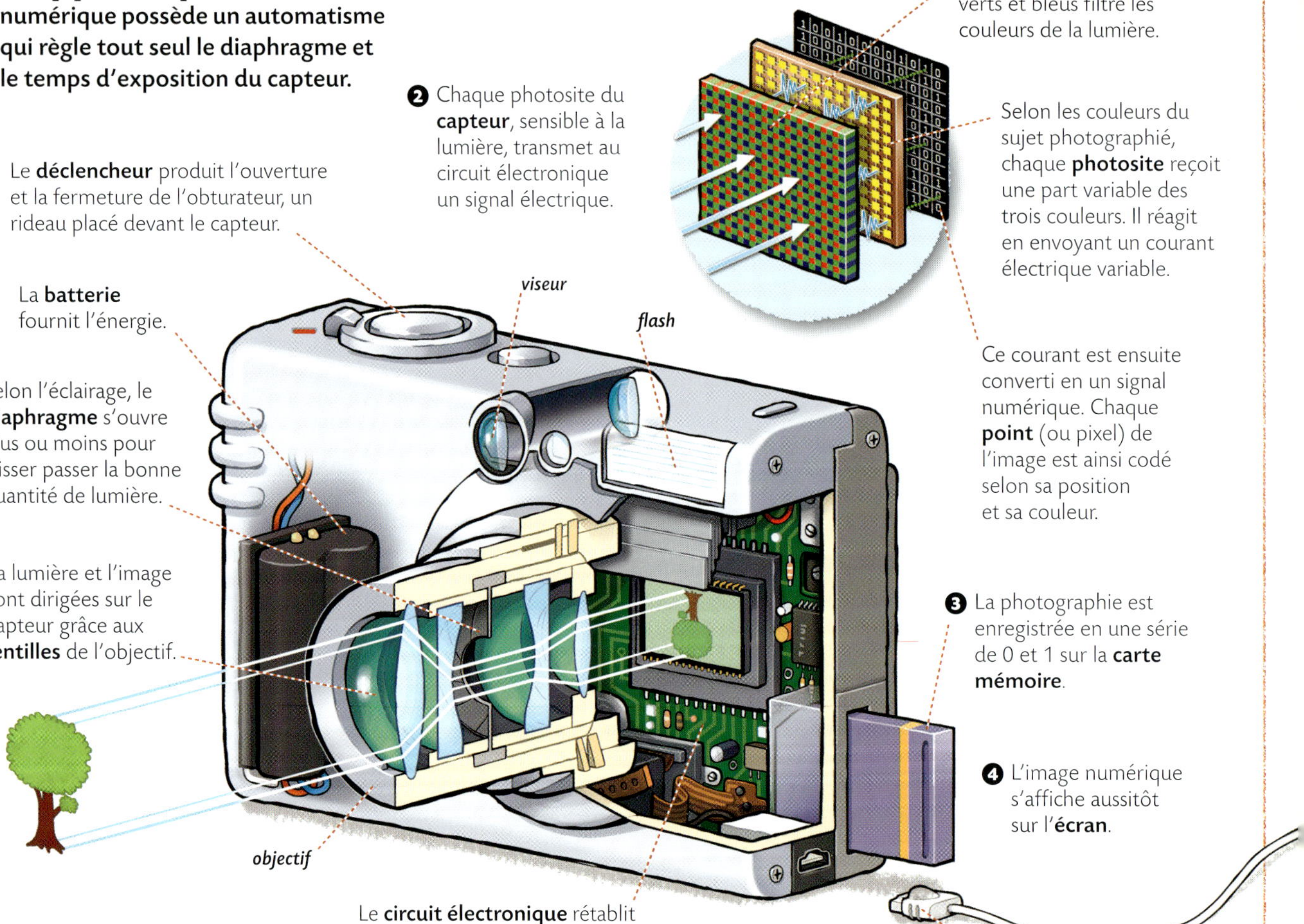

❷ Chaque photosite du **capteur**, sensible à la lumière, transmet au circuit électronique un signal électrique.

Un damier de carrés rouges, verts et bleus filtre les couleurs de la lumière.

Selon les couleurs du sujet photographié, chaque **photosite** reçoit une part variable des trois couleurs. Il réagit en envoyant un courant électrique variable.

Ce courant est ensuite converti en un signal numérique. Chaque **point** (ou pixel) de l'image est ainsi codé selon sa position et sa couleur.

Le **déclencheur** produit l'ouverture et la fermeture de l'obturateur, un rideau placé devant le capteur.

La **batterie** fournit l'énergie.

Selon l'éclairage, le **diaphragme** s'ouvre plus ou moins pour laisser passer la bonne quantité de lumière.

❶ La lumière et l'image sont dirigées sur le capteur grâce aux **lentilles** de l'objectif.

❸ La photographie est enregistrée en une série de 0 et 1 sur la **carte mémoire**.

❹ L'image numérique s'affiche aussitôt sur l'**écran**.

Le **circuit électronique** rétablit le sens de l'image sur l'écran.

Via un **cordon**, on peut transférer les photos à un ordinateur ou un téléviseur.

Les **lentilles** de l'objectif forment l'image sur le capteur. Lorsqu'on fait un zoom, leur déplacement modifie l'angle de vision et la taille de l'image.

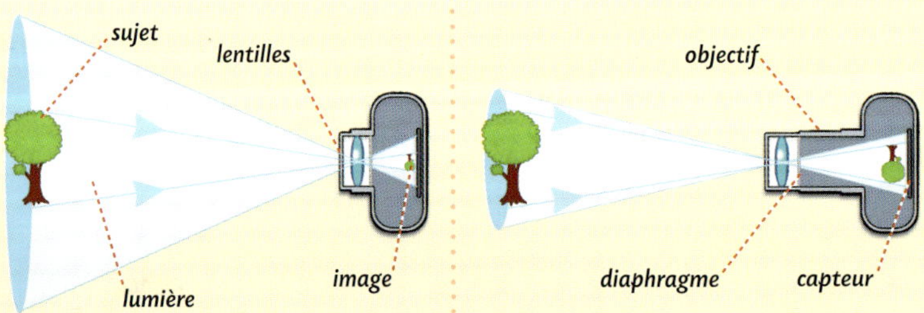

LORSQU'ON APPUIE SUR LA COMMANDE DU ZOOM, UN MOTEUR ÉLECTRIQUE DÉPLACE L'OBJECTIF.

18 La mémoire

13 17 45 56

Le fonctionnement de l'ordinateur nécessite la lecture et l'écriture de données enregistrées dans la mémoire de la carte mère (programmes de démarrage) ou le disque dur (logiciels et documents). Les données peuvent aussi être lues et enregistrées dans des mémoires transportables (CD, clé USB...).

1 mémoire interne

Certaines données sont enregistrées sur la carte mère, d'autres sur le disque dur.

1 mémoire morte

Les données et les programmes indispensables au **démarrage** de l'ordinateur sont enregistrés sur une mémoire appelée **ROM** (Read Only Memory) car elle ne peut être que lue. Elle ne s'efface pas lorsqu'on éteint l'ordinateur.

2 mémoires vives

Les données sont stockées **provisoirement** dans des mémoires vives : les mémoires tampons ou mémoires de travail.

3 disque dur

Le disque dur est une **mémoire magnétique**. Il peut être interne ou externe. Il contient plusieurs disques appelés plateaux. Des **bras** (un par face de plateau) munis d'un petit **électroaimant** lisent ou écrivent les données en balayant toute la surface des plateaux.

Les minuscules particules du **matériau** sont orientées sous l'effet de l'électroaimant. Deux particules qui se suivent forment un 0 si elles sont orientées de la même façon, un 1 si elles sont orientées différemment.

2 mémoire externe

Certaines données sont enregistrées dans des mémoires transportables, qui les conservent de façon électronique, magnétique ou optique.

4 disque (CD, DVD...)

Ce sont des mémoires optiques. Les informations binaires sont mémorisées sous la forme de petits creux gravés sur le sillon. Le passage d'un creux à un plateau est codé 1 ; quand il n'y a pas de changement, c'est un 0.

5 clé USB

C'est une mémoire électronique. Elle conserve ses données écrites même sans alimentation. Elle est active lorsqu'elle est connectée sur le port USB de l'ordinateur.

Le branchement sur le **connecteur USB** alimente électriquement la clé.

Le **contrôleur** gère le dialogue entre la mémoire et l'ordinateur.

La **mémoire** est un composant électronique qui contient des millions de cases enregistrant les 0 et les 1.

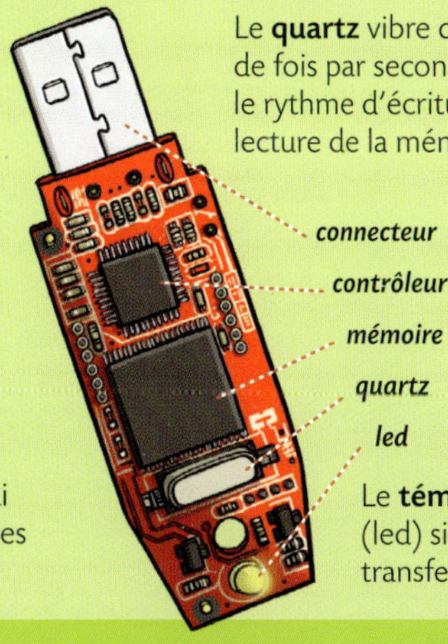

Le **quartz** vibre des milliers de fois par seconde. C'est le rythme d'écriture ou de lecture de la mémoire.

Le **témoin lumineux** (led) signale les transferts d'information.

19 L'ordinateur

1 21 25 18 20

Comment fonctionnent les ordinateurs portables qui n'ont pas de souris ?

Ils obéissent aux doigts, Théo ! **Les déplacements des doigts sur l'écran ou le pavé tactile sont détectés et interprétés. Les composants électroniques font alors le reste, immédiatement !**

Un ordinateur est constitué de composants électroniques complexes qui transforment, stockent et échangent des données.

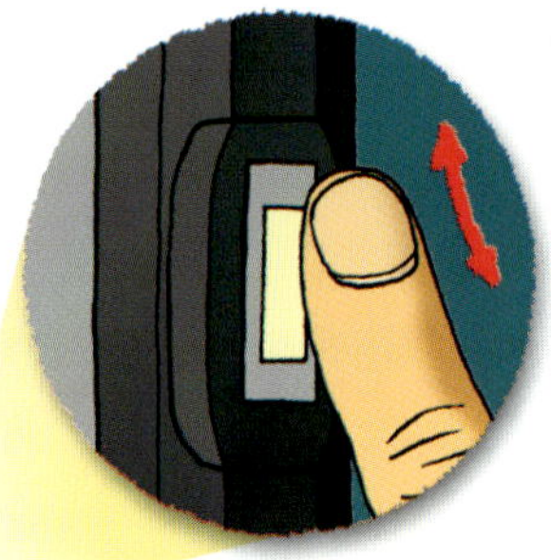

Sur l'**écran tactile**, on peut écrire avec le doigt, dessiner, commander les différents menus...

L'ordinateur comporte une **serrure biométrique** : seul son propriétaire, reconnu à ses empreintes digitales, peut l'utiliser !

Le **pavé tactile** (touchpad) fonctionne comme l'écran tactile.

La **mémoire morte** (ROM) stocke les informations indispensables au fonctionnement de la carte mère.

Le **microprocesseur** traite l'ensemble des données.

La **mémoire vive** (RAM) garde en mémoire les données en cours d'utilisation.

La **batterie** fournit l'électricité nécessaire au traitement des informations.

Le **disque dur** stocke les programmes et les données.

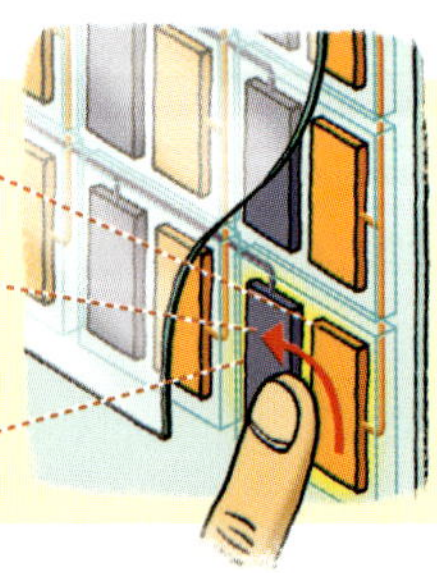

L'écran tactile est constitué d'un fin damier de paires d'électrodes. L'une est alimentée tandis que l'autre est surveillée par une carte électronique. Tout déplacement du doigt fait passer le courant de l'une à l'autre. La carte électronique détecte le mouvement et le répercute à l'écran : défilement, agrandissement ou réduction, rotation...

QUESTION de PRINCIPE

20 Le microprocesseur

19 46 56

Le microprocesseur est le composant essentiel **des ordinateurs, mais aussi des appareils photo numériques, des téléphones portables ou des consoles de jeux. Il traite à très grande vitesse des millions d'instructions et de données.**

1 carte mère

Le microprocesseur est un circuit intégré de la carte mère. Il est relié aux autres composants grâce aux circuits imprimés sur la carte.

Le microprocesseur consomme de l'énergie qui se transforme en chaleur. Il est toujours monté avec un **radiateur** qui dissipe cette chaleur.

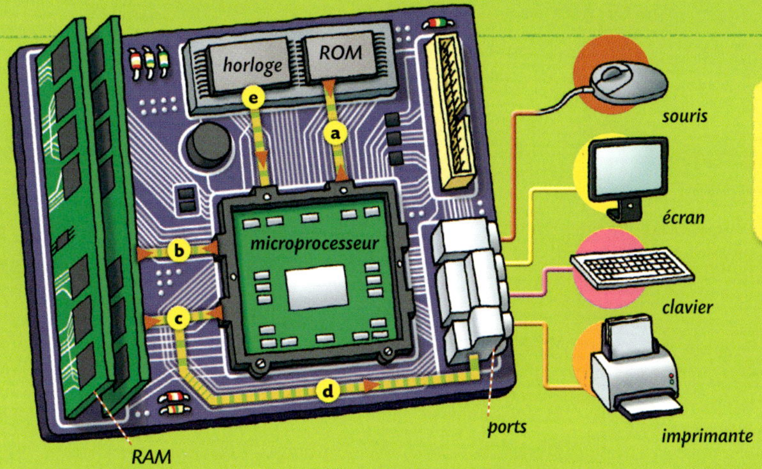

a Le **microprocesseur** lit dans la **mémoire morte (ROM)** les instructions du programme et les exécute.

b Il dépose puis récupère des calculs en cours ou des données stockées provisoirement dans la **mémoire vive (RAM)**.

c Il reçoit des informations des **périphériques d'entrée**, les compare avec les données en mémoire, puis exécute ce que le programme dans la ROM a prévu.

d Il commande alors les **périphériques de sortie** : modification de l'image à l'écran, déclenchement d'un moteur, émission d'un son...

2 transistors

Un microprocesseur contient plusieurs centaines de millions de transistors.

Constitué d'un **matériau semi-conducteur**, un transistor est un interrupteur commandé : il laisse passer le courant électrique seulement si sa base est sous tension.

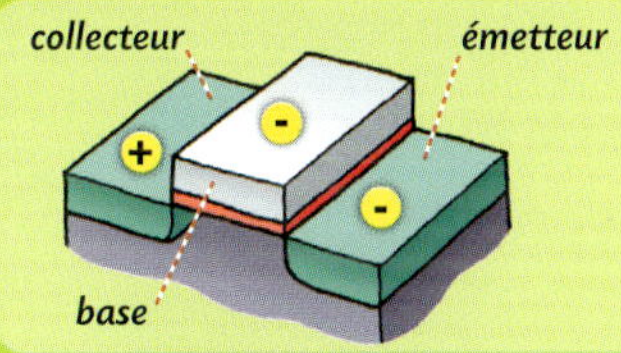

La base n'est pas alimentée : le courant ne passe pas. Le transistor est à l'**état 0**.

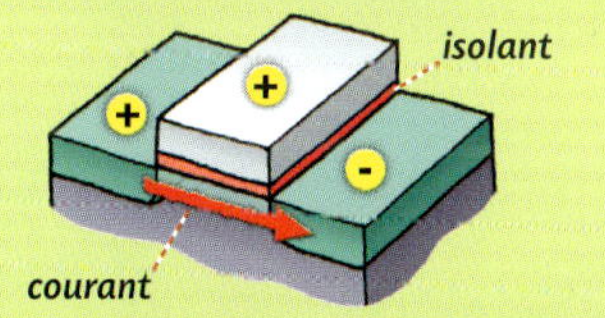

La base est sous tension : le courant passe entre le collecteur et l'émetteur. Le transistor est à l'**état 1**.

Les **transistors** sont assemblés et connectés entre eux pour réaliser des opérations arithmétiques (addition, soustraction, multiplication, division), logiques (égal à, plus grand que, plus petit que...). Les résultats des calculs sont toujours des états électriques codés 0 ou 1.

Applications

Tous les appareils automatiques contiennent un microprocesseur qui exécute les instructions de leur programme. Dans un téléphone portable, il recherche les zones de réception, signale les appels, envoie les messages, déclenche le réveil...

calculatrice
Pour effectuer les **opérations**, le microprocesseur traite les nombres saisis, les convertit en binaire et fait appel aux règles de calcul de son programme. Il affiche ensuite le résultat.

jeu d'échecs
Grâce à ses **calculs**, le microprocesseur étudie les déplacements des pièces et leurs conséquences, examine les coups possibles puis choisit la solution la plus stratégique.

robot marcheur
Pour marcher, courir, monter un escalier ou danser, le microprocesseur du robot commande les moteurs selon les informations qu'il reçoit des nombreux **capteurs** de position et d'équilibre.

La souris et le clavier

17 19

Comment l'ordinateur sait-il ce que je fais avec la souris ou le clavier, Pr Colza ?

C'est simple, Julia ! La souris transmet ses déplacements à l'ordinateur. Quant aux frappes sur les touches du clavier, elles lui parviennent sous forme d'un code numérique.

1 souris

Grâce à une petite caméra, la direction et la distance du déplacement de la souris optique sont repérées.

1. Une **led** éclaire la surface sous la souris.
2. Une **caméra** miniature filme cette surface.
3. Une **puce électronique** compare les images successives et interprète les déplacements.
4. Elle envoie les informations à l'**ordinateur**.
5. L'ordinateur commande les déplacements du **curseur** à l'écran.

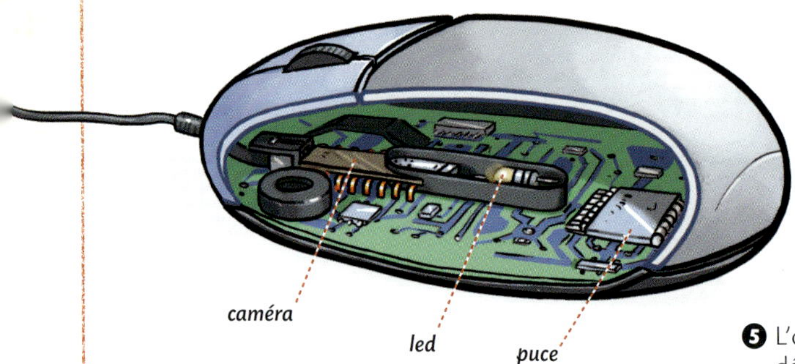

2 clavier

Chaque touche du clavier est un interrupteur repéré par un code.

1. À chaque fois que l'on frappe sur une **touche**, le clavier envoie le signal électrique contenant le code de la touche à l'ordinateur.

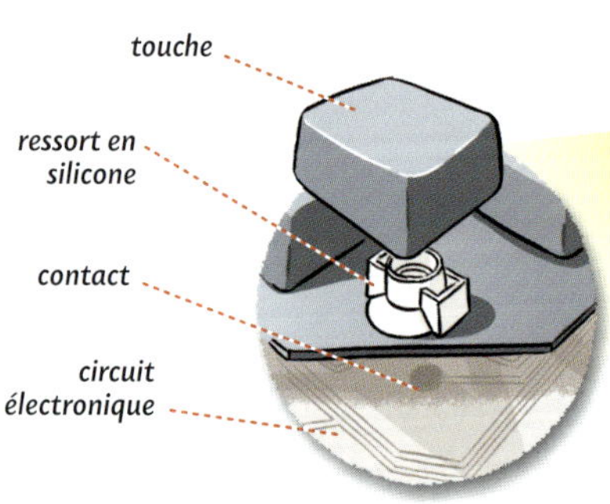

En pressant la touche, on établit un **contact électrique**.

2. L'**ordinateur** cherche dans sa base de données à quelle lettre le code correspond.
3. La lettre s'affiche à l'**écran**.

AUTREFOIS

Les anciennes souris utilisaient deux petits capteurs qui analysaient la rotation d'une boule pour déterminer leur déplacement.

LE + DU Pr SIPHON

Comme la souris est optique, elle fonctionne mal sur les surfaces trop sombres ou trop réfléchissantes comme le verre ou le plastique brillant.

AUTREMENT

Sur un clavier virtuel, un laser permet d'afficher les touches du clavier sur le bureau. Les doigts sont localisés grâce à un capteur infrarouge et leurs déplacements sont transmis à l'ordinateur.

22 L'imprimante

17 8

Toutes les imprimantes fonctionnent-elles de la même façon, Pr Siphon ?

Non, Théo ! Il y a trois types d'imprimantes : certaines projettent de l'encre liquide, d'autres fixent des poudres, d'autres encore déposent des cires.

L'imprimante à jet d'encre

utilise de l'encre liquide noire ou colorée qui est projetée sur le papier pour tracer les lettres ou les dessins.

Avec le noir et les trois couleurs, cyan, magenta et jaune, on obtient **toutes les couleurs**. Comme pour la peinture !

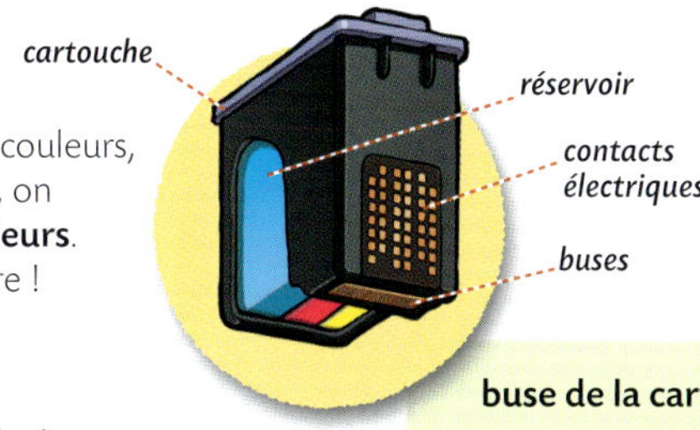

❸ La **cartouche** est percée de tout petits trous, les **buses**, qui expulsent l'encre.

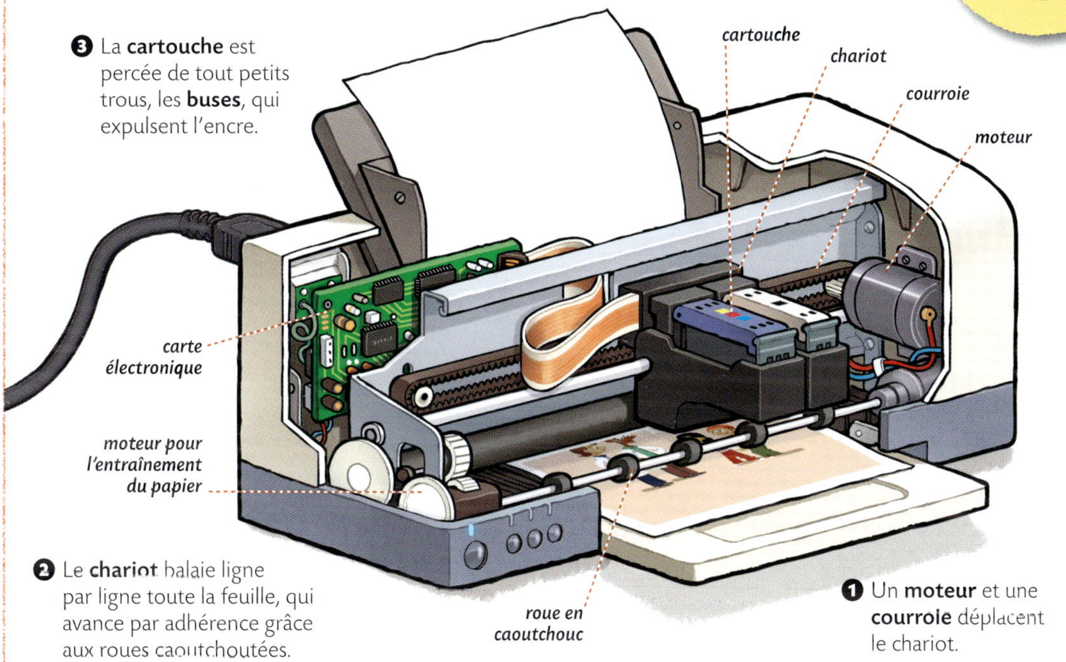

❷ Le **chariot** balaie ligne par ligne toute la feuille, qui avance par adhérence grâce aux roues caoutchoutées.

❶ Un **moteur** et une **courroie** déplacent le chariot.

buse de la cartouche

Les gouttes d'encre sont expulsées grâce au courant électrique.

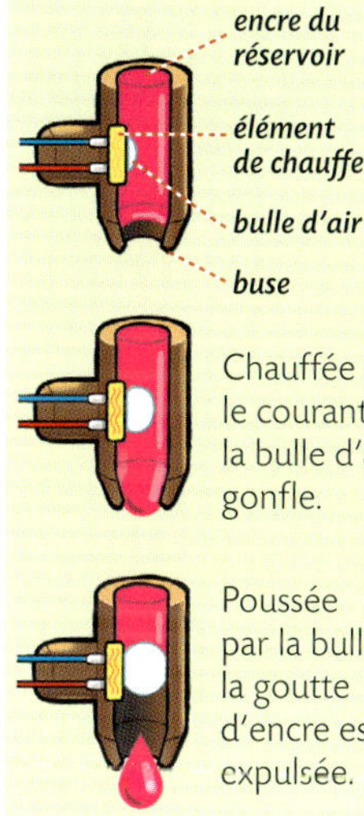

Chauffée par le courant, la bulle d'air gonfle.

Poussée par la bulle, la goutte d'encre est expulsée.

AUTRES IMPRIMANTES

imprimante à sublimation

Ici, l'encre est une **cire**. Le ruban encreur est recouvert de cires des trois couleurs de base. La **tête d'impression** chauffe très fort le **ruban**, sublimant la cire (la transformant en gaz). Les couleurs sont déposées en couches les unes sur les autres. Une couche de vernis protège les photos.

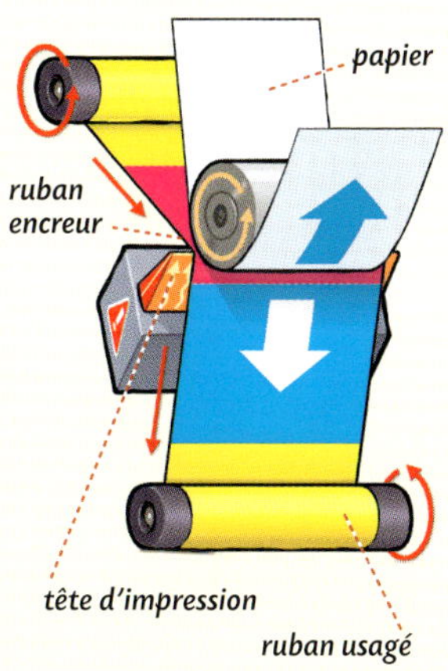

imprimante laser

L'encre se présente sous forme de poudre : le toner.

❶ Le **tambour**, un rouleau, est chargé électriquement sur toute sa surface.

❷ Le balayage du **laser** supprime l'électrisation des points des lettres, par exemple. Une image électrostatique du document à reproduire est ainsi créée.

❸ Enfin, le rouleau passe près du réservoir de **toner** : la poudre est attirée par les zones non électrisées (lettres...), déposée sur le papier et fixée par cuisson.

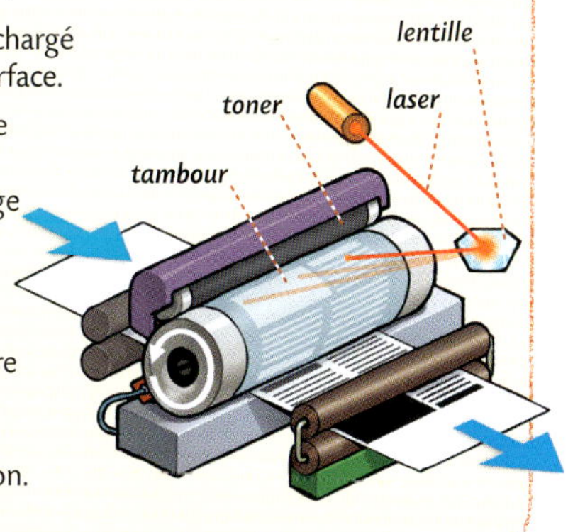

Le scanner

17 55 24

Un scanner, **c'est comme une sorte d'appareil photo numérique, Pr Colza ?**

Tu as raison, **un scanner est aussi un numériseur. Le capteur de lumière est analogue. La différence principale est que le scanner numérise la page ligne par ligne alors que l'appareil photo le fait en une seule fois.**

Un scanner permet de transférer vers l'ordinateur l'image numérique d'un document.

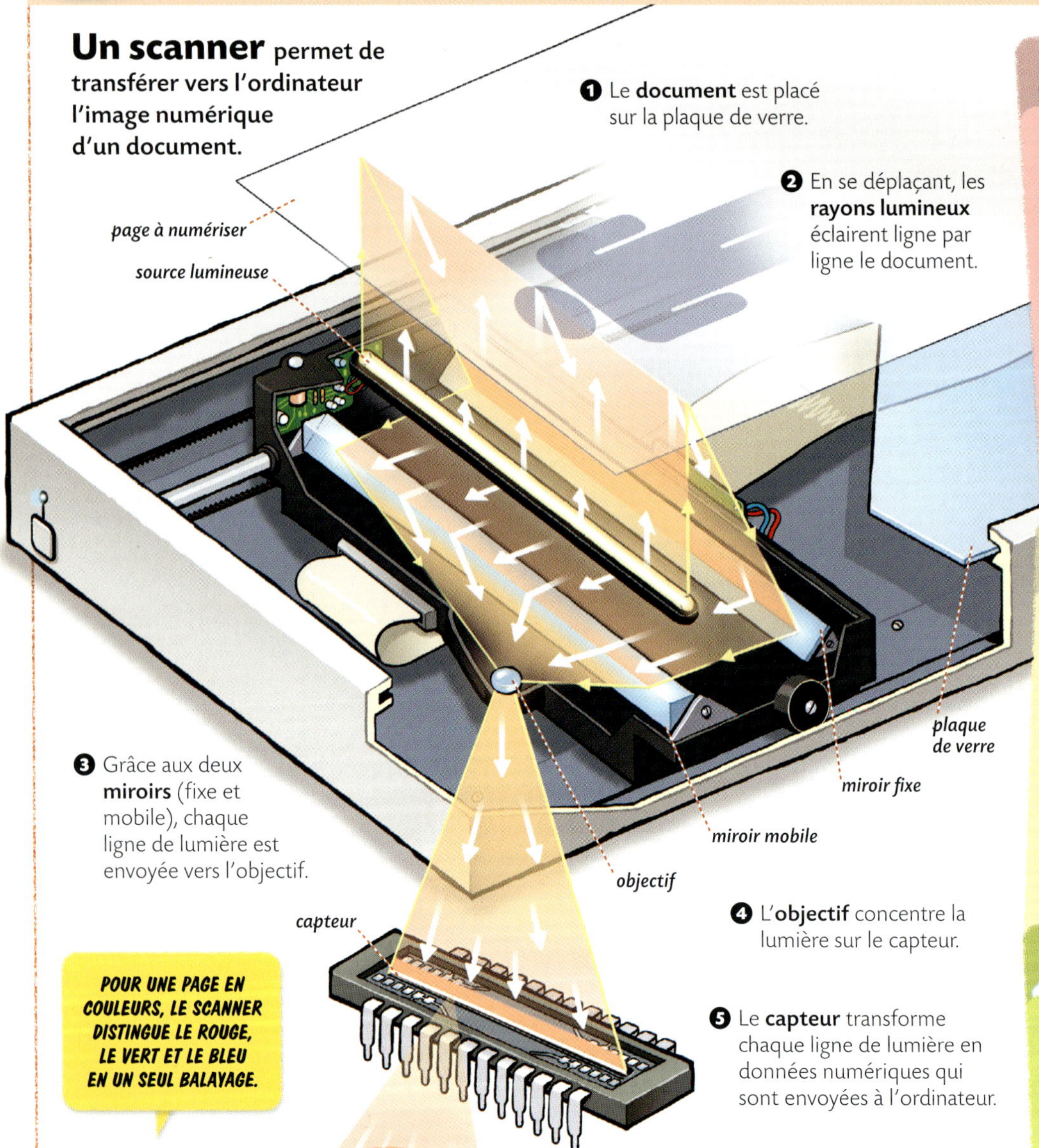

❶ Le **document** est placé sur la plaque de verre.

❷ En se déplaçant, les **rayons lumineux** éclairent ligne par ligne le document.

❸ Grâce aux deux **miroirs** (fixe et mobile), chaque ligne de lumière est envoyée vers l'objectif.

❹ L'**objectif** concentre la lumière sur le capteur.

❺ Le **capteur** transforme chaque ligne de lumière en données numériques qui sont envoyées à l'ordinateur.

❻ L'**ordinateur** reconstitue l'image.

POUR UNE PAGE EN COULEURS, LE SCANNER DISTINGUE LE ROUGE, LE VERT ET LE BLEU EN UN SEUL BALAYAGE.

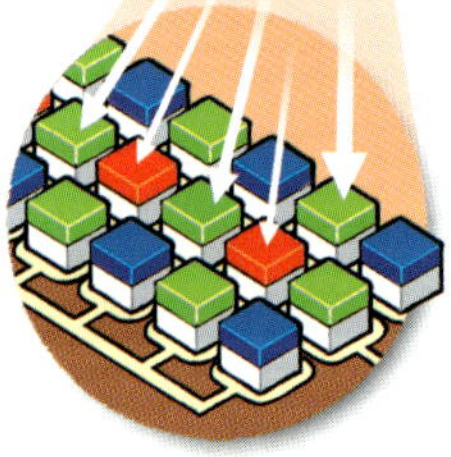

Le capteur du scanner est constitué d'une ligne de milliers de petits **détecteurs de lumière.** Chaque détecteur transforme la lumière en signal électrique qui est interprété par l'ordinateur comme un point de l'image.

ANECDOTE

Certaines bibliothèques numérisent leurs livres. Ce travail fastidieux est facilité par des scanners automatiques qui tournent les pages de façon autonome.

DEVINETTE

Quelle est la différence entre un scanner de bureau et un scanner de magasin ?

Ces deux scanners transforment bien un document en information numérique. Ce qui les distingue, c'est la source lumineuse : pour le scanner de caisse, il s'agit d'un laser ; pour le scanner de bureau, d'une lampe fluorescente.

LE + DU Pr SIPHON

La lumière saisie par chaque détecteur du capteur correspond à un point de l'image : un pixel. Selon le nombre de détecteurs, la résolution est plus ou moins précise.

QUESTION de PRINCIPE

24 La numérisation

13 17 23 76

Avec les ordinateurs **et tous les appareils numériques, un son, une musique, une image, un film, un texte... sont découpés en toutes petites parties. Celles-ci sont numérisées, c'est-à-dire transformées en séries de 0 et de 1. Ces nombres sont facilement traités, stockés, transmis, puis restitués.**

❶ image

Les images numériques sont obtenues par exemple grâce aux scanners, aux appareils photo ou à des logiciels.

L'**image numérique** est formée d'un ensemble de minuscules carrés, les pixels.

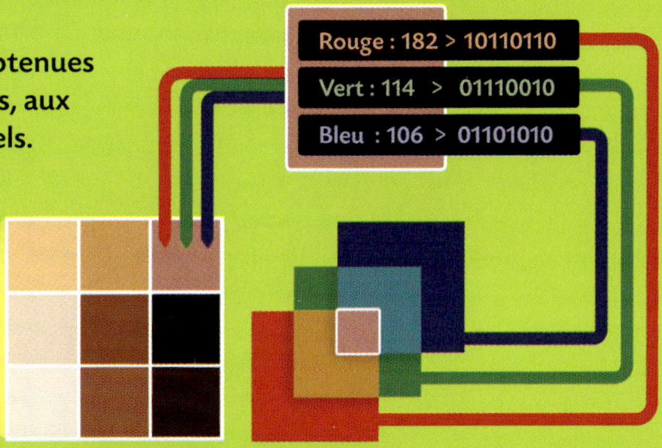

La couleur de chaque **pixel** et sa position dans l'image sont traduites en nombres écrits avec 8, 16, 32 ou 64 chiffres élémentaires 0 ou 1.

Dans une image en couleur, chaque pixel est associé à **trois nombres** qui correspondent aux trois couleurs **rouge**, **vert** et **bleu**, dont le mélange donne toutes les nuances de couleurs.

UNE IMAGE EN HAUTE RÉSOLUTION, C'EST UNE IMAGE DE GRANDE QUALITÉ ?

TOUT À FAIT, JULIA ! **Plus la résolution est grande, plus l'image est divisée et donc plus elle est précise. Mais elle occupe plus de place en mémoire. C'est pareil pour le son !**

❷ son

Les sons numériques sont enregistrés grâce aux cartes son des enregistreurs MP3, des ordinateurs ou des consoles de sonorisation.

Le son est **échantillonné**, c'est-à-dire découpé de façon régulière.

Un son numérique est codé selon **cinq critères** : la note, la hauteur, la durée, l'intensité et le timbre.

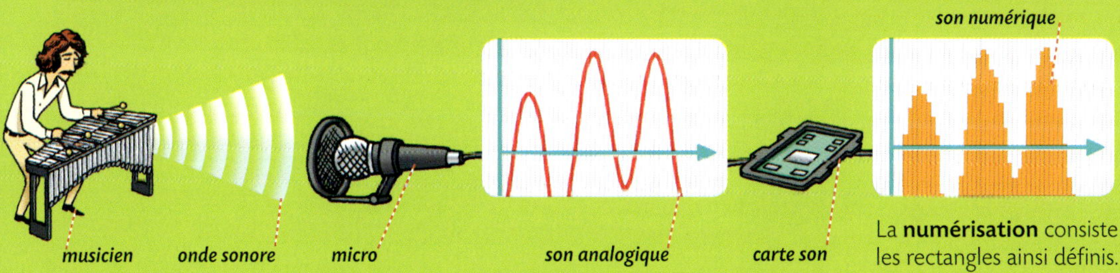

note	11111101
hauteur	11001001
durée	00101000
intensité	01010101
timbre	10000101

La **numérisation** consiste à coder les rectangles ainsi définis.

Applications

La numérisation des images ou des sons permet leur traitement informatique, les ordinateurs n'étant capables que de traiter des 0 et des 1. Il existe de nombreux logiciels de création numérique d'images (fixes ou animées) ou de sons.

photos
Avec un logiciel, on peut retoucher les **photos** point par point. Les valeurs numériques des pixels sont aussitôt changées.

images de synthèse
Les **personnages** et les **objets en 3D** sont dessinés à partir d'une sorte de grillage dont chaque maille est codée numériquement avec sa position et sa couleur, toutes deux facilement modifiables.

partition
Grâce à un logiciel de **composition**, les notes sont mémorisées sous un format numérique. Il est alors facile de modifier chaque note de la partition.

25 Le réseau Internet

Pour surfer sur internet, **il suffit d'un clic. C'est génial, Pr Siphon !**

Je suis bien d'accord, Julia ! **Et sais-tu que ton clic déclenche la communication ultrarapide de ton ordinateur avec le réseau Internet via d'autres ordinateurs qui orientent, trient ou transfèrent les données.**

1 Internet

C'est un réseau mondial sur lequel des ordinateurs communiquent et échangent des informations. Le World Wide Web est l'une des applications d'Internet.

Les **ordinateurs** sont connectés à Internet par l'intermédiaire de fournisseurs d'accès.

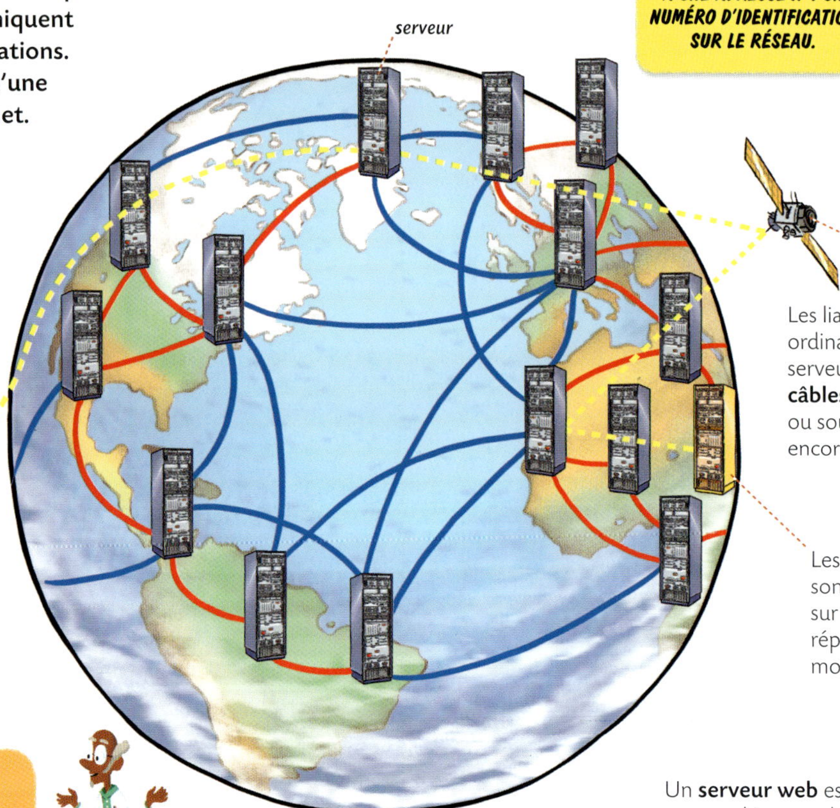

Les liaisons entre ordinateurs et serveurs se font par **câbles** terrestres ou sous-marins ou encore par **satellite.**

Le **fournisseur d'accès** propose différents services : courrier, messagerie instantanée, consultation de sites...

Les **sites web** sont stockés sur des serveurs répartis dans le monde entier.

Un **serveur web** est une machine capable de stocker et d'envoyer des informations.

1 Le **logiciel de navigation** installé sur l'ordinateur interroge un moteur de recherche disponible sur la toile (le web).

2 En fonction de la requête, le **moteur de recherche** renvoie une liste de documents et les adresses correspondantes.

3 En cliquant sur le lien d'un des documents, on accède au **serveur** sur lequel il est stocké.

4 Le logiciel de navigation affiche le **document**. L'ensemble des échanges entre ordinateurs n'a duré que quelques secondes.

❷ mail

Le courrier électronique est une autre application d'Internet. Les messages circulent sur le réseau via les serveurs des fournisseurs d'accès.

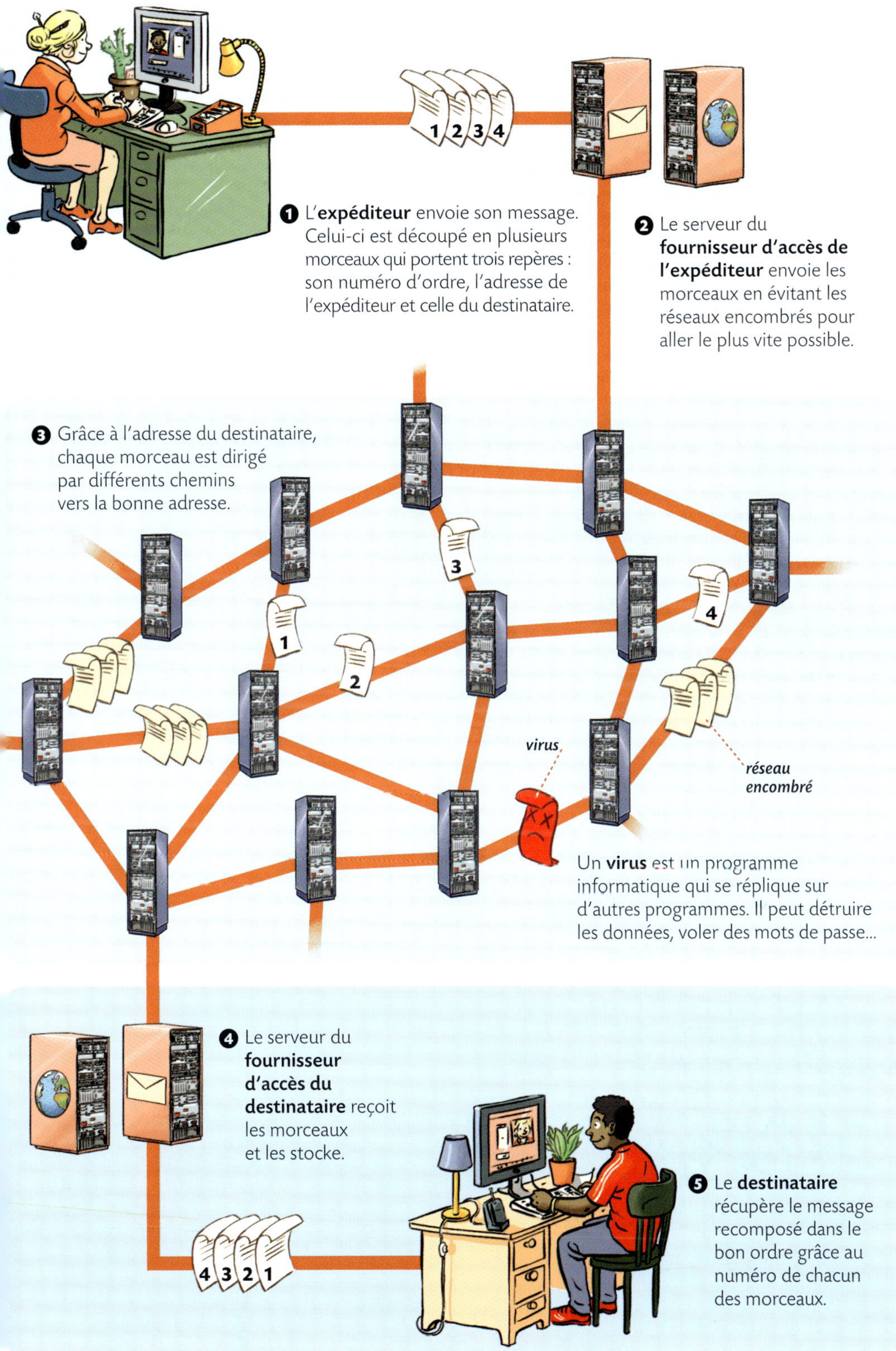

❶ L'**expéditeur** envoie son message. Celui-ci est découpé en plusieurs morceaux qui portent trois repères : son numéro d'ordre, l'adresse de l'expéditeur et celle du destinataire.

❷ Le serveur du **fournisseur d'accès de l'expéditeur** envoie les morceaux en évitant les réseaux encombrés pour aller le plus vite possible.

❸ Grâce à l'adresse du destinataire, chaque morceau est dirigé par différents chemins vers la bonne adresse.

Un **virus** est un programme informatique qui se réplique sur d'autres programmes. Il peut détruire les données, voler des mots de passe...

❹ Le serveur du **fournisseur d'accès du destinataire** reçoit les morceaux et les stocke.

❺ Le **destinataire** récupère le message recomposé dans le bon ordre grâce au numéro de chacun des morceaux.

AUTREMENT

Au début des années 1960, le projet Internet était militaire : il s'agissait de créer un réseau de communication capable de résister à une attaque nucléaire. Vingt ans plus tard, après l'invention des adresses IP et du langage universel html, le web était né !

LE ➕ DU Pr SIPHON

Widget est la contraction des mots anglais « window » (fenêtre) et « gadget ». Ces petits programmes indiquent l'heure, la météo... Les cookies sont des fichiers déposés sur le disque dur de l'ordinateur par le site consulté afin de connaître les pratiques du visiteur.

ANECDOTE

Si l'on désigne par « spam » des messages qui encombrent le courrier, c'est à cause des Monty Python. Dans un de leurs sketchs, un client n'arrivait pas à commander son plat car tout le monde criait la marque d'un jambonneau : « spam, spam, spam... » !

26 La montre à quartz

8 20 35

Quelle est la différence entre une montre à aiguilles et une montre à cristaux liquides ?

Seulement l'affichage, Théo ! Une montre, c'est toujours un composant qui bat régulièrement, un compteur qui additionne les secondes, les minutes et les heures, et une source d'énergie.

La montre à quartz

comporte des composants électroniques miniaturisés qui commandent avec une très grande précision les aiguilles.

UNE MONTRE NUMÉRIQUE N'A PAS D'ENGRENAGES. L'AFFICHEUR REÇOIT DIRECTEMENT LES IMPULSIONS DE LA PUCE.

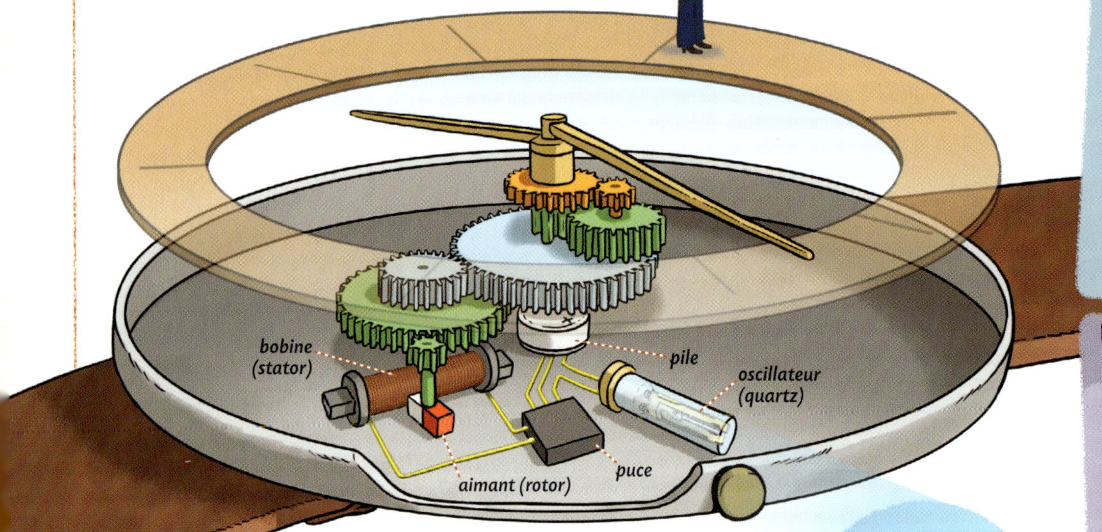

Le **moteur électrique** est un moteur pas à pas : il est constitué d'un stator, la bobine, et d'un rotor, un aimant permanent.

Le **quartz** est un cristal piézoélectrique. Il a la propriété de se déformer s'il est branché sur un circuit électrique. Un courant alternatif le fait ainsi vibrer.

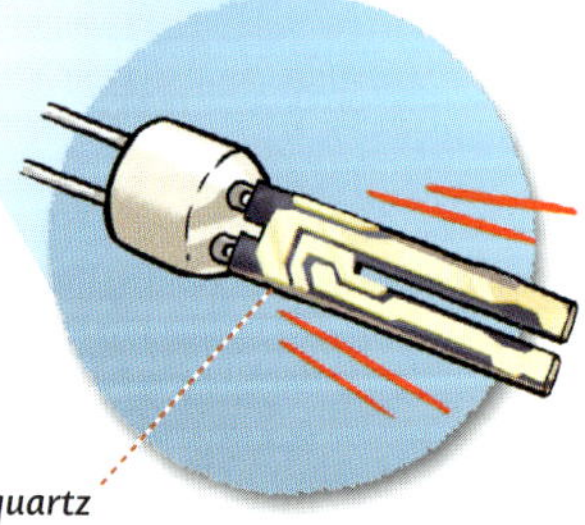

AUTREFOIS

Le balancier bat la seconde et un poids, la source d'énergie, fait tourner les roues dentées. Le premier est l'équivalent du quartz, le second de la pile.

AUTREMENT

Il existe d'autres principes pour indiquer l'heure. L'ombre du soleil repérée sur un cadran, l'écoulement de l'eau d'une clepsydre ou encore la combustion d'une bougie.

1 Le courant électrique de la pile fait vibrer le **quartz** à très haute fréquence : 16 384 vibrations par seconde.

2 Par une série de divisions par deux très rapides (16 384, 8 192, 4 096...), la **puce** diminue la fréquence des vibrations pour repérer le temps de base : une seconde.

3 Chaque seconde, la bobine du **moteur** reçoit une impulsion électrique, ce qui produit une aimantation. Le rotor, un aimant, tourne alors d'un pas et entraîne les roues dentées.

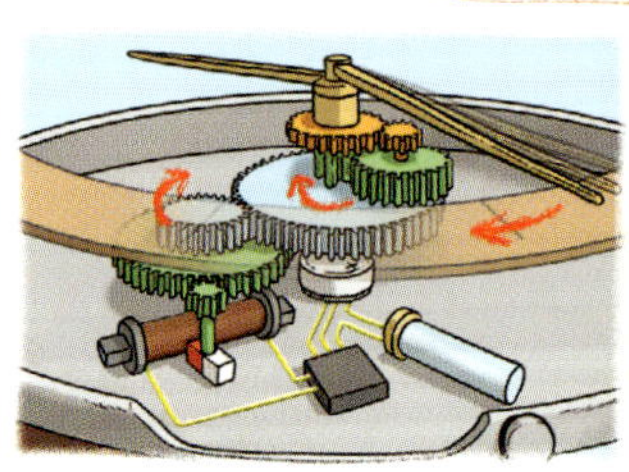

4 Les **engrenages** font tourner l'aiguille des minutes toutes les 60 secondes, 12 fois plus vite que l'aiguille des heures.

QUESTION de PRINCIPE

27 Piles et batteries électriques

4 26 93

Les piles et les batteries **ne contiennent pas d'électricité ; elles en produisent ! Lorsqu'elles alimentent un moteur de jouet, une lampe, un baladeur, les réactions électrochimiques entre leurs composants génèrent des déplacements d'électrons et d'ions, donc de l'électricité.**

C'EST UNE TRANSFORMATION D'ÉNERGIE CHIMIQUE EN ÉNERGIE ÉLECTRIQUE.

1 piles

Une pile classique est constituée de deux demi-piles reliées chacune au pôle positif ou au pôle négatif. Ces deux compartiments séparés correspondent à l'anode et à la cathode. Ils contiennent des substances chimiques différentes et un électrolyte qui laisse passer les ions.

Dans l'**électrolyte**, les ions (des atomes chargés électriquement) se déplacent. Dans le fil électrique, les électrons se déplacent.

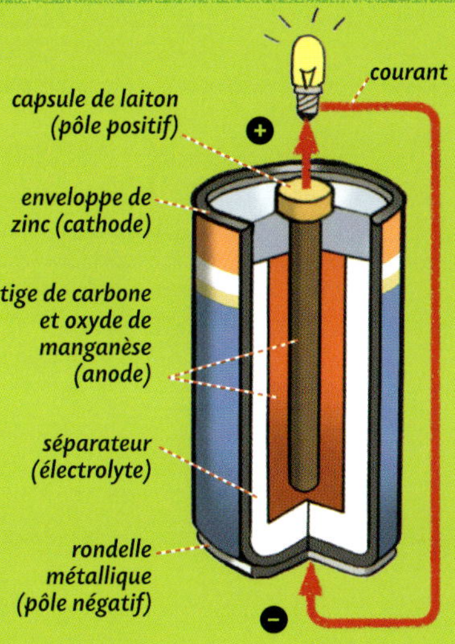

Dès que la pile est reliée à une lampe, un moteur ou un circuit électronique, une **réaction chimique** entraîne le déplacement des électrons d'une électrode à l'autre. L'électricité produite alimente ces appareils.

montage en série
Dans une torche électrique, trois piles de 1,5 V montées en série correspondent à une pile de 4,5 V, comme une pile plate. La plupart des piles sont composées de plusieurs éléments en série.

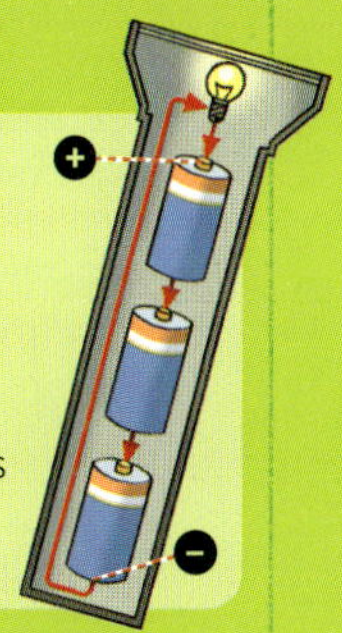

2 batteries

Les batteries ou accumulateurs, qu'on appelle parfois à tort « piles rechargeables », effectuent la réaction électrochimique inverse. L'énergie électrique est transformée en énergie chimique.

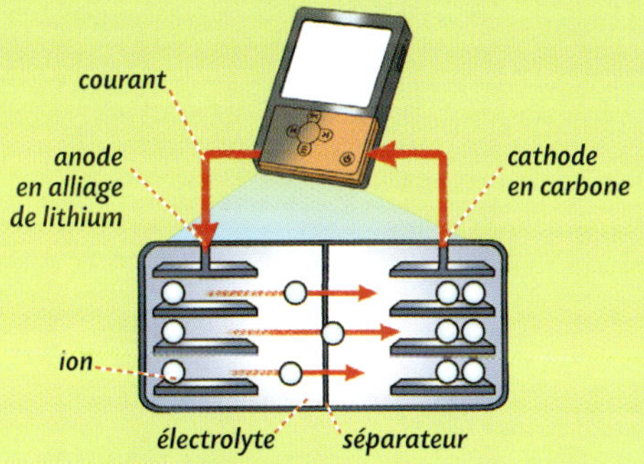

la batterie se décharge
Quand le MP3 fonctionne, la batterie se décharge. Lorsque tous les ions de lithium de l'anode sont passés sur la cathode, la batterie est vide.

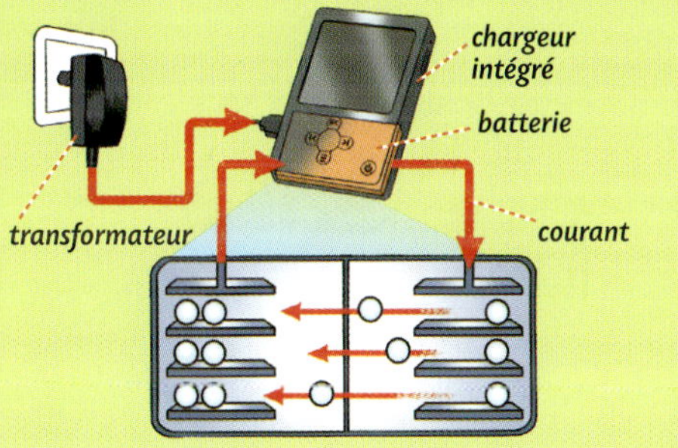

la batterie est rechargée
Pour la recharger, le chargeur intégré du MP3 produit la réaction électrochimique inverse. Le déplacement des ions restaure l'état initial des électrodes.

Applications

Les piles et les batteries ont des performances différentes (tension électrique, capacité, durée...) selon les réactifs qui les composent et selon leur quantité. Les usages dépendent aussi de la consommation des appareils : une montre consomme moins qu'une manette de jeu ou qu'un ordinateur.

batterie de voiture
C'est en fait une **série de batteries**. Les électrodes sont en plomb et l'électrolyte est une solution d'acide sulfurique. Au démarrage, la batterie se décharge ; en roulant, elle se recharge.

pile de calculette
L'intérêt de la **pile bouton** est sa miniaturisation. Elle convient pour les appareils qui consomment peu d'énergie électrique. Selon leur durée de vie et leur prix, elles utilisent différents matériaux.

pile de lampe de poche
Les lampes utilisent des **piles plates**. Dans une **pile saline**, l'électrolyte est un composé salin (chlorure de zinc...), dans une **pile alcaline**, c'est une solution basique contenant un métal alcalin (lithium, sodium...).

28 La console de jeux

La manette, c'est la télécommande de la console, Pr Colza ?

Tout à fait, Julia, mais c'est bien plus que ça ! Grâce à des capteurs, la position et les mouvements de la manette sont repérés par la console et traduits dans le jeu à l'écran.

Les **connecteurs** permettent les entrées d'informations des manettes et les sorties vers l'écran et les haut-parleurs.

La **carte électronique** regroupe les trois composants principaux : le microprocesseur, la mémoire et la carte graphique.

❶ Le **lecteur** lit le disque correspondant au jeu. Le générique du jeu s'affiche à l'écran.

❷ En pressant sur une **touche** ou en bougeant la **manette**, on envoie une information au microprocesseur.

❸ Le **microprocesseur** analyse la commande reçue et réagit selon les instructions du programme de jeu.

❹ Une nouvelle image s'affiche alors à l'**écran**, un son est émis ou le vibreur de la manette est actionné.

La manette est interactive : grâce à sa **carte électronique**, elle envoie par bluetooth des informations à la console et en reçoit en retour.

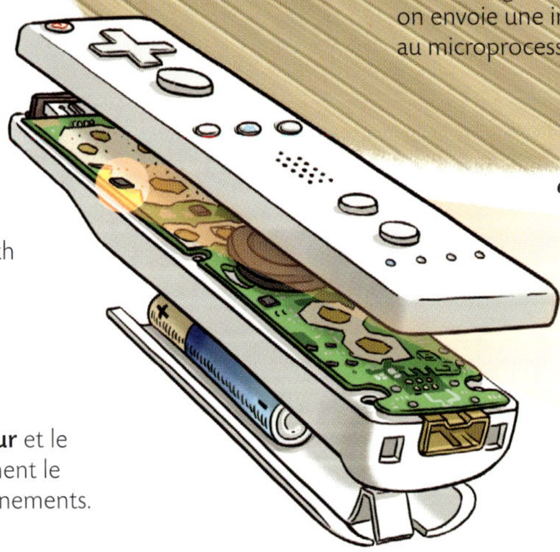

Le **haut-parleur** et le **vibreur** informent le joueur des événements.

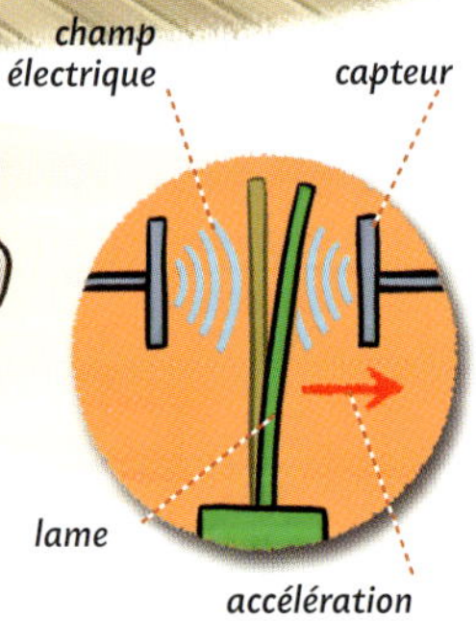

L'**accéléromètre** interprète les mouvements du joueur. Il est composé de capteurs et d'une lame en plastique, placée dans un champ électrique.

Lors d'une **accélération**, la lame bouge. Les capteurs détectent les variations électriques.

❶ La **barre de leds** émet constamment deux points lumineux invisibles. Comme elle est fixe, ces points sont des repères.

❷ Le **capteur** de la manette est une sorte d'œil avec un million de pixels. Il capte les deux points émis.

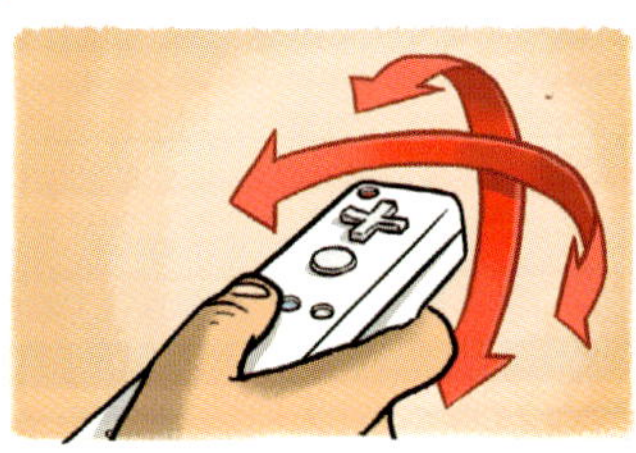

❸ Lorsque la **manette** bouge, se rapproche ou s'éloigne de l'écran, son œil voit les points proches, distants, inclinés...

❹ Grâce à ce repérage, la position et l'orientation de la manette sont calculées et transmises à la **console** qui adapte le jeu à l'action du joueur.

29 La réalité augmentée

Grâce à la réalité augmentée, l'hélicoptère vole dans la pièce, Pr Siphon ?

C'est une impression ! Tout se passe sur l'écran de ton ordinateur. Mais grâce au logiciel, les pages de ton livre s'animent selon le scénario qui a été programmé : l'hélicoptère décolle et le bateau fend les vagues !

1 Sur l'ordinateur, on branche une webcam et on lance le **programme** de réalité augmentée.

2 On présente à la **webcam** une des pages du livre qui a fait l'objet d'une animation : celle de l'hélicoptère, par exemple.

C'EST MAGIQUE ! ON PEUT OBSERVER L'HÉLICOPTÈRE SOUS TOUTES LES COUTURES ; IL SUFFIT DE BOUGER LA WEBCAM OU LE LIVRE...

5 À l'**écran**, un hélicoptère en 3D apparaît sur la page selon le scénario prévu.

UN INFOGRAPHISTE A AU PRÉALABLE RÉALISÉ UNE ANIMATION 3D DE L'HÉLICOPTÈRE EN S'INSPIRANT DE L'ILLUSTRATION DE LA PAGE.

3 Aussitôt, l'image de l'hélicoptère est reconnue par le logiciel. C'est ce qu'on appelle le « **tracking** ».

4 L'ordinateur lance alors l'**animation**.

Comme dans un jeu vidéo, on peut **piloter** l'hélicoptère. En fonction des commandes envoyées par la clavier, le microprocesseur de l'ordinateur calcule la position et l'orientation de l'hélicoptère par rapport à la page.

1 La page filmée par la **webcam** est transmise sous forme de données numériques à l'**ordinateur**, et plus particulièrement à la carte d'acquisition vidéo.

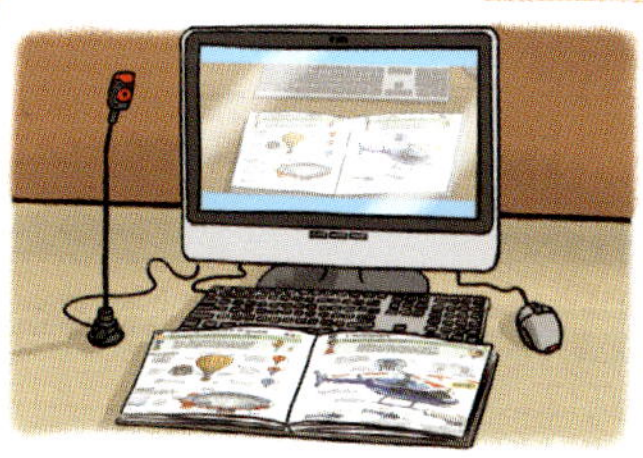

2 La **carte graphique 3D** crée une fenêtre qu'il remplit avec l'image provenant de la caméra et l'image de l'hélicoptère 3D comme s'il était filmé par la caméra.

3 Le **logiciel de réalité augmentée** reconnaît l'image dans la séquence vidéo. Il isole cette image et calcule la position et l'orientation de l'hélicoptère en temps réel.

4 C'est ce qui va déterminer l'emplacement de l'animation 3D ainsi que l'angle sous lequel on va voir l'hélicoptère. L'**animation 3D** est plaquée sur la page.

Les jouets radio- ou télécommandés

111 31

Comment se fait-il **que les manettes ne commandent que mon jouet, Pr Colza ?**

Ta télécommande **envoie des ondes qui ne sont interprétées que par ton jouet car l'émetteur et le récepteur constituent une paire. Et cela est vrai, que ta console émette des ondes radio ou de la lumière infrarouge !**

1 hélicoptère télécommandé

Il est piloté à distance grâce à une télécommande infrarouge.

Si l'hélice du **rotor de queue** tourne vite, l'hélicoptère va à droite, si elle ralentit, il va à gauche.

Le **stabilisateur** maintient l'hélicoptère à l'horizontale.

3 L'hélice du **rotor principal** se visse dans l'air et fait monter l'hélicoptère.

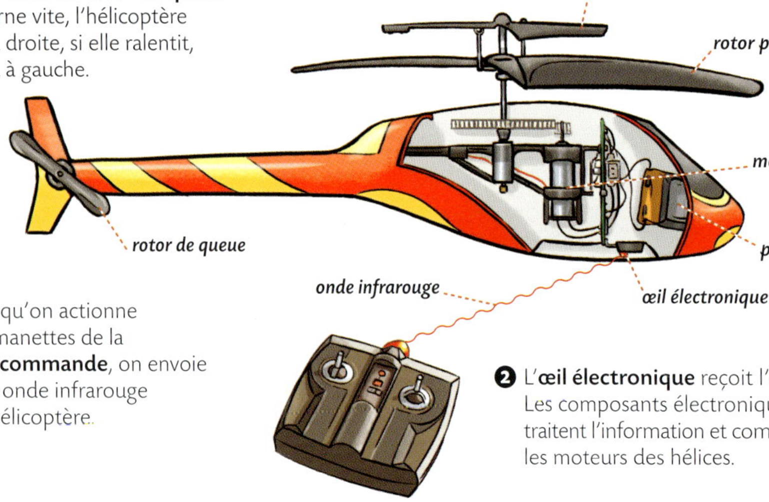

1 Lorsqu'on actionne les manettes de la **télécommande**, on envoie une onde infrarouge à l'hélicoptère.

2 L'**œil électronique** reçoit l'onde. Les composants électroniques traitent l'information et commandent les moteurs des hélices.

2 voiture radiocommandée

Équipée d'une antenne, la voiture est pilotée de loin par des ondes radio.

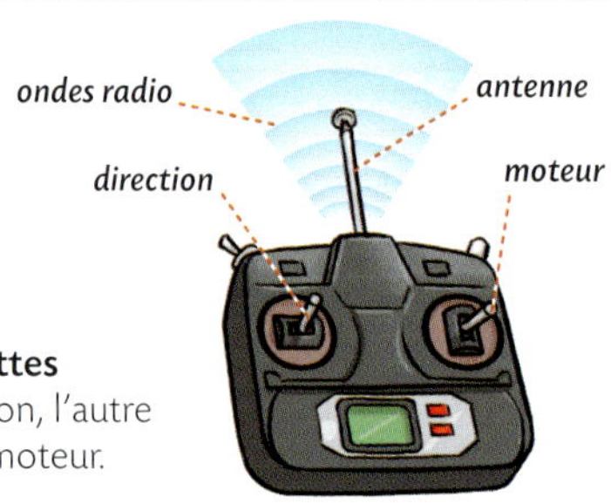

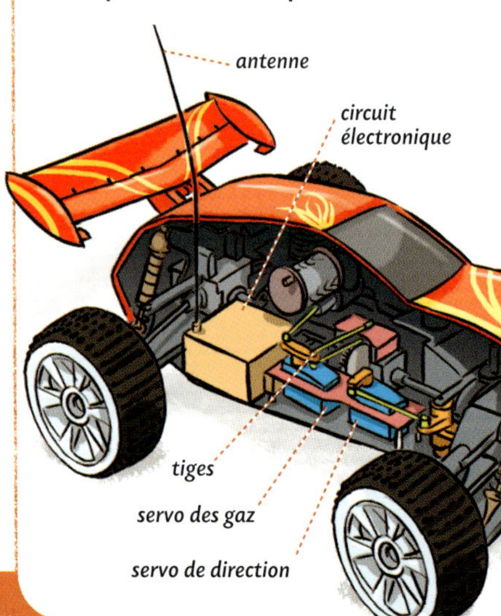

1 Une des **manettes** pilote la direction, l'autre commande le moteur.

2 L'**antenne** de la console envoie les ordres sous forme d'ondes radio.

3 Les ondes reçues sont interprétées par un **circuit électronique**.

4 Des moteurs, les **servomoteurs**, exécutent les commandes.

5 Des **tiges** actionnent l'accélérateur ou bien la direction.

LE + DU Pr COLZA

Les radiocommandes ne sont pas utilisées que pour les jouets. On peut piloter un avion furtif de surveillance et même les robots d'exploration des planètes !

DEVINETTE

Pourquoi, lors d'une course, un drapeau est-il accroché aux antennes des consoles ?

Ce sont des drapeaux de fréquence qui indiquent le réglage de l'émetteur de chaque voiture. Tous les drapeaux sont différents pour que chaque voiture ne soit commandée que par un pilote, et ainsi éviter mélanges et pertes de contrôle.

LE + DU Pr SIPHON

Les télécommandes à infrarouge ont une portée plus faible que celles à ondes radio, souvent de l'ordre de quelques mètres. On les utilise plutôt à l'intérieur car le soleil émet aussi ces ondes lumineuses.

QUESTION de PRINCIPE

31 Les ondes électromagnétiques

11 30 105

Les ondes électromagnétiques **sont des vibrations invisibles émises naturellement par le Soleil ou bien produites artificiellement par les appareils électroniques comme la radio ou le téléphone portable, équipés d'antennes pour les émettre ou les recevoir.**

Le spectre électromagnétique
Les ondes se distinguent par leur longueur (la distance entre deux vibrations) et leur fréquence (le nombre de vibrations par seconde). Le spectre électromagnétique distingue ces ondes selon leur fréquence.

La **lumière blanche** et les lumières colorées de l'**arc-en-ciel** sont aussi des ondes électromagnétiques !

Les **rayons X** sont produits par les électrons des atomes et les **rayons gamma** par leur noyau.

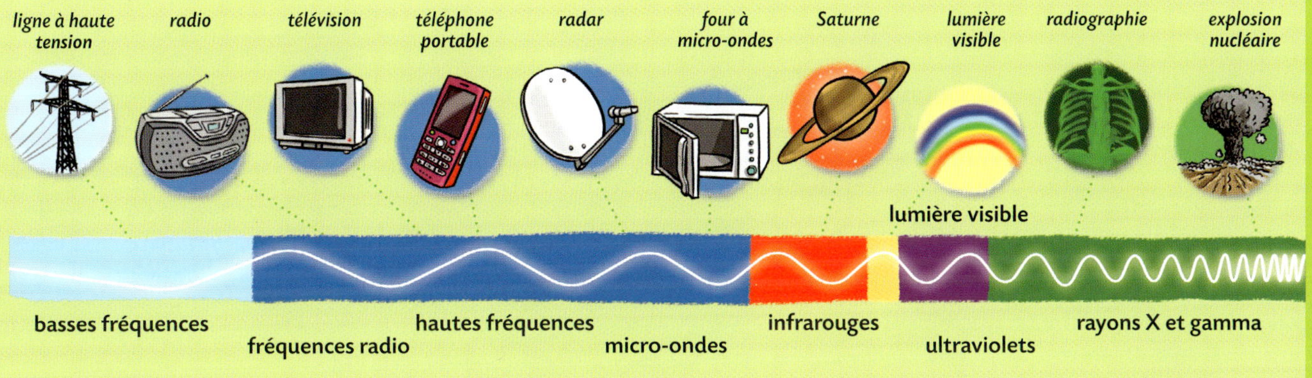

Une fréquence de 1 kHz (kilohertz) signifie 1 000 oscillations par seconde.

Les ondes **basses fréquences** sont émises par tout objet parcouru par un courant électrique.

Les ondes **hautes fréquences** sont par exemple utilisées dans les transmissions aériennes ou maritimes.

Les corps chauds émettent des **rayonnements infrarouges.**

Le rayonnement **ultraviolet**, invisible à l'œil nu, est en revanche vu par certains insectes.

Application

Les ondes radio-électriques (ou ondes radio) sont une perturbation du champ électromagnétique, produite par une antenne. Dans l'atmosphère, elles se propagent à la vitesse de la lumière. Elles sont le support des sons ou des images de la télévision, du téléphone ou de la radio dont on voit le fonctionnement ci-contre.

1. La **voix** de l'animateur est transformée en **signaux électriques** qui sont associés à un signal porteur produit par un circuit électronique.

3. L'**onde** est réfléchie par les montagnes ou les immeubles. Comme elle s'amortit, elle est amplifiée par des **antennes relais**.

5. Les circuits électroniques de la **radio** convertissent ce signal en paroles ou musique.

2. Ces signaux excitent les électrons de l'antenne de l'émetteur : l'**onde électromagnétique** est produite et émise.

4. L'**antenne** de l'autoradio ou de l'appareil radio reçoit l'onde. L'agitation des électrons reproduit le signal électrique de l'émetteur.

Le **tuner** de l'autoradio détecte automatiquement les fréquences des différentes stations.

L'autocuiseur

Pourquoi les pommes de terre **cuisent-elles plus vite dans un autocuiseur ?**

C'est vrai **qu'elles n'ont pas le temps de mijoter, Julia ! Dans la cocotte, l'augmentation de pression entraîne une augmentation de la température, ce qui accélère la cuisson.**

Dans un autocuiseur, sous pression, l'ébullition de l'eau a lieu à environ 120 °C, et non 100 °C comme dans une casserole ordinaire. L'eau est ainsi beaucoup plus chaude et la cuisson plus rapide.

❶ Dans la cocotte, l'eau chauffe. Elle bout et se transforme en vapeur. **La pression augmente**.

❷ Lorsque la température atteint environ 120 °C, la pression soulève la **soupape** et la fait tourner. Grâce à la soupape, l'autocuiseur ne peut pas exploser.

❸ La soupape de sécurité peut se déclencher en cas de **surpression accidentelle**, par exemple lorsque la soupape principale est bouchée.

POURQUOI LA SOUPAPE TOURNE-T-ELLE, Pr COLZA ?

LA VAPEUR D'EAU SORT PAR DEUX PETITS TROUS OPPOSÉS. La poussée de la vapeur fait tourner la soupape, comme la poussée de l'eau fait tourner un arroseur de jardin.

AUTREMENT

Le couvercle ne doit ni laisser échapper la vapeur, ni exploser sous la pression. Il est bloqué par un étrier, serré par des mâchoires ou emboîté sur la cocotte.

AUTREFOIS

En 1679, Denis Papin invente le digesteur. Cet ancêtre de l'autocuiseur, avec sa soupape de sécurité, n'est devenu la cocotte-minute qu'en 1953 lorsqu'on a pu la produire industriellement.

LE + DU Pr SIPHON

La haute température permet de stériliser le linge, les ustensiles de cuisine et de chirurgie ou encore les conserves alimentaires. On utilise alors des marmites sous pression qu'on appelle « autoclaves ».

La cafetière

Qu'est-ce qui différencie tous ces modèles de cafetières, Pr Siphon ?

Dans la plupart des cafetières, le café est obtenu par percolation : l'eau circule sous pression à travers le café. Ce qui différencie les cafetières, c'est la façon dont l'eau bouillante monte dans la cafetière puis traverse le café.

Une cafetière automatique

fait bouillir l'eau du réservoir qui monte dans un tube puis tombe en une pluie régulière sur le café moulu. Enfin, elle maintient le café au chaud.

❶ Grâce à la **soupape**, l'eau est admise par petites doses dans le puits chauffé par une **résistance**.

❷ L'eau chauffée se transforme en vapeur et monte dans le **tuyau**.

❸ L'eau bouillante traverse le **café moulu**.

❹ Le **filtre** en papier retient le marc de café.

❺ La **plaque**, chauffée par une autre résistance, maintient le café au chaud.

ICI, LE CAFÉ EST OBTENU PAR INFUSION : LE CAFÉ MOULU EST MÉLANGÉ AVEC L'EAU, COMME POUR LE THÉ !

AUTRES CAFETIÈRES

cafetière italienne

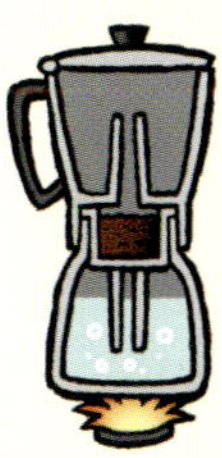

Dans le **vase inférieur**, l'eau chauffe. Le volume de la vapeur augmente, ce qui fait monter l'eau dans le tuyau.

En montant, l'eau traverse le café moulu et le filtre. Dans le **vase supérieur**, le café est prêt !

cafetière turque

En abaissant le **piston troué**, on sépare le liquide du café moulu, appelé « marc ».

cafetière expresso

La **pompe** fait monter l'eau du réservoir dans le corps de chauffe. L'eau bouillante à haute pression traverse le café du porte-filtre.

Le grille-pain

35

C'est magique, Pr Colza ! Les toasts sautent lorsqu'ils sont grillés !

Automatique, Théo, pas magique ! À l'intérieur du grille-pain, il y a un thermostat qui règle le temps de chauffage et un aimant commandé par le courant électrique, ou électroaimant, qui déclenche le ressort d'éjection.

Le grille-pain fonctionne grâce à deux circuits reliés entre eux : le circuit d'allumage et le circuit d'extinction.

La **paroi** est protégée par un matériau isolant et ininflammable.

❶ Lorsque la **manette** est abaissée, l'interrupteur presse les contacts électriques. Le courant passe.

❷ L'**électroaimant** attire une pièce métallique qui bloque le ressort.

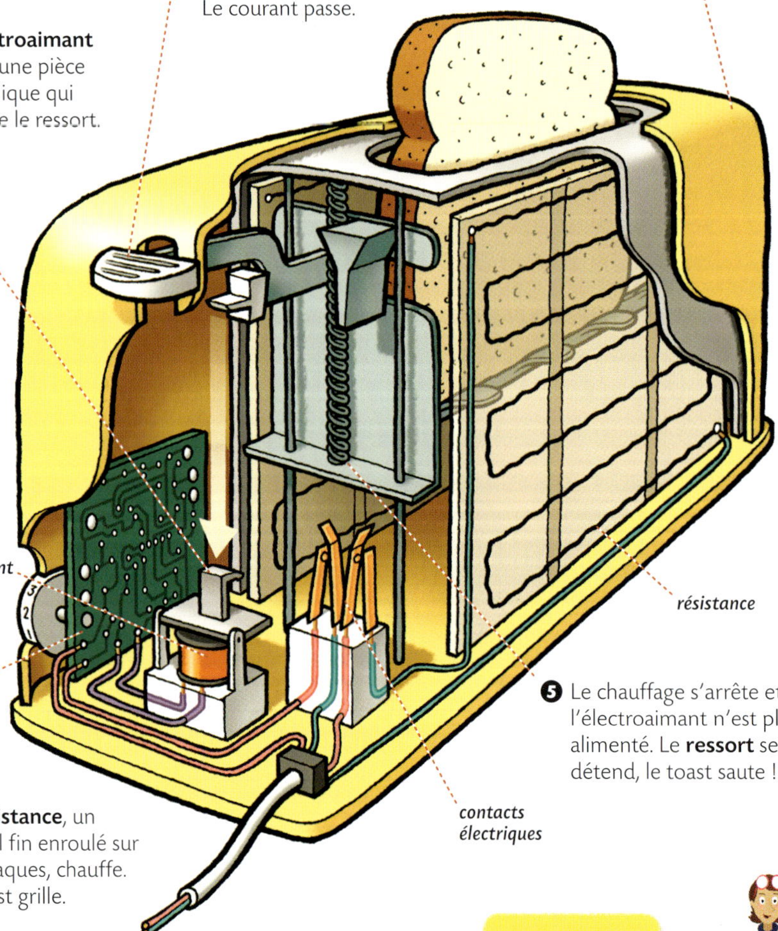

❸ La **résistance**, un long fil fin enroulé sur des plaques, chauffe. Le toast grille.

❹ Quand la température est atteinte, le **thermostat électronique** coupe le circuit.

❺ Le chauffage s'arrête et l'électroaimant n'est plus alimenté. Le **ressort** se détend, le toast saute !

EXPÉRIENCE

Fabriquer un électroaimant, c'est très simple ! Il suffit d'enrouler un fil électrique autour d'une tige métallique, comme un gros clou, et de le brancher à une pile.

AUTREMENT

Certaines grues sont équipées d'un électroaimant. C'est très pratique pour transporter de la ferraille car l'aimant fonctionne sur commande : il saisit ou libère sa charge.

AUTREFOIS

Les sonnettes d'autrefois utilisaient aussi un électroaimant : il actionnait le marteau qui frappait la cloche. De la même façon, les serrures électromécaniques qui condamnent les portes des voitures ou des fours électriques lors des pyrolyses intègrent un électroaimant.

35 Les mécanismes

34 48 72 90

Un grille-pain, un batteur à œufs, une serrure, une bicyclette... fonctionnent grâce à des mécanismes. Ce sont des ensembles de pièces qui transmettent ou transforment le mouvement et qui diminuent ou augmentent les forces. Dans les objets usuels, on trouve leviers, vis sans fin, roues dentées, manivelles... souvent combinés.

1 levier – le décapsuleur

Formé d'une pièce rigide pouvant tourner autour d'un appui, il permet de soulever des charges sans efforts.

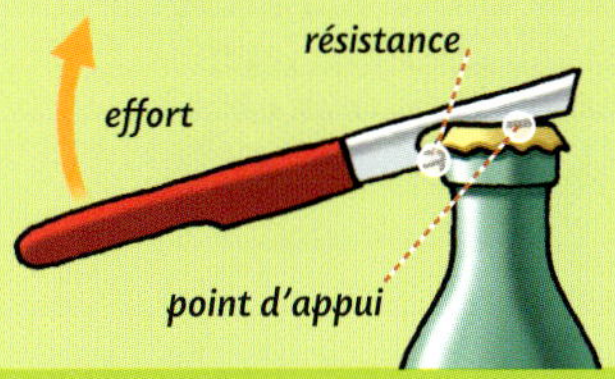

2 vis – le tire-bouchon

Grâce à la vis, une rotation se transforme en translation.

Lorsqu'on tourne la poignée, la **vis** s'enfonce dans le bouchon.

La tige descend, les dents de la **crémaillère** entraînent celles des bras, qui se lèvent.

Les bras sont des **leviers**. Ils permettent de lever le bouchon plus facilement.

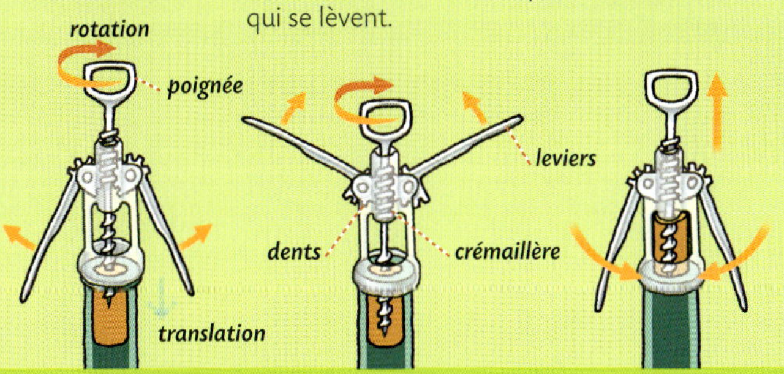

3 vis sans fin – le batteur à œufs

En tournant, elle entraîne les dents d'un engrenage.

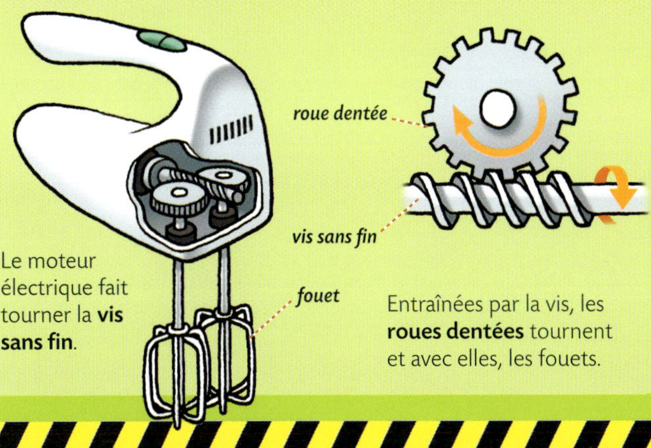

Le moteur électrique fait tourner la **vis sans fin**.

Entraînées par la vis, les **roues dentées** tournent et avec elles, les fouets.

4 engrenage – le panier à salade

C'est un ensemble de roues dentées. Les dents de l'une entraînent les dents de l'autre. Selon le diamètre des roues, la vitesse est multipliée ou divisée.

La **manivelle** fait tourner la grande roue, qui entraîne la petite roue.

Comme la **grande roue** a trois fois plus de dents, à chaque fois qu'elle fait un tour, la petite roue en fait trois.

L'**étrier**, constitué des trois bras, est mis en mouvement : le panier tourne à la vitesse de la petite roue.

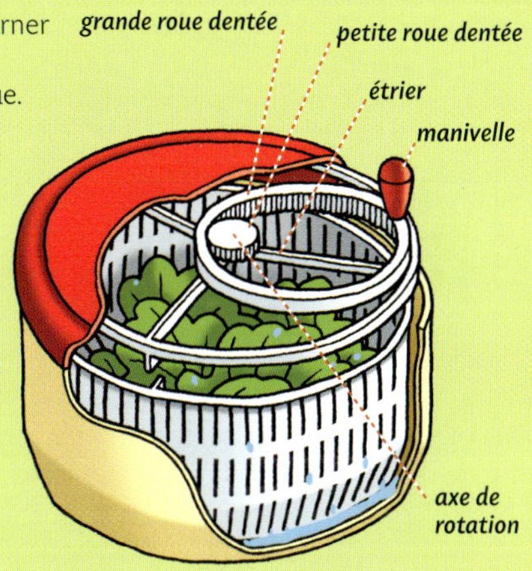

La salade est plaquée contre les parois par la **force centrifuge**. L'eau est expulsée.

5 bielle – le couteau électrique

Grâce à la bielle, une rotation se transforme en un mouvement de va-et-vient.

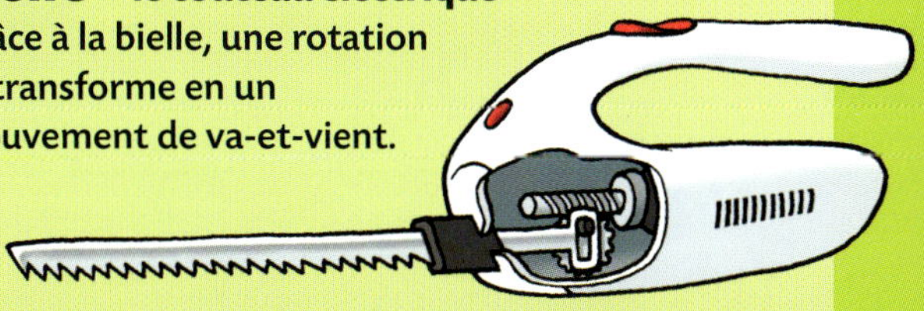

L'axe du moteur se termine par une **vis sans fin**. Le mouvement de rotation est transmis à la **roue dentée**.

L'**ergot** de chaque roue tourne avec la roue dentée. Il entraîne la **bielle** qui porte la lame, la tirant, puis la poussant.

Grâce au mouvement de **va-et-vient** des deux lames, les dents cisaillent la viande.

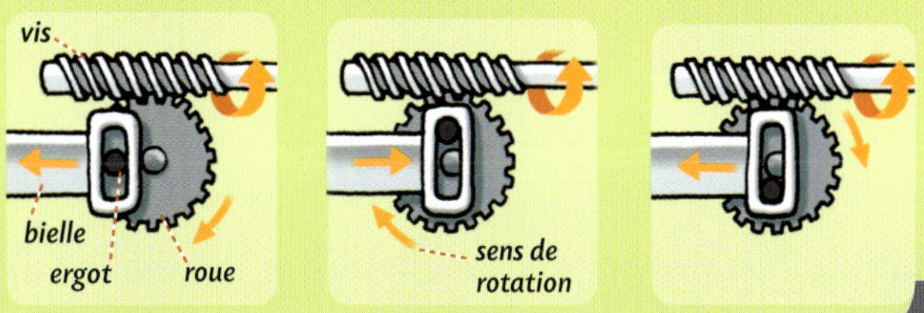

Le four à micro-ondes

105 31

En quelques minutes, **on réchauffe un plat de pâtes. Comment est-ce possible ?**

C'est simple ! **Les micro-ondes agitent les molécules de l'eau contenue dans les pâtes, la viande hachée et la sauce. L'échauffement qui en résulte augmente la température du plat préparé.**

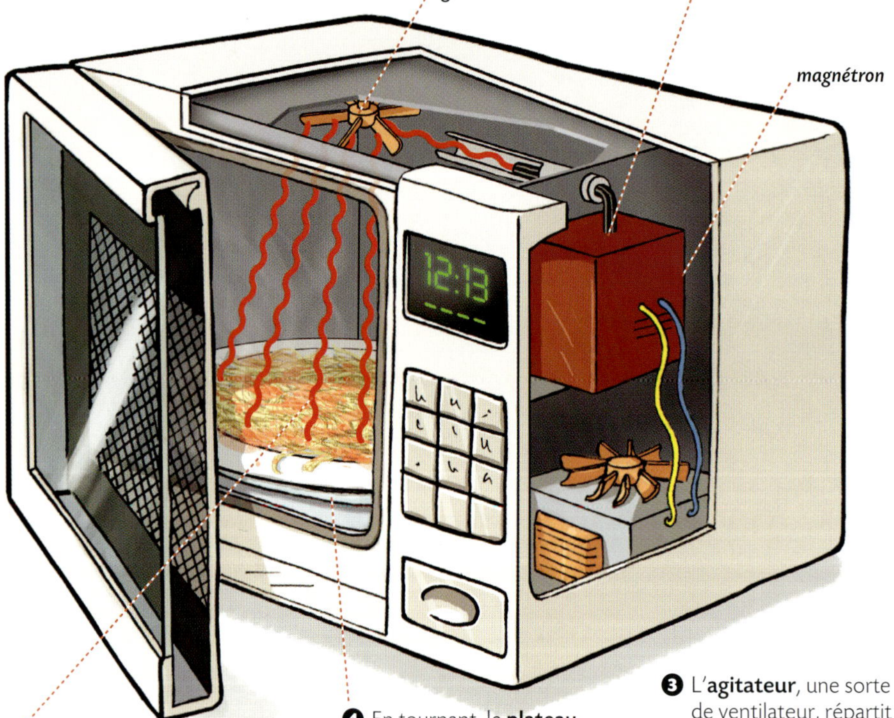

❶ Alimenté par un puissant transformateur (un circuit électrique qui transforme le courant du secteur), le **magnétron** produit des micro-ondes.

❷ Un **tube** métallique dirige les ondes vers l'agitateur.

❸ L'**agitateur**, une sorte de ventilateur, répartit les micro-ondes dans tout le four.

❹ En tournant, le **plateau** expose le plat aux micro-ondes.

❺ Les **micro-ondes** chauffent l'eau contenue dans les aliments.

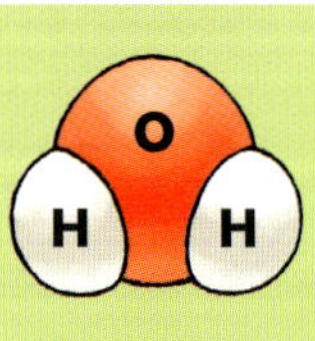

Les **molécules d'eau** (H_2O) sont composées d'atomes d'hydrogène (H) et d'oxygène (O).

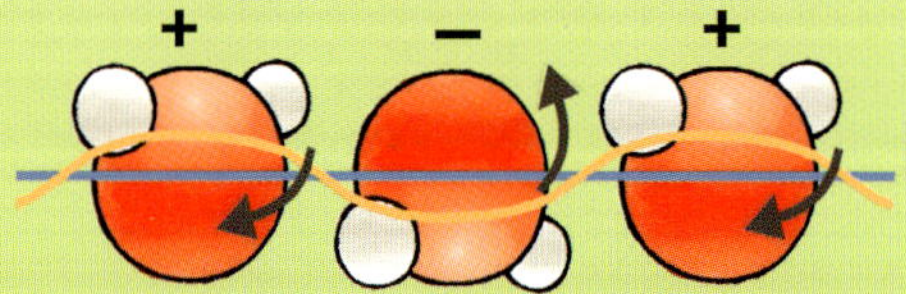

Sous l'action des ondes, les charges positives et négatives sont attirées dans un sens ou dans l'autre. Les molécules d'eau se retournent près de trois milliards de fois par seconde. Il en résulte un **échauffement**. Les graisses, les sucres et les protéines des aliments chauffent à leur tour.

DEVINETTE

Pourquoi un œuf explose-t-il dans un four à micro-ondes ?

La transformation de l'eau en vapeur augmente la pression à l'intérieur de la coquille, qui explose.

ANECDOTE

Dans les années 1940, l'ingénieur Percy Spencer travaillait à l'amélioration des radars anti-aériens grâce aux ondes très courtes. Il avait constaté qu'à proximité de ces antennes, du chocolat fondait. Il essaya avec des grains de maïs, qui se transformèrent vite en pop-corn. Le four à micro-ondes était né !

POURQUOI NE FAUT-IL PAS OUBLIER DE FOURCHETTE DANS LE FOUR ?

SI UNE SURFACE MÉTALLIQUE bien plane, comme la paroi du four, est censée renvoyer les micro-ondes, les aspérités de certains objets en métal, comme les dents de la fourchette, peuvent provoquer des étincelles dangereuses pour l'appareil.

37 La plaque à induction

34 43

La casserole chauffe, mais la plaque presque pas. C'est incroyable, Pr Siphon !

Sous la plaque, il y a des sortes d'aimants qui excitent l'acier de la casserole. Celle-ci devient vite très chaude. La matière de la plaque, elle, n'est pas excitée ; c'est la chaleur communiquée par la casserole qui la fait tiédir.

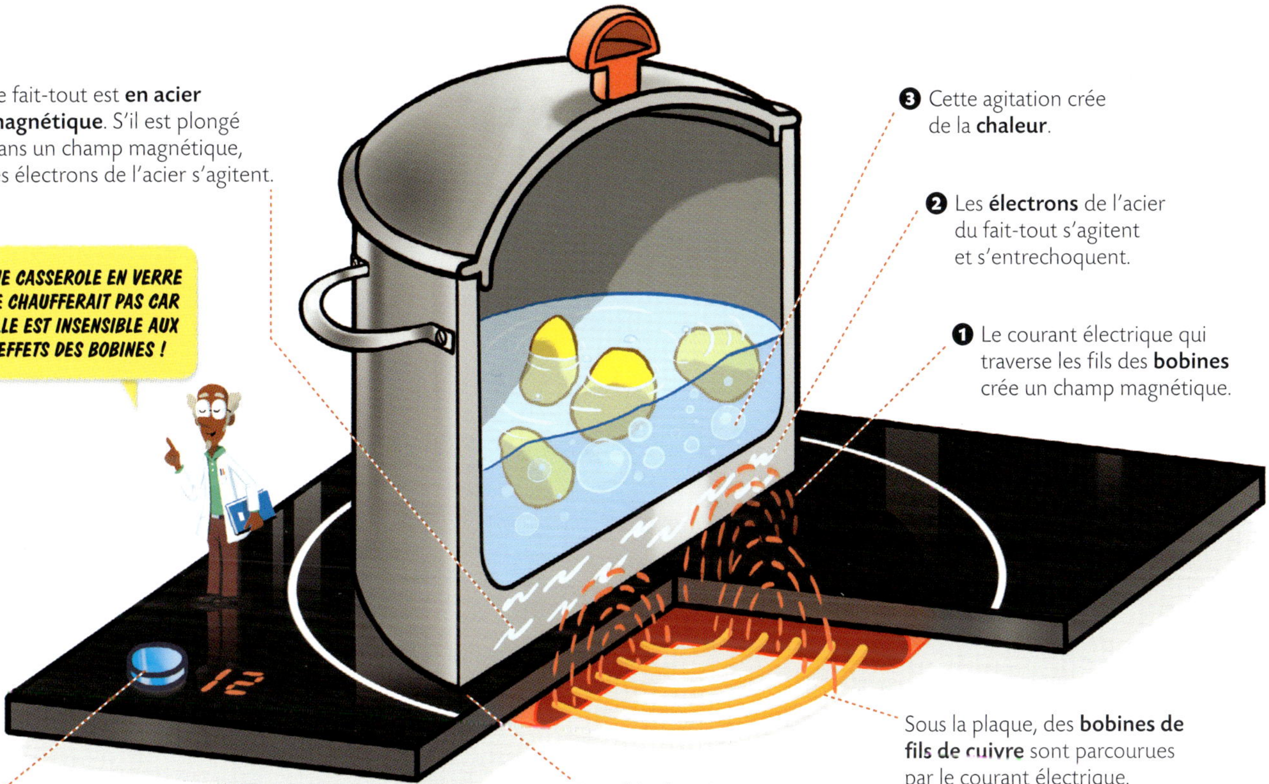

AUTRES PLAQUES DE CUISSON

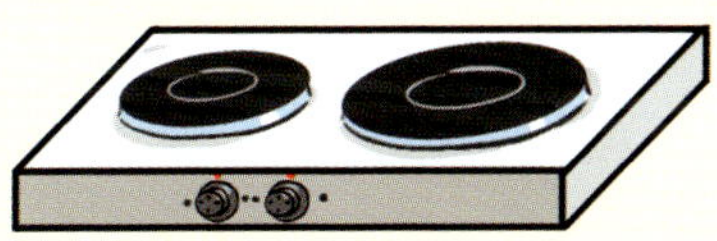

plaque électrique

La plaque en acier est chauffée par la **résistance électrique** placée en dessous. L'électricité, qui traverse la résistance, produit une excitation de ses atomes. Elle chauffe, rougit et communique sa chaleur à la plaque.

plaque en vitrocéramique

Contrairement à la plaque à induction, qui lui ressemble, la plaque en vitrocéramique devient vite très chaude ! Ce sont des **lampes** ou des **résistances électriques** qui lui transmettent leur chaleur.

plaque à gaz

Les flammes chauffent directement la casserole. Dans le **brûleur**, un mélange de gaz et d'air est enflammé. La combustion donne une flamme bleue brûlante (environ 1 000 °C).

Le lave-vaisselle

Derrière la porte, **on entend de drôles de bruits... Qu'est-ce que c'est ?**

Si la porte était transparente, **tu comprendrais le cycle automatique de lavage, de rinçage et de séchage. Tu verrais aussi les bras qui aspergent la vaisselle. La pompe, elle, resterait cachée car elle est sous la cuve.**

❶ La cuve se remplit. Un **capteur** détecte le niveau d'eau et stoppe l'arrivée d'eau.

❷ La **résistance électrique** chauffe l'eau. Le thermostat arrête le chauffage dès que la température est atteinte.

❼ La **résistance** chauffe la cuve et la vaisselle. C'est le séchage.

La **cuve** est en acier inoxydable : elle ne peut pas rouiller.

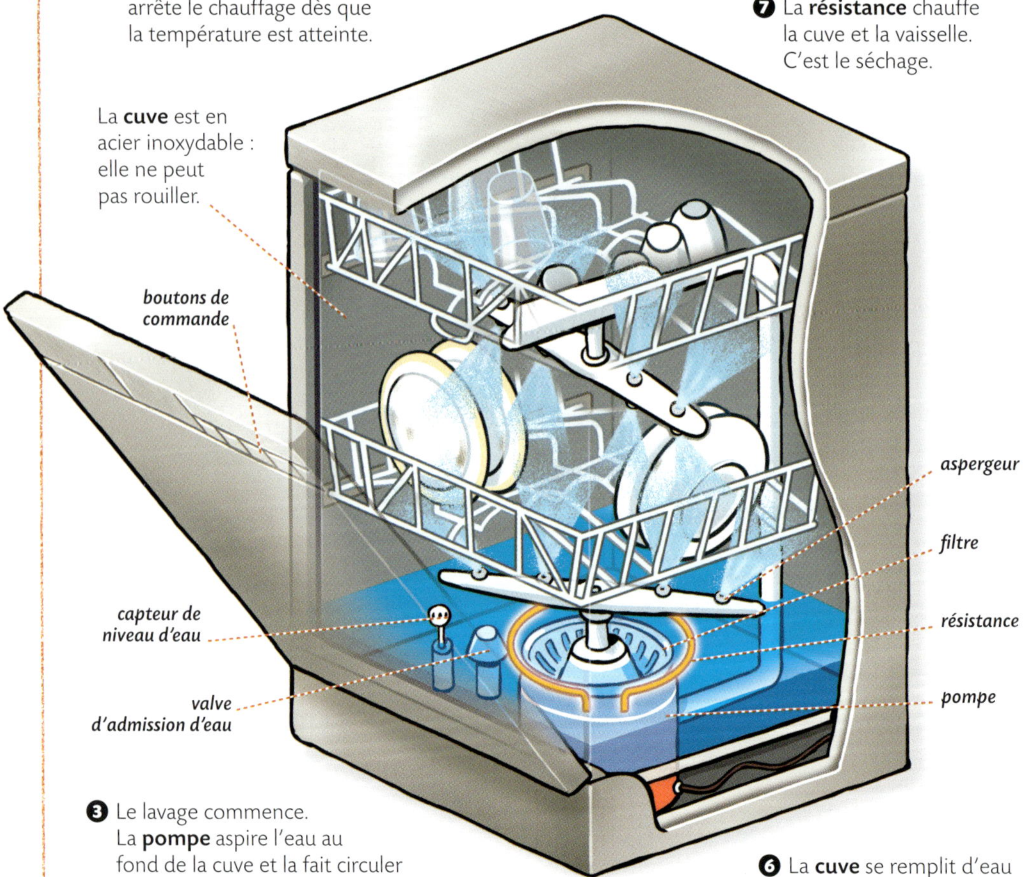

❸ Le lavage commence. La **pompe** aspire l'eau au fond de la cuve et la fait circuler dans les bras. En sortant par les trous, l'eau sous pression les fait tourner. La vaisselle est aspergée.

❹ Des **jets d'eau** décollent les salissures. Les produits de nettoyage dissolvent les graisses.

❺ La **pompe** évacue l'eau de lavage. C'est la vidange.

❻ La **cuve** se remplit d'eau propre. De nouveau, la résistance chauffe l'eau. Le ballet des bras recommence pour le rinçage.

DEVINETTE

Quelle est la différence entre un lave-vaisselle et une station de lavage ?

Le fonctionnement est le même. La seule différence est qu'au garage, les étapes s'effectuent successivement dans un tunnel, comme dans les lave-vaisselle des restaurants.

AUTREMENT

Certains éviers sont des lave-vaisselle. Ils nettoient grâce à des ultrasons : les vibrations décollent les salissures !

LE + DU PR SIPHON

Le traitement de l'eau et les produits de rinçage rendent l'eau moins calcaire. Elle glisse et ne laisse pas de traces sur les verres.

Le réfrigérateur

43 82

Derrière le réfrigérateur, c'est chaud ! Comment ça se fait, Pr Siphon ?

En fait, un réfrigérateur ne fait pas que produire du froid : il prélève la chaleur des aliments à l'intérieur et la restitue à l'extérieur. Cela explique que l'arrière d'un réfrigérateur chauffe.

Les échanges de chaud et de froid sont effectués grâce à un fluide frigorigène (produisant du froid) qui circule dans le réfrigérateur en changeant d'état.

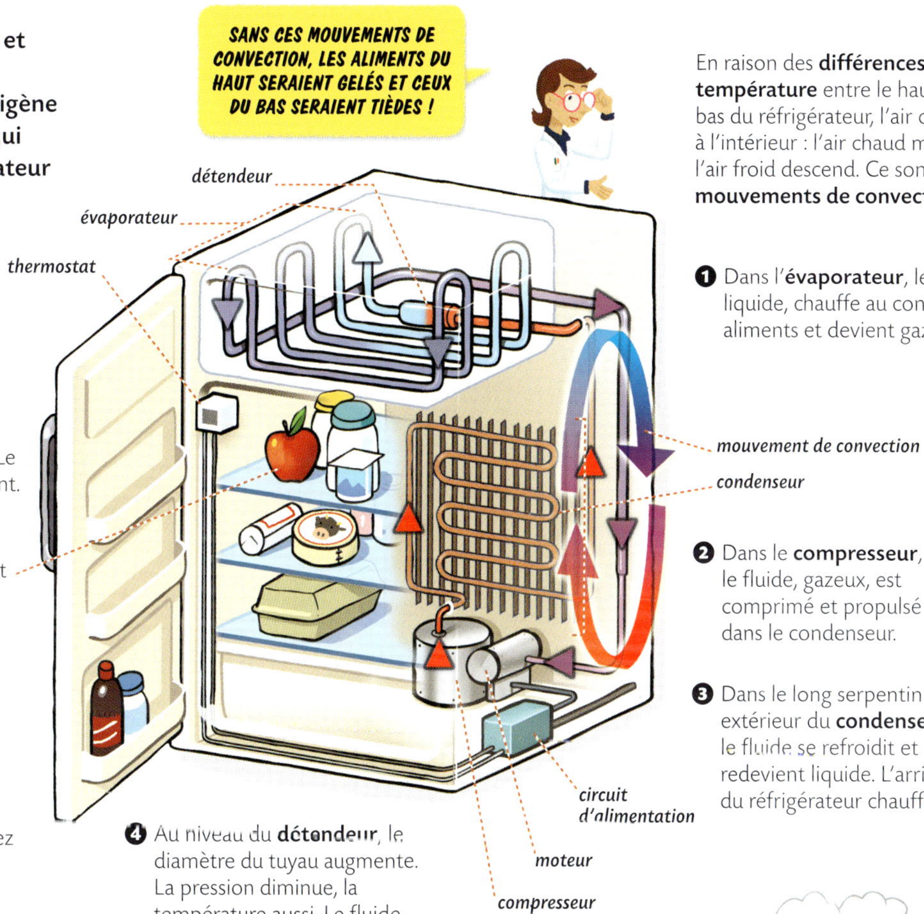

En raison des **différences de température** entre le haut et le bas du réfrigérateur, l'air circule à l'intérieur : l'air chaud monte, l'air froid descend. Ce sont les **mouvements de convection**.

1. Dans l'**évaporateur**, le fluide, liquide, chauffe au contact des aliments et devient gazeux.

Lorsqu'on ouvre la porte, la température intérieure augmente. Le **thermostat** déclenche le compresseur. Le fluide est mis en mouvement.

Les aliments transmettent leur chaleur au fluide très froid au niveau de l'**évaporateur**. En chauffant, le fluide devient gazeux.

2. Dans le **compresseur**, le fluide, gazeux, est comprimé et propulsé dans le condenseur.

3. Dans le long serpentin extérieur du **condenseur**, le fluide se refroidit et redevient liquide. L'arrière du réfrigérateur chauffe !

Le fluide circule dans la longue **tubulure** jusqu'à ce que la température soit assez basse pour bien conserver les aliments. Le thermostat arrête alors le compresseur.

4. Au niveau du **détendeur**, le diamètre du tuyau augmente. La pression diminue, la température aussi. Le fluide, liquide, est alors très froid.

QUESTION de PRINCIPE — Les changements d'état de la matière

La matière peut se trouver à l'état solide, liquide ou gazeux. Elle peut changer d'état en fonction de la température et de la pression. C'est la cohésion plus ou moins forte des atomes ou des molécules entre eux qui est à l'origine de ces différents états. Prenons l'exemple de l'eau.

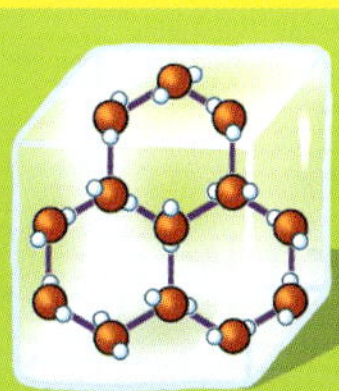

Dans la glace, les molécules d'eau sont très fortement assemblées entre elles. C'est l'**état solide**.

L'eau **liquide** est composée de molécules dont les liaisons entre elles sont plus faibles.

Dans le **brouillard**, les molécules, indépendantes, sont dispersées.

Robinet, siphon et chauffe-eau

38 66

Comment l'eau sort-elle des robinets et où va-t-elle, Pr Colza ?

L'eau propre provient de deux tuyaux, Julia : un pour l'eau chaude et un pour l'eau froide. Mais un seul suffit pour les eaux usées. Les coudes des tuyaux évitent les mauvaises odeurs.

❶ robinet à clapet

Il permet de régler le débit d'eau.

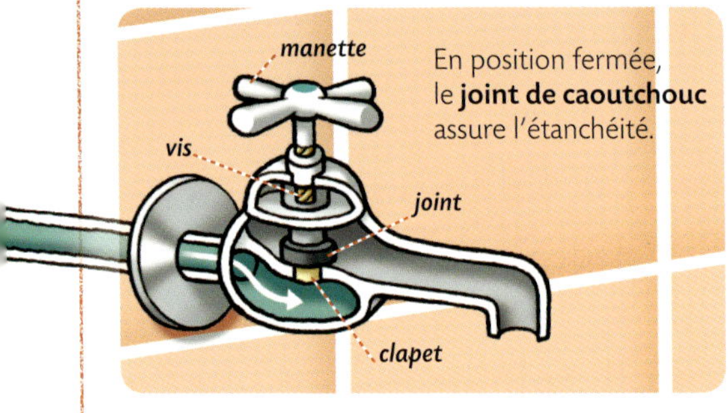

En position fermée, le **joint de caoutchouc** assure l'étanchéité.

Lorsqu'on tourne la manette, la **vis** lève plus ou moins le clapet. L'eau coule.

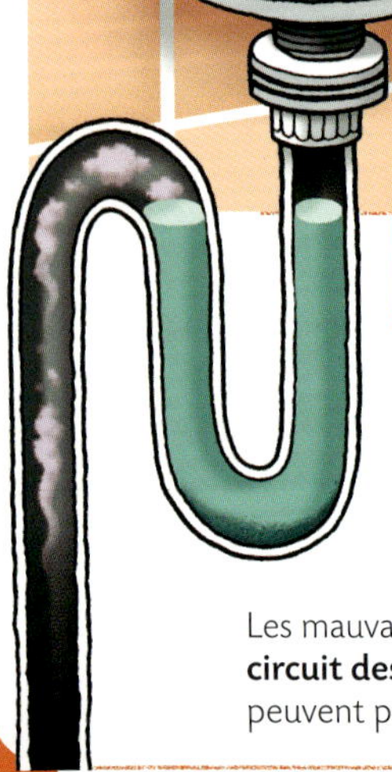

❷ siphon

C'est un double coude dans lequel l'eau fait office de bouchon.

Les mauvaises odeurs du **circuit des eaux usées** ne peuvent pas remonter.

❸ chauffe-eau électrique

Dans le chauffe-eau, une résistance électrique transmet sa chaleur à l'eau du ballon.

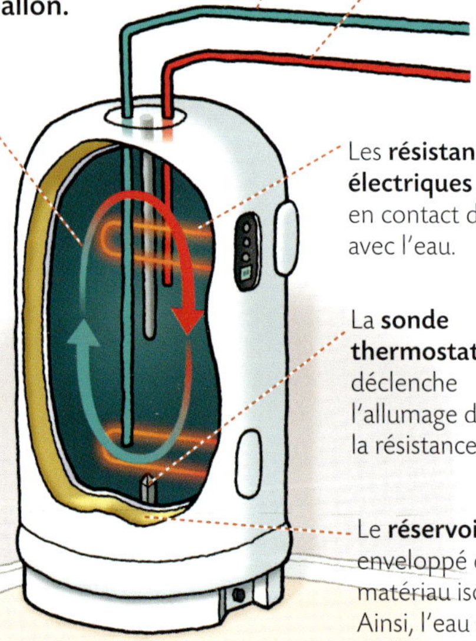

❶ L'eau froide arrive **en bas** de l'appareil où elle est chauffée par une résistance.

❷ Par des **mouvements de convection**, l'eau chaude monte.

❸ Lorsqu'un robinet d'eau chaude est ouvert, l'eau chaude est évacuée. Simultanément, l'eau froide remplit le **réservoir** et chauffe.

Les **résistances électriques** sont en contact direct avec l'eau.

La **sonde thermostatique** déclenche l'allumage de la résistance.

Le **réservoir** est enveloppé d'un matériau isolant. Ainsi, l'eau est gardée au chaud.

❹ robinet thermostatique

Grâce au mitigeur thermostatique, l'eau est toujours à la température choisie.

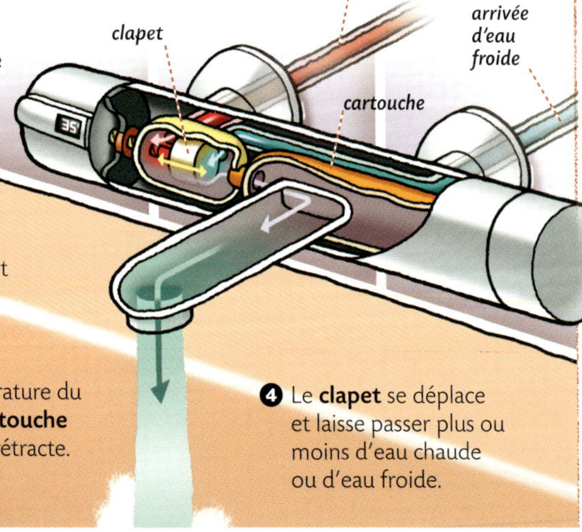

❶ Le **bouton de réglage** de la température positionne le mécanisme.

❷ L'eau chaude et l'eau froide arrivent dans le **robinet**.

❸ Selon la température du mélange, la **cartouche** se dilate ou se rétracte.

❹ Le **clapet** se déplace et laisse passer plus ou moins d'eau chaude ou d'eau froide.

La chasse d'eau

66 35

J'appuie sur un bouton, le réservoir se vide. Mais comment se remplit-il ?

C'est automatique, Théo ! Grâce à un flotteur, le robinet d'arrivée d'eau se ferme tout seul lorsque le niveau est atteint. Le remplissage est plus ou moins important selon que tu as appuyé sur le bouton économique ou non.

L'eau du réservoir nettoie la cuvette par son écoulement rapide mais surtout par le tourbillon qu'elle produit.

Grâce à la **butée** du bouton économique, seulement une partie du réservoir se vide.

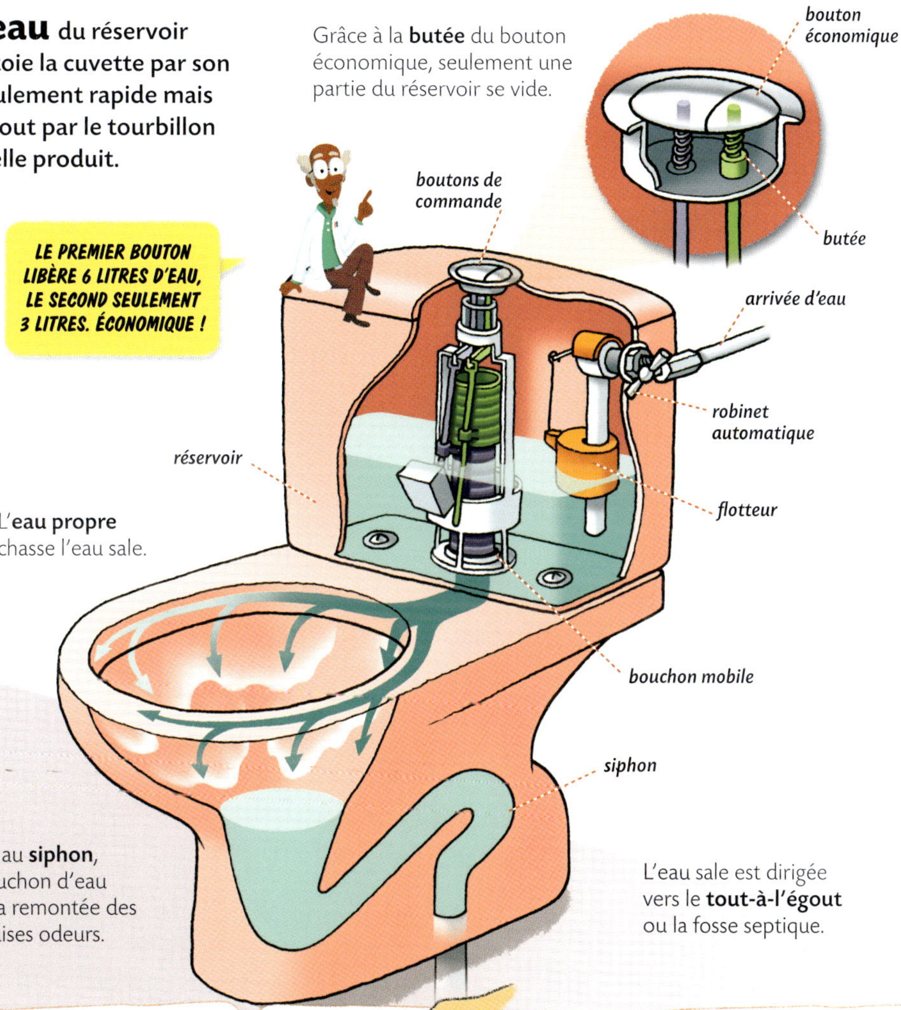

L'**eau propre** chasse l'eau sale.

Grâce au **siphon**, un bouchon d'eau évite la remontée des mauvaises odeurs.

L'eau sale est dirigée vers le **tout-à-l'égout** ou la fosse septique.

AUTREMENT

Les toilettes sèches sont écologiques et économiques. Elles fonctionnent sans eau comme les composteurs de jardins grâce à l'utilisation des matières végétales (sciure de bois...).

ANECDOTE

Dans ces toilettes japonaises, tout est automatique ! Dès qu'on entre, le couvercle se lève, la lunette chauffe. Un jet d'eau remplace le papier. Certains modèles intègrent même un laboratoire d'analyses !

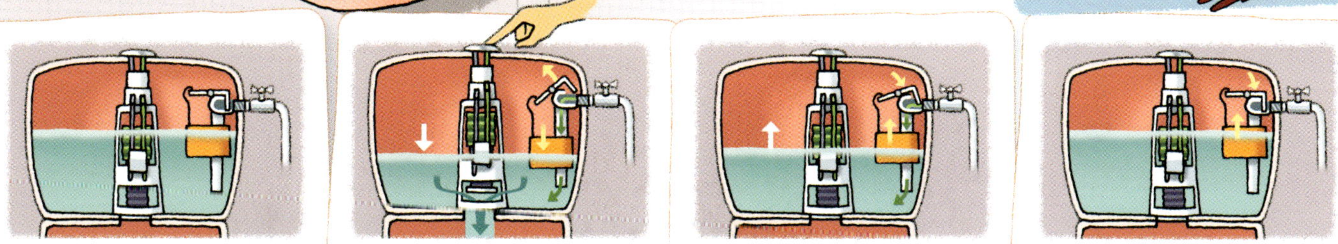

1. Le **réservoir** est plein. Le bouchon mobile empêche l'eau de s'écouler. Le robinet automatique est maintenu fermé par le flotteur.
2. En appuyant sur l'un des **boutons**, on lève le **bouchon mobile**. L'eau s'écoule vite. Le flotteur descend avec l'eau, le robinet s'ouvre.
3. Le **bouchon** ferme le réservoir. Il commence à se remplir jusqu'à ce que le flotteur pousse le **levier** du robinet automatique.
4. Le levier est poussé. L'eau ne peut plus couler. Le réservoir est plein, le **cycle** peut recommencer.

Le chauffage central

1 43

On parle de chauffage central parce qu'il est au centre de la maison, Pr Colza ?

Pas du tout, Théo ! C'est parce que les pièces sont chauffées grâce à un réseau de tuyaux qui distribuent la chaleur produite à un seul endroit. Il se distingue du chauffage pièce par pièce avec des radiateurs électriques.

Le chauffage central assure la production de la chaleur, sa distribution dans les pièces et son transfert.

La **chaudière** à condensation chauffe à la fois l'eau du chauffage et l'eau sanitaire.

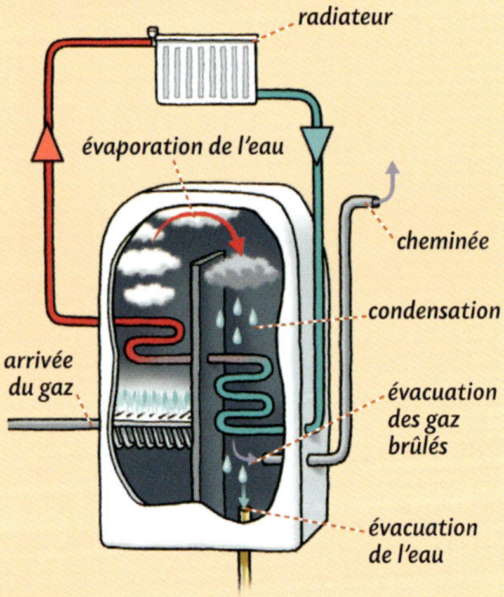

La **combustion** produit des gaz et de la vapeur d'eau qui réchauffent l'eau de retour. La vapeur d'eau est alors condensée (transformée en liquide), puis évacuée.

L'eau chaude sanitaire est chauffée par le circuit de la **chaudière** qui traverse le ballon. Ce réservoir d'eau chaude se remplit au fur et à mesure de la consommation.

Dans le circuit de chauffage, c'est toujours **la même eau** qui circule : elle est chauffée par la chaudière, refroidie lors de son passage dans chacun des radiateurs, puis chauffée de nouveau.

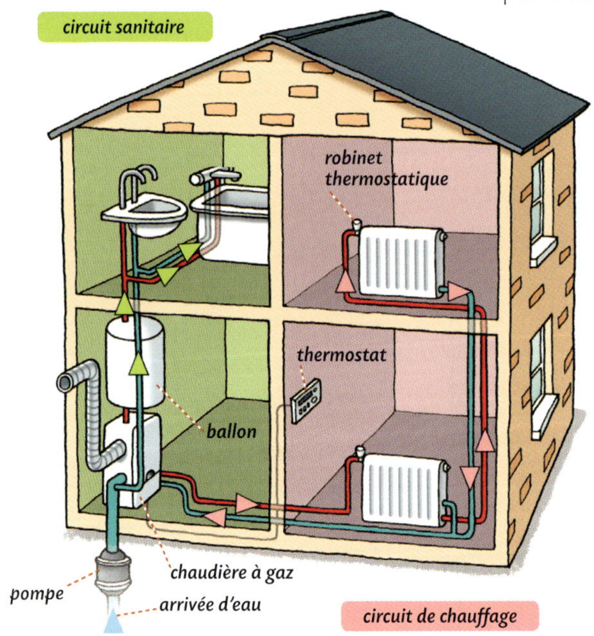

Les **radiateurs** sont métalliques : ils sont chauffés par l'eau chaude et transfèrent leur chaleur à la pièce à la fois **par convection** et **par rayonnement**.

Le **robinet thermostatique** s'ouvre ou se ferme automatiquement selon la température.

Le **thermostat** déclenche automatiquement la mise en chauffe ou l'arrêt de la chaudière.

AUTRES SYSTÈMES DE CHAUFFAGE

chauffage solaire

Les panneaux solaires thermiques contiennent des serpentins de tubes en cuivre. Chauffé par le soleil, le liquide des capteurs solaires, un mélange d'eau et d'antigel, circule jusqu'à l'échangeur. La chaleur est alors transférée à l'eau d'un ballon de stockage. Le collecteur distribue l'eau chaude vers le plancher ou les radiateurs.

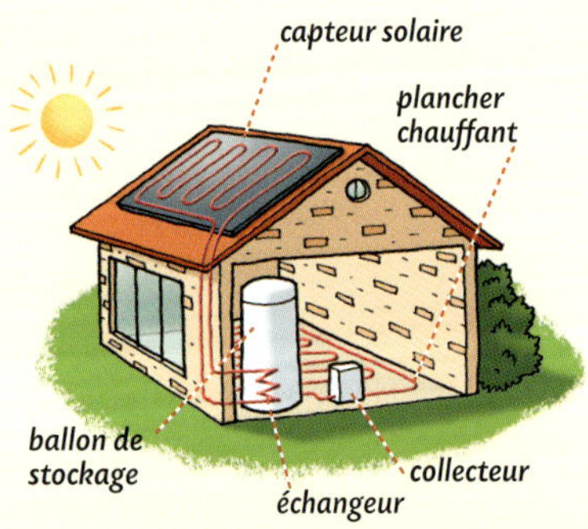

chauffage géothermique

Une pompe à chaleur prélève la chaleur stockée dans le sol ou dans l'eau des nappes souterraines dont la température est d'environ 10 °C. L'eau chaude circule dans le réseau de tubes en plastique du plancher qui assure la diffusion de la chaleur dans les pièces.

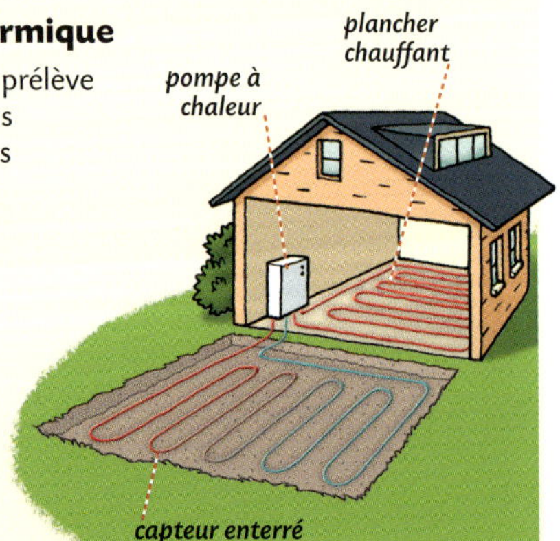

Le radiateur

36 42

Comment ça chauffe, un radiateur, Pr Siphon ?

C'est simple, Julia ! Sur la plage, tu as chaud grâce à deux sources de chaleur : les rayons du soleil et l'air en mouvement. C'est le rayonnement et la convection. Les radiateurs combinent souvent les deux.

1 convecteur

Il chauffe l'air ambiant mis en mouvement par convection.

LA CHALEUR DE L'EXCITATION DES ÉLECTRONS DU MÉTAL DE LA RÉSISTANCE EST TRANSFÉRÉE AUX MOLÉCULES D'AIR.

L'électricité excite les électrons du métal. Ils s'agitent, la **résistance chauffe**.

Les **molécules de l'air chauffé** s'agitent et s'éloignent les unes des autres. L'air chaud, plus léger, monte.

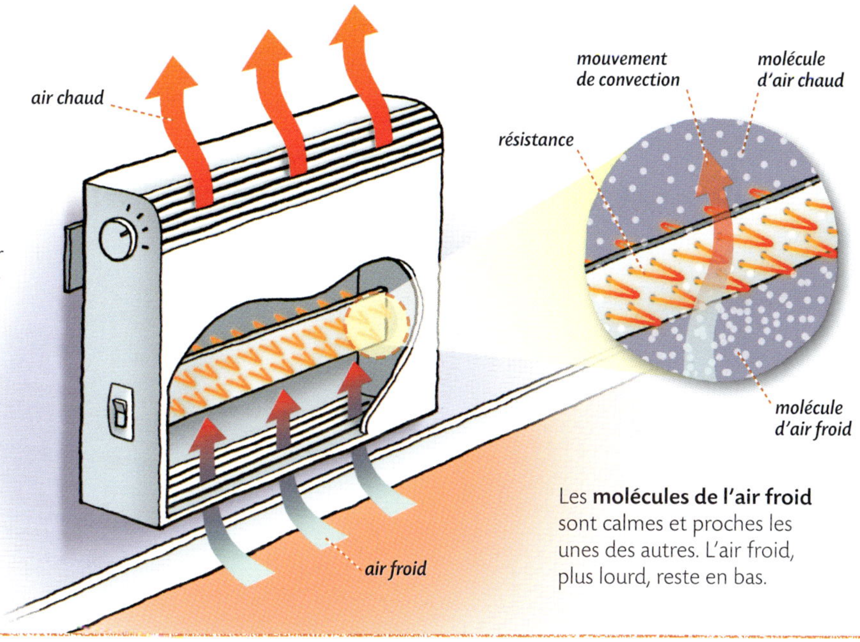

3 L'**air chaud**, plus léger que l'air froid, sort par la grille supérieure.

2 La chaleur de la résistance électrique génère la **convection**.

1 L'**air froid** entre par le bas du radiateur.

Les **molécules de l'air froid** sont calmes et proches les unes des autres. L'air froid, plus lourd, reste en bas.

2 radiateur sèche-serviette

Il transmet sa chaleur grâce au rayonnement de lumière infrarouge qu'il émet.

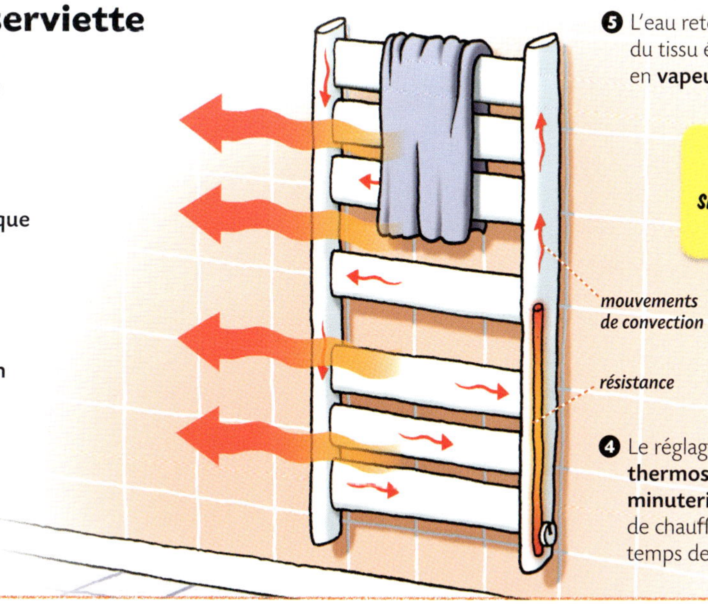

1 La **résistance électrique** chauffe le fluide.

2 La chaleur engendre des **mouvements de convection** du fluide dans la colonne.

3 Le radiateur transmet sa chaleur par **rayonnement**.

5 L'eau retenue dans les boucles du tissu éponge se transforme en **vapeur d'eau**. La serviette sèche.

LA VAPEUR D'EAU QUI S'ÉCHAPPE DE LA SERVIETTE FORME LA BUÉE SUR LE MIROIR.

4 Le réglage du **thermostat** et de la **minuterie** permettent de chauffer juste le temps de la douche !

Le pèse-personne

On ne voit aucun mécanisme **dans la balance ! Comment ça peut marcher ?**

C'est simple, Julia ! **Ton poids déforme des capteurs placés dans les quatre pieds du pèse-personne. Cette déformation est mesurée électriquement, puis affichée à l'écran !**

Le pèse-personne électronique n'utilise ni ressort ni levier, mais des capteurs dont l'étirement permet de calculer la masse corporelle.

Sous le poids s'affiche la **proportion de graisse**. Grâce aux contacts électriques du plateau, un faible courant électrique traverse le corps. Selon sa valeur, un calculateur détermine la masse grasse et la masse maigre.

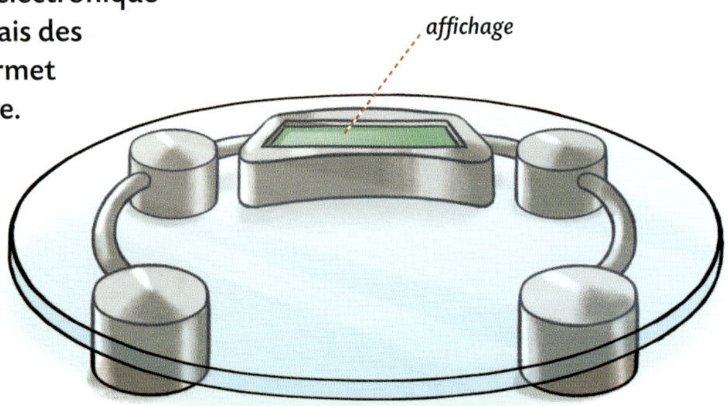

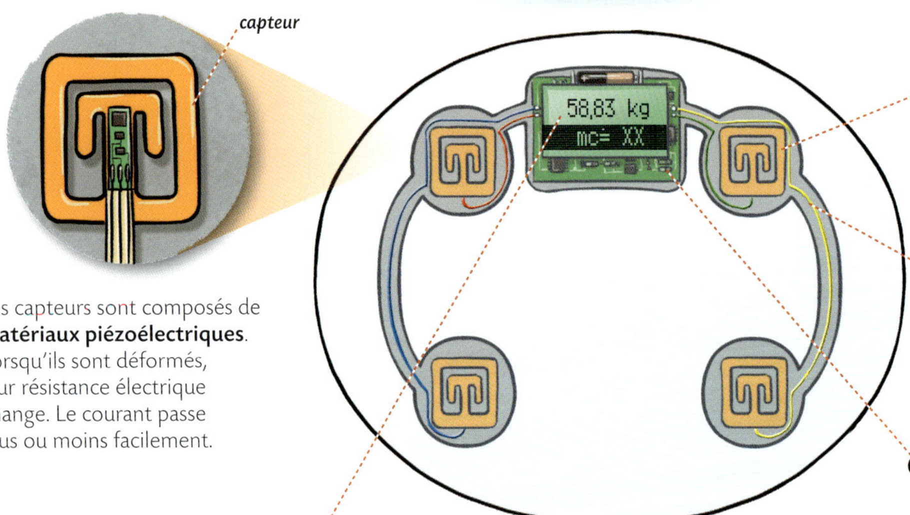

Les capteurs sont composés de **matériaux piézoélectriques**. Lorsqu'ils sont déformés, leur résistance électrique change. Le courant passe plus ou moins facilement.

❶ Dans chaque pied, la déformation de la plaque métallique entraîne l'étirement du **capteur.**

❷ Cet étirement modifie le courant électrique qui traverse les capteurs. Le poids se transforme en un **signal électrique**.

❸ Ce courant parvient à l'**unité de traitement** et est amplifié.

❹ Il est ensuite converti en une **information numérique**.

❺ Un **décodeur** commande l'allumage des segments de l'afficheur. Le poids est affiché.

AUTRES PÈSE-PERSONNES

pèse-personne mécanique

Sous le poids de la personne, le plateau de la balance s'enfonce et appuie sur un mécanisme constitué de **leviers** et de **ressorts**. L'ensemble fait tourner l'aiguille sur le cadran.

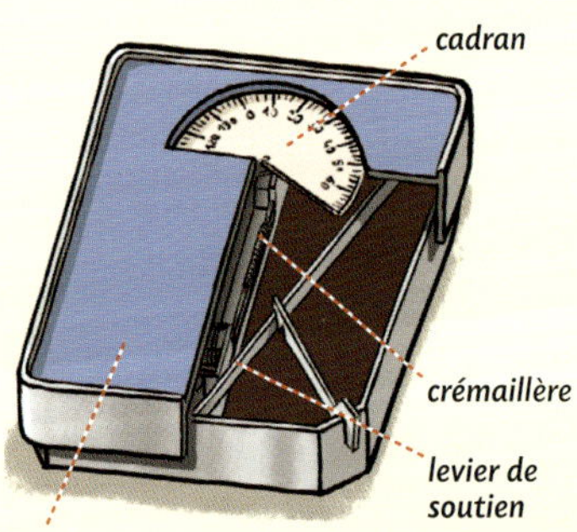

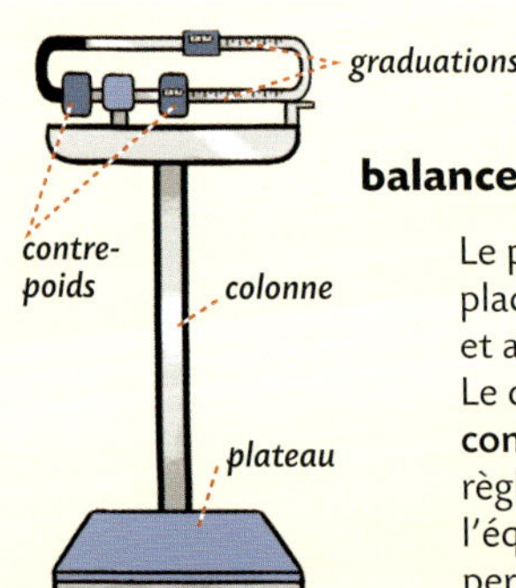

balance médicale à colonne

Le plateau tire une tige placée dans la colonne et actionne un **levier**. Le déplacement des **contrepoids** sur les règles graduées rétablit l'équilibre du levier et permet de lire le poids.

45 Sèche-cheveux, brosse à dents, bombe aérosol

On les utilise chaque jour, **mais on ne sait pas comment ils marchent, Pr Siphon !**

C'est vrai, Théo ! **On ne voit pas toujours les petits secrets qui sont cachés à l'intérieur de ces objets. Ce sont souvent des solutions qu'il faudrait inventer si elles n'existaient pas !**

❶ sèche-cheveux

L'eau des cheveux mouillés s'évapore grâce au puissant courant d'air chauffé.

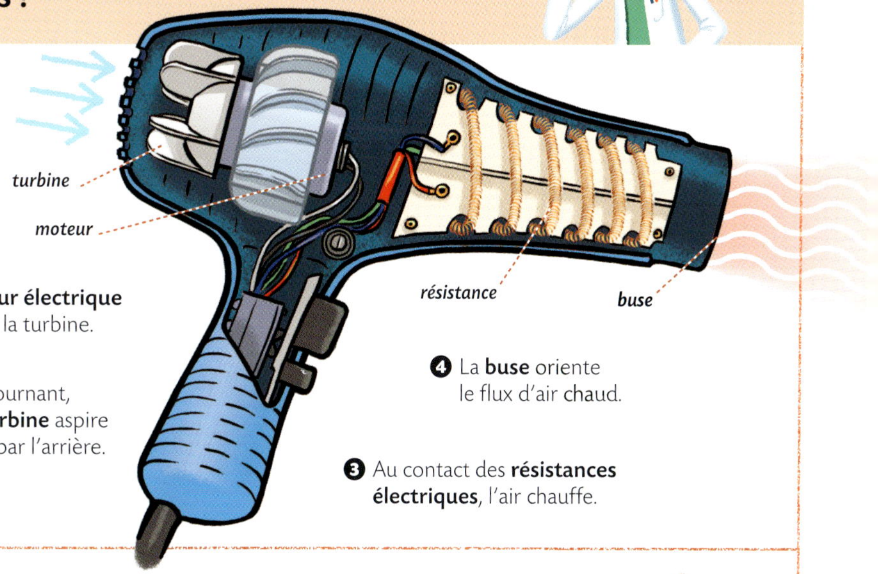

❶ Le **moteur électrique** actionne la turbine.

❷ En tournant, la **turbine** aspire l'air par l'arrière.

❸ Au contact des **résistances électriques**, l'air chauffe.

❹ La **buse** oriente le flux d'air chaud.

❷ brosse à dents vibrante

Les 20 000 vibrations par minute de la tête améliorent le brossage des dents.

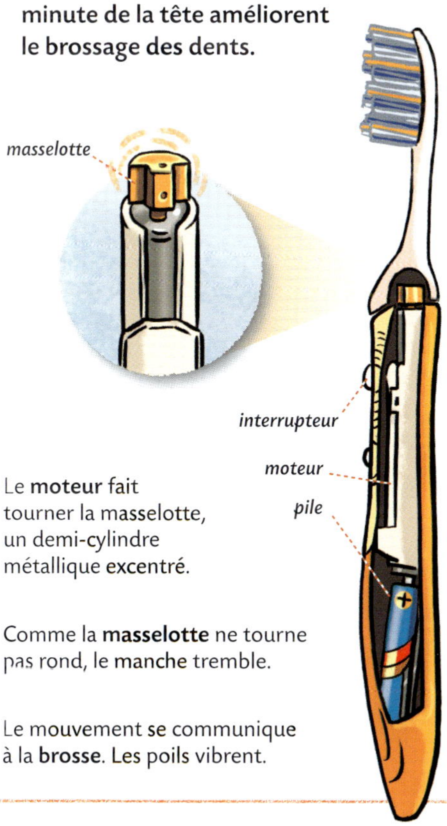

❶ Le **moteur** fait tourner la masselotte, un demi-cylindre métallique excentré.

❷ Comme la **masselotte** ne tourne pas rond, le **manche** tremble.

❸ Le mouvement se communique à la **brosse**. Les poils vibrent.

❸ bombe aérosol

Le liquide sous pression sort en fines gouttelettes tant qu'on appuie sur le capuchon.

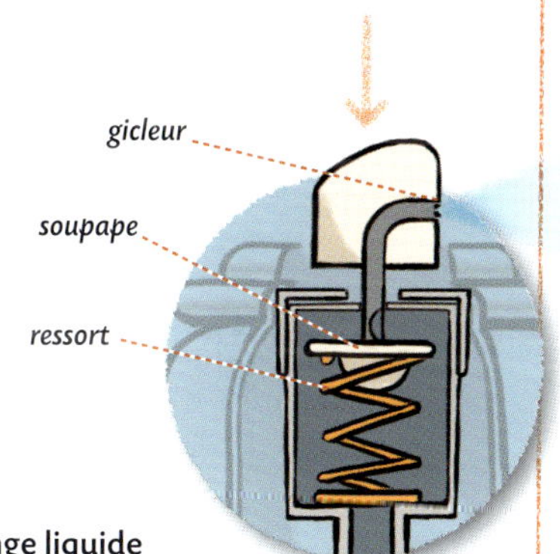

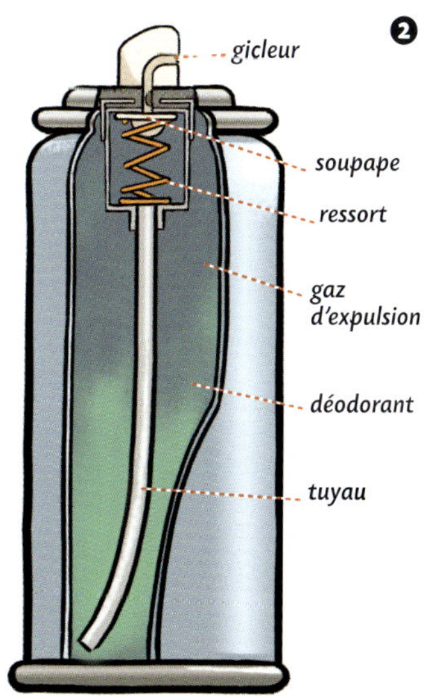

❶ En appuyant sur le capuchon, on ouvre la **soupape**.

❷ Le **mélange liquide sous pression** monte dans le tuyau.

❸ Il se transforme en gouttelettes dans le minuscule **gicleur**.

chapitre 2

LA

VILLE

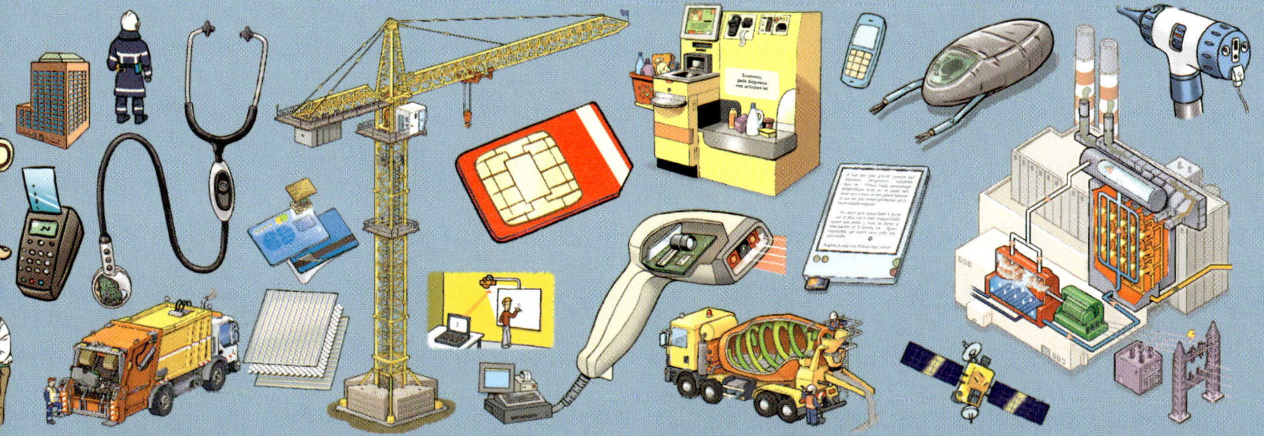

Le téléphone mobile

Comment peut-on se parler à des milliers de kilomètres, Pr Siphon ?

Téléphoner, c'est se parler à distance, Julia !
Nos paroles, codées en séries de 0 et de 1, suivent un chemin complexe choisi par des ordinateurs : elles franchissent les montagnes et traversent les océans !

❶ téléphone mobile

Sans fil, le téléphone mobile transporte son énergie et son antenne.

❶ Les vibrations de la membrane du **micro** transforment la voix et les paroles en un courant électrique.

❷ Un **composant** convertit ce courant électrique en phrases de 0 et de 1.

❸ Le **modulateur** envoie des morceaux de phrases à l'antenne au rythme de 100 par seconde.

La **sonnerie** ou le **vibreur** signalent un appel.

La **batterie** fournit l'énergie électrique.

❹ L'**antenne** émet ces données numériques.

❺ Lors de la réception, l'**antenne** transmet les données numériques aux composants électroniques.

❻ Ces données sont transformées en courant électrique. La membrane du **haut-parleur** restitue alors les paroles.

La **carte SIM** est une puce qui stocke des informations saisies par l'utilisateur ou l'opérateur : code confidentiel, répertoire… C'est une sorte de serrure de sécurité.

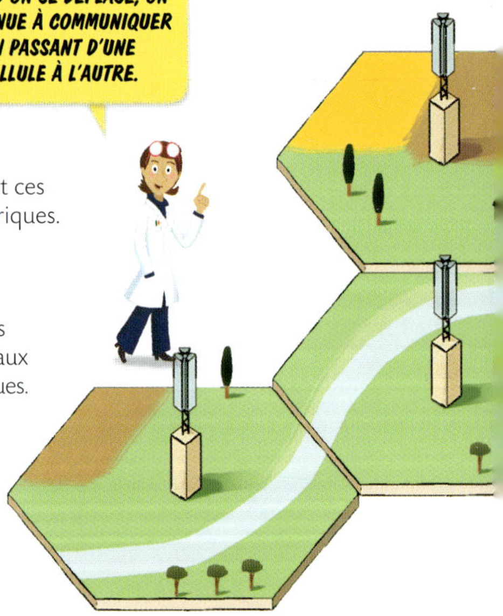

① Une fois le numéro composé sur le clavier, il est transmis par les ondes à l'ordinateur de l'**opérateur**.

② L'ordinateur identifie l'émetteur grâce aux informations de la **carte SIM** et transmet l'appel.

③ Lorsque le destinataire décroche ou que sa messagerie se met en marche, la **communication** commence.

④ En fin d'appel, l'ordinateur arrête le **compteur de temps** et conserve en mémoire la date, l'heure et le numéro de l'appel.

❷ réseau cellulaire

Selon la distance, la communication téléphonique emprunte différents supports : ondes, fibres optiques, câbles sous-marins ou fils aériens. Des relais sont nécessaires pour amplifier les signaux transmis : les antennes terrestres ou les satellites.

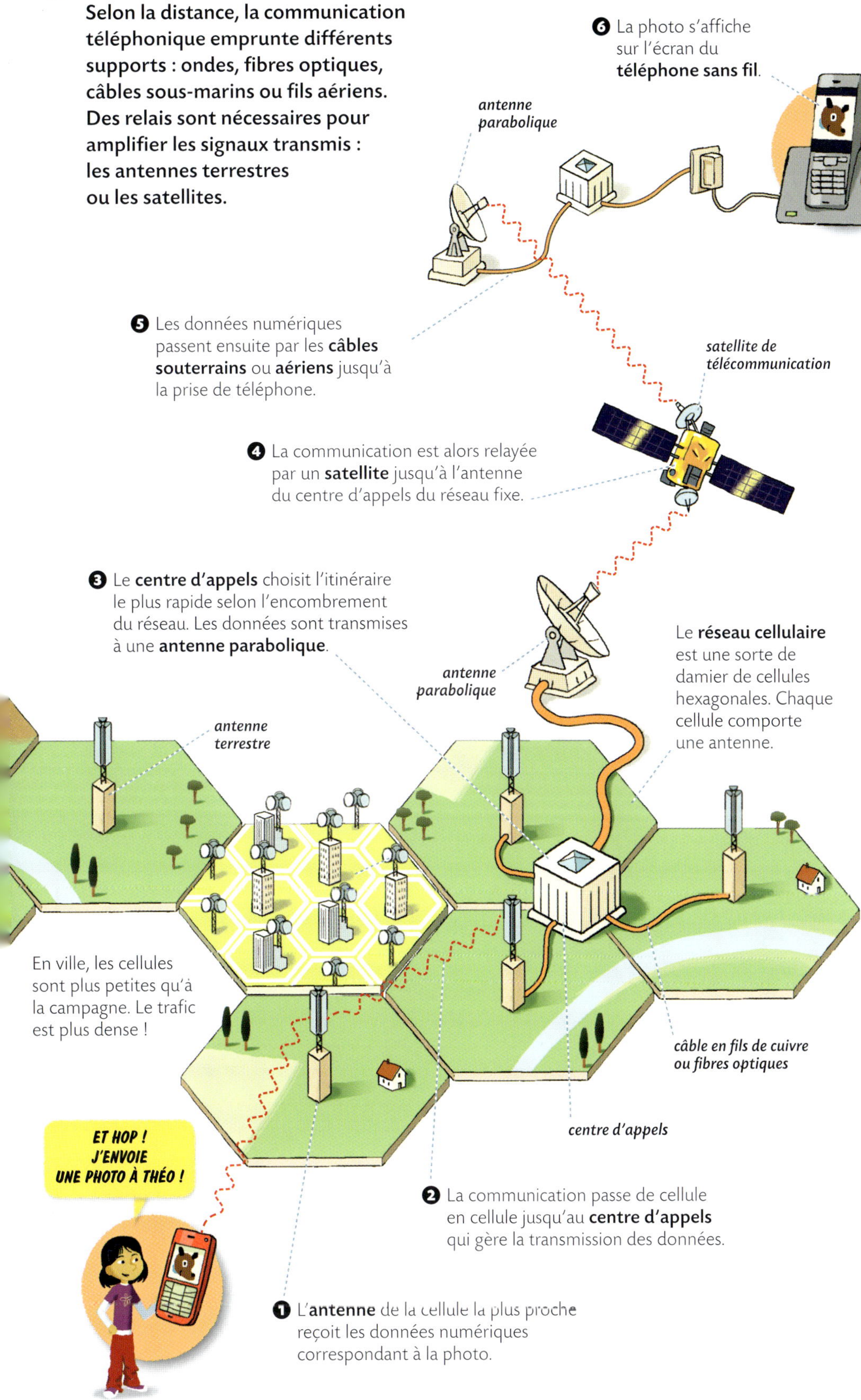

AUTREFOIS

Les téléphones fixes sont reliés entre eux par un réseau de fils aériens ou souterrains. Autrefois, les deux correspondants étaient mis en relation par une opératrice qui connectait manuellement leurs lignes.

DEVINETTE

Quel est le point commun entre un téléphone portable et une brosse à dents électrique ?

Les deux peuvent vibrer ! Un petit moteur électrique fait tourner une pièce métallique excentrée. L'appareil vibre du fait de ce déséquilibre.

LE ✚ DU Pr SIPHON

Pour empêcher les téléphones portables de sonner pendant un concert, certaines salles sont équipées d'un appareil qui brouille les ondes : il émet des ondes qui se superposent à celles des téléphones qui restent alors muets.

47 Le lecteur MP3

15 76 24

Comment peut-on stocker autant de morceaux de musique sur un si petit lecteur ?

C'est un lecteur numérique, Théo ! Seuls les sons que ton oreille peut entendre sont enregistrés et, de plus, la taille du fichier est réduite : il est compressé. Des composants miniatures, des sons rapetissés, voilà le secret !

CONVERTIR UN SIGNAL NUMÉRIQUE EN ANALOGIQUE, C'EST TRANSFORMER LES INFORMATIONS BINAIRES EN SIGNAL ÉLECTRIQUE.

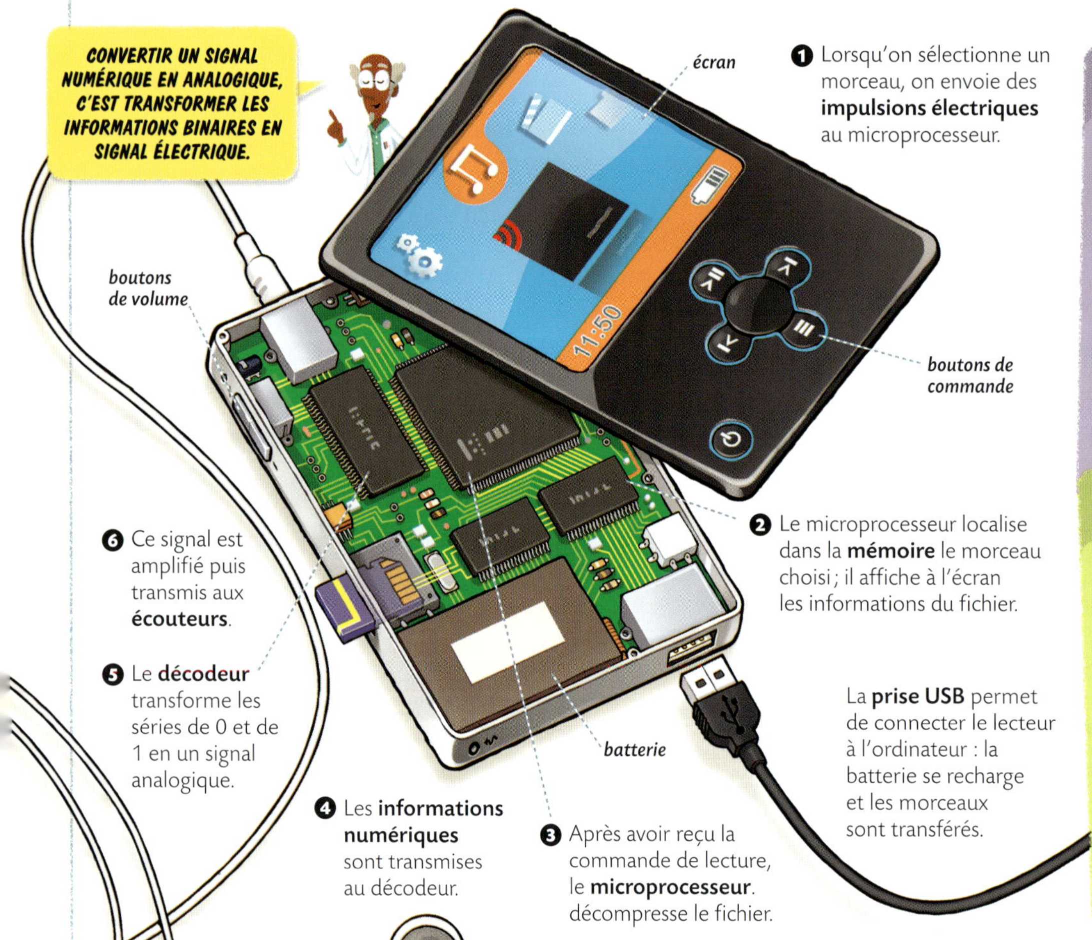

❶ Lorsqu'on sélectionne un morceau, on envoie des **impulsions électriques** au microprocesseur.

❷ Le microprocesseur localise dans la **mémoire** le morceau choisi ; il affiche à l'écran les informations du fichier.

❸ Après avoir reçu la commande de lecture, le **microprocesseur** décompresse le fichier.

❹ Les **informations numériques** sont transmises au décodeur.

❺ Le **décodeur** transforme les séries de 0 et de 1 en un signal analogique.

❻ Ce signal est amplifié puis transmis aux **écouteurs**.

La **prise USB** permet de connecter le lecteur à l'ordinateur : la batterie se recharge et les morceaux sont transférés.

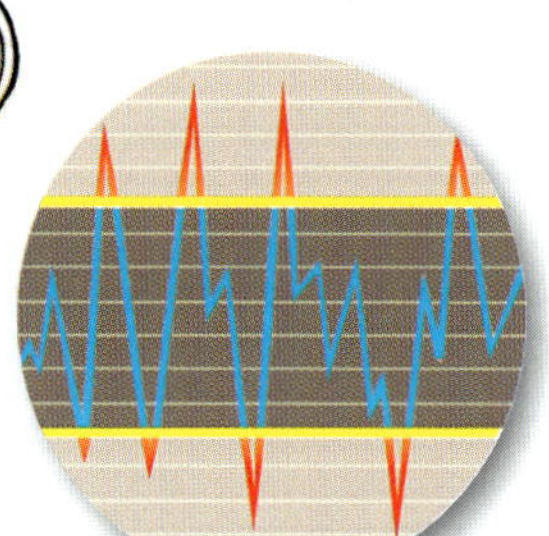

Le **format MP3** d'enregistrement de la musique consiste à supprimer les sons que l'oreille ne peut entendre : il y a moins d'informations et donc moins de place occupée dans la mémoire.

Du décodeur à l'écouteur

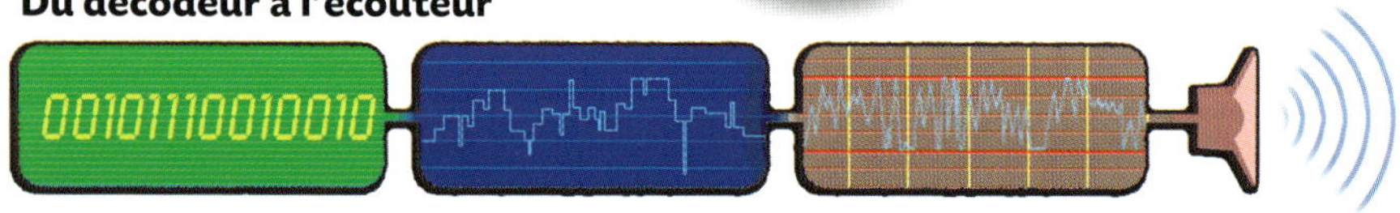

❶ signal numérique ❷ signal analogique ❸ signal amplifié ❹ son audible

AUTREMENT

La miniaturisation des composants permet d'intégrer les lecteurs MP3 dans tous les accessoires de mode.

LE ⊕ DU Pr COLZA

Lorsque l'utilisateur télécharge une musique sur Internet, en payant, il reçoit la clé de décryptage. La musique peut être enregistrée et l'artiste percevoir ses droits d'auteur.

COMMENT COMPRESSE-T-ON UN FICHIER, Pr COLZA ?

LA COMPRESSION D'UN FICHIER CONSISTE à traduire les lignes de 0 et de 1 en des lignes plus courtes afin de réduire la place qu'elles occuperont dans la mémoire. Ainsi, la séquence 110000111000 sera traduite 2(1)4(0)3(1)3(0), et donc réduite. La décompression du fichier est la traduction inverse.

Le distributeur automatique

3 35

Le distributeur fait ce que je lui dis et me rend la monnaie. Il est super intelligent ?

Pas vraiment, Julia ! Il se contente d'exécuter ta commande : il a été programmé pour, et tout a été prévu : ce qu'il convient de faire si les casiers sont vides, si le produit ne tombe pas. Ou si une des pièces est fausse !

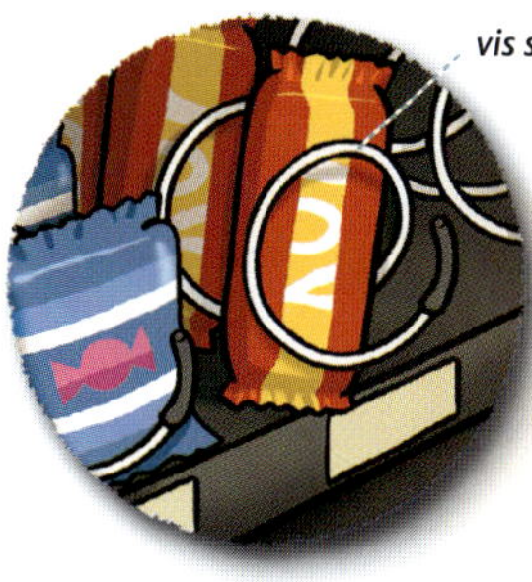

Un **moteur** fait tourner une grande **vis sans fin**. Lorsqu'elle tourne, le produit avance puis tombe.

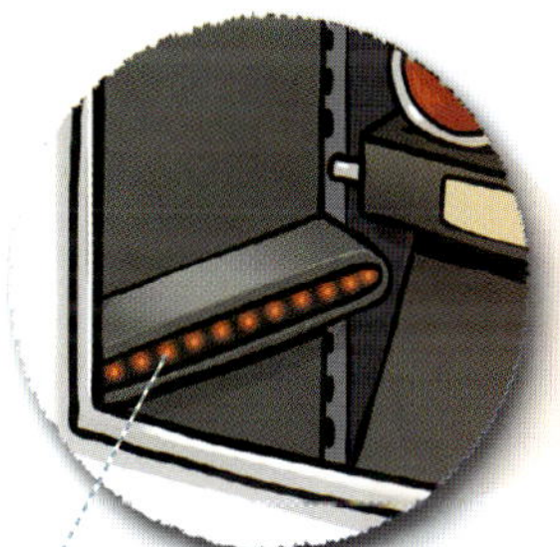

Des **cellules photoélectriques** contrôlent si le produit est bien tombé. Si ce n'est pas le cas, la machine propose un nouveau choix ou rend l'argent.

1 La machine est **en veille**. Les voyants des produits disponibles sont allumés. La machine signale si elle rend ou non la monnaie.

Le tableau de commande intègre le **monnayeur** et la **mémoire** du programme.

La machine est aussi un réfrigérateur. La chaleur est dissipée par la **grille d'aération**.

LES DISTRIBUTEURS DE GLACES OU DE BONNETS DE BAIN FONCTIONNENT DE LA MÊME FAÇON !

2 Le **monnayeur** contrôle d'abord le poids et les matériaux des pièces : il rejette les pièces fausses. Il totalise la somme versée.

3 L'**automate** compare le numéro du produit et le prix. Tant qu'il n'y a pas le compte, il attend. S'il y a assez d'argent, il passe à l'étape suivante.

4 Il compare ensuite le numéro du produit et le **stock** de la machine. Il libère le produit, s'il y en a, et rend la monnaie. Sinon, il le signale.

5 Enfin, l'automate totalise l'**argent en caisse**. Il met son stock à jour. Connecté à un réseau téléphonique, il signale une rupture de stock imminente.

La démolition

51 84

Parfois, un immeuble doit être détruit. Comment fait-on, Pr Colza ?

Plusieurs techniques sont possibles, Théo ! On peut soit balancer un boulet de plusieurs tonnes contre les murs, soit pousser les murs, soit faire exploser les piliers. Il reste ensuite à concasser les blocs de béton.

❶ démolition à l'explosif

Grâce au dynamitage des piliers, l'immeuble est foudroyé en moins de cinq secondes.

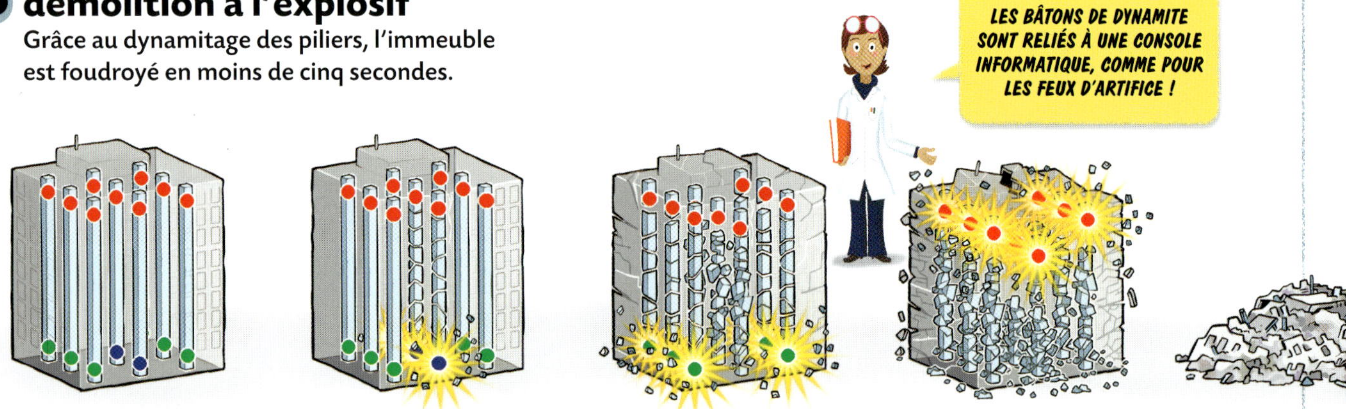

❶ Les bâtons de **dynamite** sont placés sur les piliers. La position et l'ordre dans lequel les piliers doivent exploser dépendent de l'endroit où l'immeuble doit s'écrouler.

❷ Un **détonateur** déclenche la mise à feu des explosifs. Les explosions, espacées d'une à deux secondes, cisaillent les piliers du rez-de-chaussée.

❸ Puis c'est l'étage le plus élevé qui est détruit. Il écrase les étages inférieurs qui tombent à leur tour. L'immeuble s'écroule sur lui-même !

❷ concasseuse

Cette machine réduit en miettes n'importe quel bloc de béton !

❷ Le **cylindre** muni de **couteaux** comprime les blocs contre une paroi d'acier : les blocs se cassent.

❸ Un **tapis roulant** emporte les morceaux cassés.

❹ Un **aimant** retient les armatures métalliques.

❺ Les cailloux passent ensuite sur une **grille**.

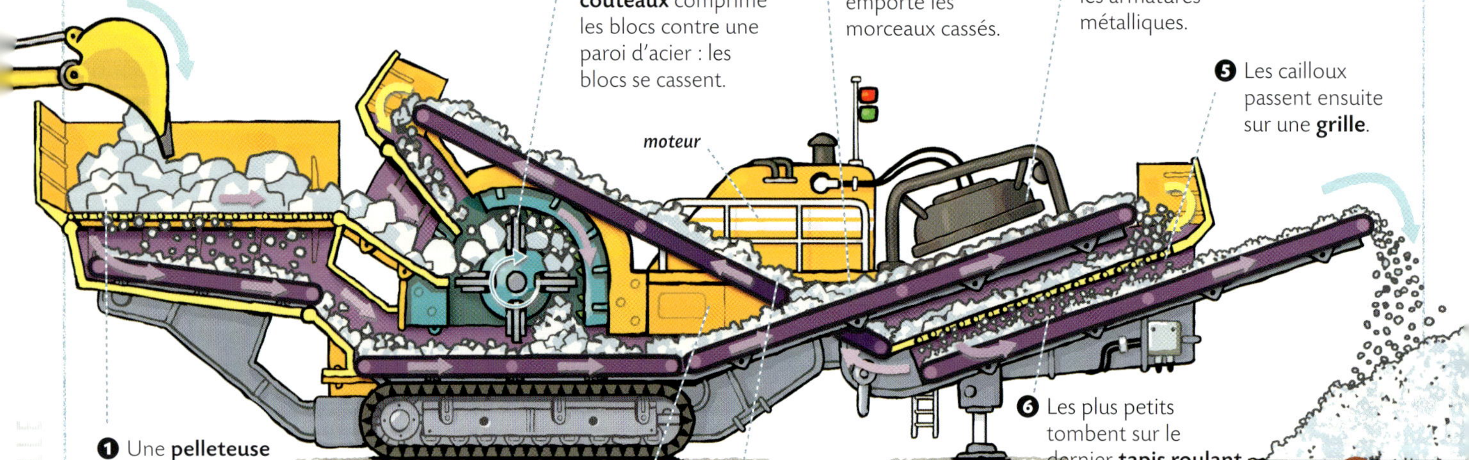

❻ Les plus petits tombent sur le dernier **tapis roulant**.

❶ Une **pelleteuse** charge les énormes blocs de béton.

L'**armoire de commande** permet de régler la taille des débris et la vitesse de la machine.

❼ Les **cailloux** encore trop gros retournent dans le ventre de la machine.

Le camion poubelle

Comment ce camion peut-il contenir les ordures de tout le quartier, Pr Siphon ?

Une grande partie des déchets est composée d'emballages et il y a beaucoup d'air, Julia. Compactés, les déchets prennent moins de place. Un jour, tu ne verras plus ces camions car il y a déjà d'autres solutions !

Le camion poubelle compacte les déchets grâce à une paroi mobile très lourde poussée par des vérins.

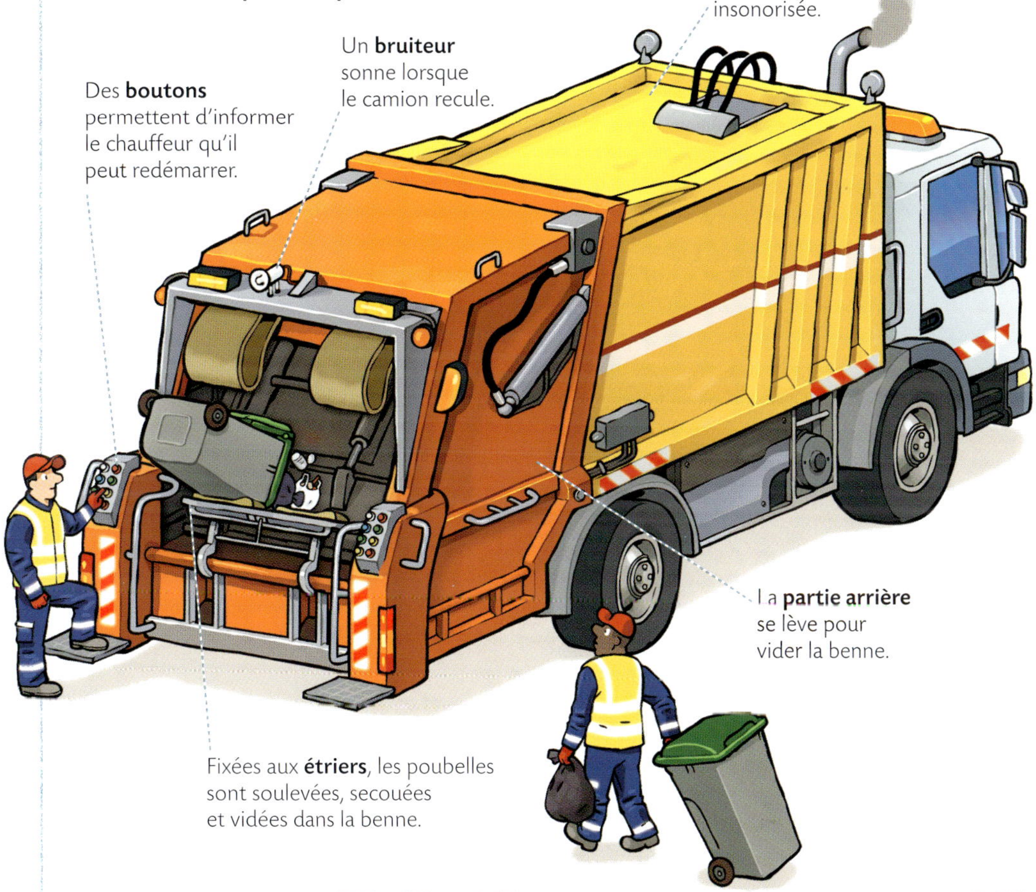

1 Les poubelles du quartier sont vidées dans la **benne** du camion.

2 Une sorte de **pelle** fait passer le contenu des poubelles dans l'autre compartiment.

3 Les **vérins** sont actionnés. Les déchets sont compactés entre les deux **parois** de la benne.

4 Au **centre de traitement**, on lève la partie arrière de la benne pour la vider de ses déchets.

AUTREMENT

Certaines villes sont déjà dotées d'un système de collecte pneumatique. Jetés dans une borne, les déchets sont aspirés dans des canalisations jusqu'au centre de traitement.

LE + DU Pr COLZA

Le tri sélectif des ordures ménagères permet de valoriser les déchets quotidiens. Le papier est ainsi recyclé, les bouteilles en plastique sont transformées en pull-overs, le verre et le métal redeviennent des matières premières.

51 Les engins de chantier

Pourquoi les grues tournent-elles même quand le chantier est désert, Pr Siphon ?

Parce qu'elles suivent le vent, comme des girouettes, pour ne pas être soufflées. L'équilibre des grues est primordial ! C'est la raison pour laquelle leur pied est solidement ancré.

❶ pelleteuse

Elle ressemble à un bras avec épaule, coude, poignet et main en forme de godet.

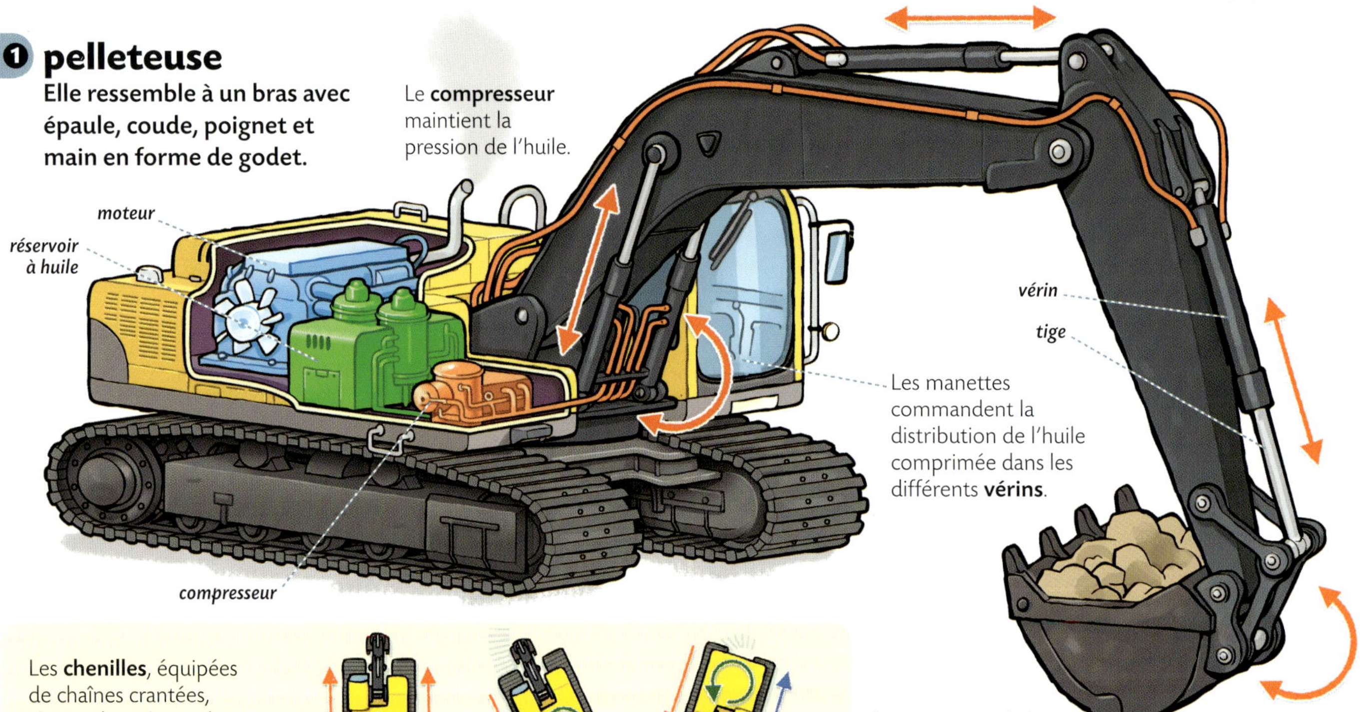

Les **chenilles**, équipées de chaînes crantées, s'accrochent à tous les terrains. Pour tourner, une seule des deux chenilles est actionnée.

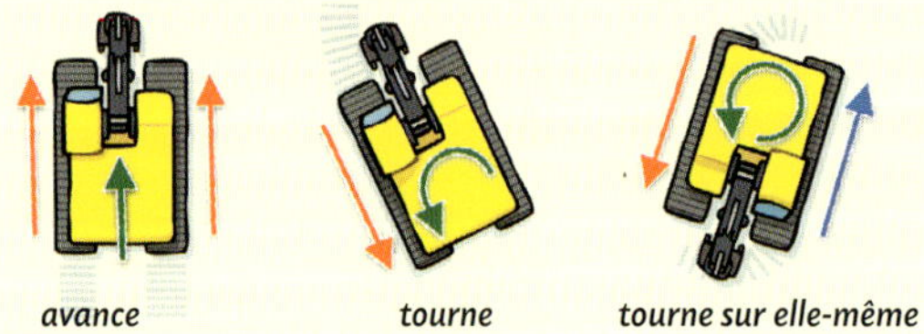

Les segments de la **pelle** sont articulés par le mouvement des tiges des vérins.

❷ marteau-piqueur

Grâce à l'air comprimé, la pointe peut frapper 2 000 coups par minute.

Le **compresseur** comprime l'air injecté sous pression dans les cylindres du marteau-piqueur.

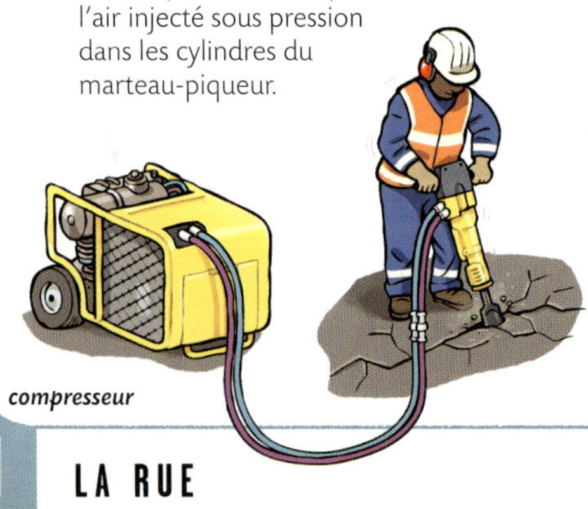

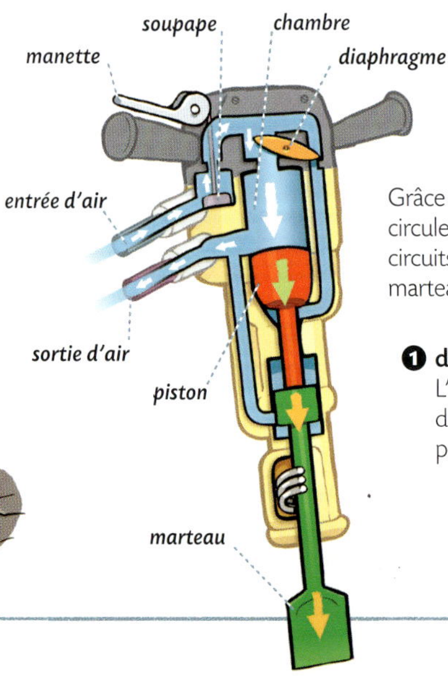

La **manette** commande l'ouverture de la soupape : l'air entre.

Grâce au **diaphragme**, l'air circule alternativement dans deux circuits. Le premier pousse le marteau, le second le relève.

❶ descente du marteau
L'air comprimé pénètre dans la chambre et pousse le piston : le marteau descend.

❷ remontée du marteau
L'air comprimé passe dans l'autre circuit et relève le piston.

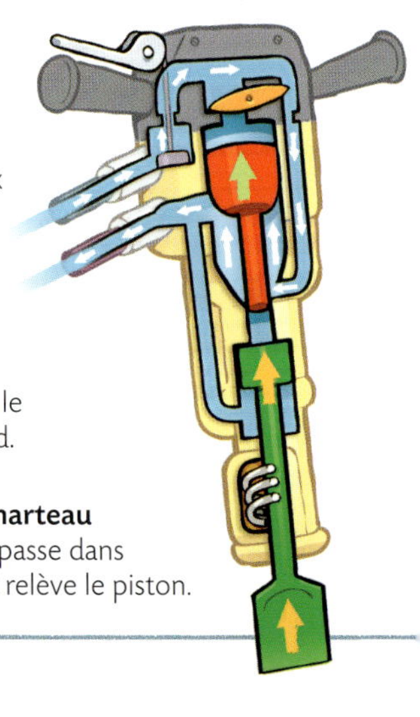

3 grue

Commandée par le grutier, cette structure métallique sert surtout à déplacer les matériaux de construction.

La **flèche** de la grue supporte la charge.

Des **câbles** maintiennent la flèche et la contre-flèche horizontales.

Grâce à des **engrenages**, la flèche pivote.

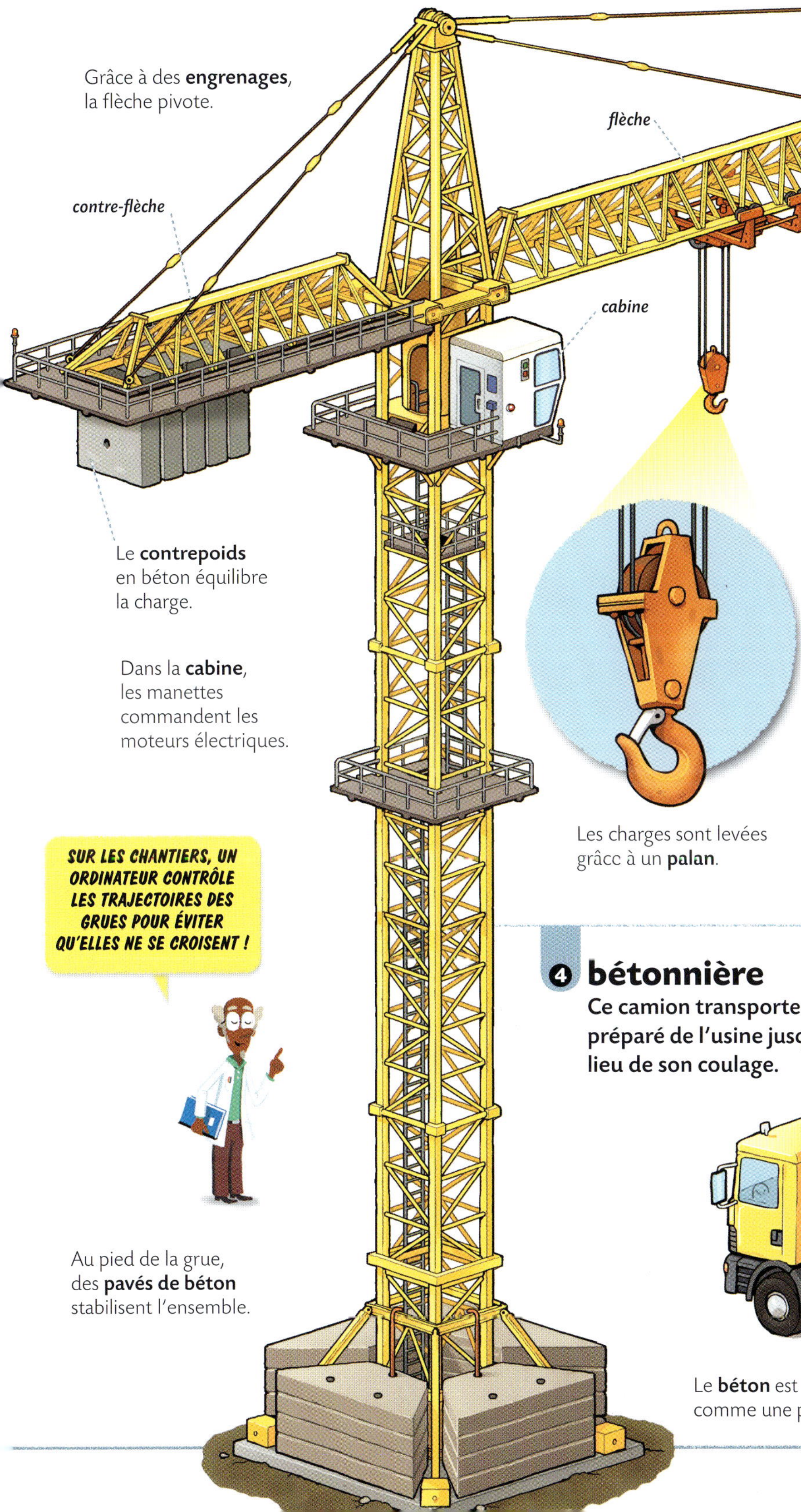

Actionné par un moteur électrique, le chariot roule sur des rails et porte un **treuil**.

Le **contrepoids** en béton équilibre la charge.

Dans la **cabine**, les manettes commandent les moteurs électriques.

Les charges sont levées grâce à un **palan**.

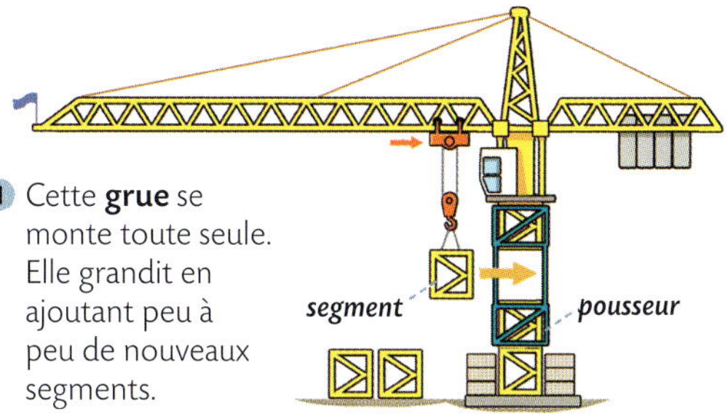

1 Cette **grue** se monte toute seule. Elle grandit en ajoutant peu à peu de nouveaux segments.

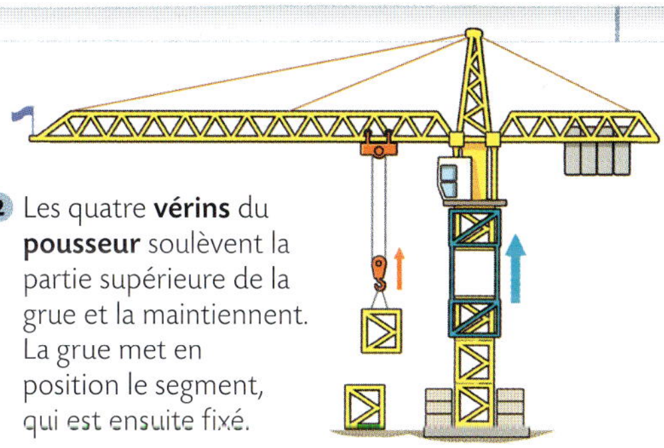

2 Les quatre **vérins** du **pousseur** soulèvent la partie supérieure de la grue et la maintiennent. La grue met en position le segment, qui est ensuite fixé.

SUR LES CHANTIERS, UN ORDINATEUR CONTRÔLE LES TRAJECTOIRES DES GRUES POUR ÉVITER QU'ELLES NE SE CROISENT !

Au pied de la grue, des **pavés de béton** stabilisent l'ensemble.

4 bétonnière

Ce camion transporte le béton préparé de l'usine jusqu'au lieu de son coulage.

Dans sa **cuve**, le béton, un mélange d'eau, de cailloux et de ciment, est constamment malaxé grâce à la **vis** intérieure.

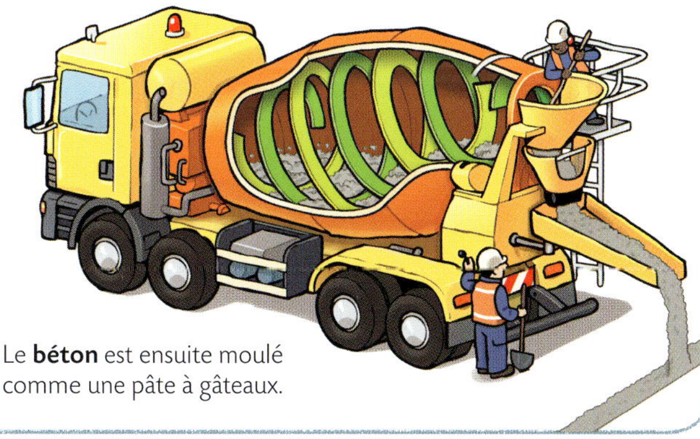

Le **béton** est ensuite moulé comme une pâte à gâteaux.

52 Le camion et l'équipement du pompier

Lorsque les pompiers éteignent un feu, ce n'est pas toujours avec de l'eau !

Bien vu, Julia ! L'eau ralentit la combustion et combat surtout la chaleur, elle ne permet pas toujours d'éteindre un incendie. Quel que soit le feu, il faut s'attaquer à l'un de ses trois composants : le combustible, l'oxygène ou la chaleur.

La **calotte** résiste à la chaleur.

La **visière** peut être changée selon l'éclat des flammes et l'épaisseur de la fumée.

Le **masque** évite d'être asphyxié.

La **combinaison** est faite de plusieurs couches. Grâce à ses fibres, la couche extérieure résiste aux flammes.

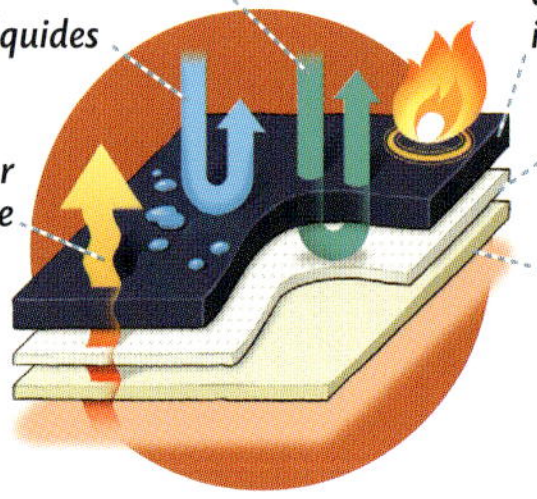

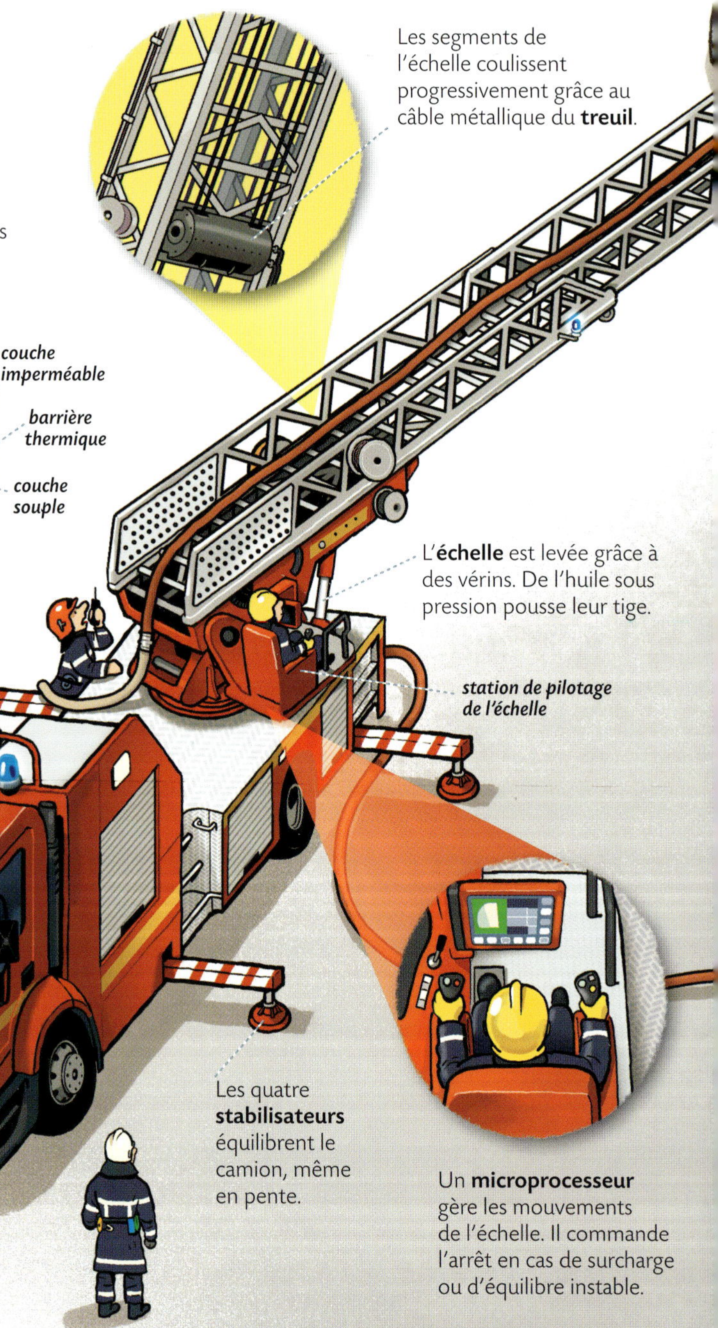

Les segments de l'échelle coulissent progressivement grâce au câble métallique du **treuil**.

L'**échelle** est levée grâce à des vérins. De l'huile sous pression pousse leur tige.

station de pilotage de l'échelle

La **sirène** émet en continu deux sons successifs produits par un composant électronique puis amplifiés.

Les quatre **stabilisateurs** équilibrent le camion, même en pente.

Un **microprocesseur** gère les mouvements de l'échelle. Il commande l'arrêt en cas de surcharge ou d'équilibre instable.

En tournant, un disque opaque passe devant la lampe et la masque régulièrement. La lampe du **gyrophare** semble clignoter.

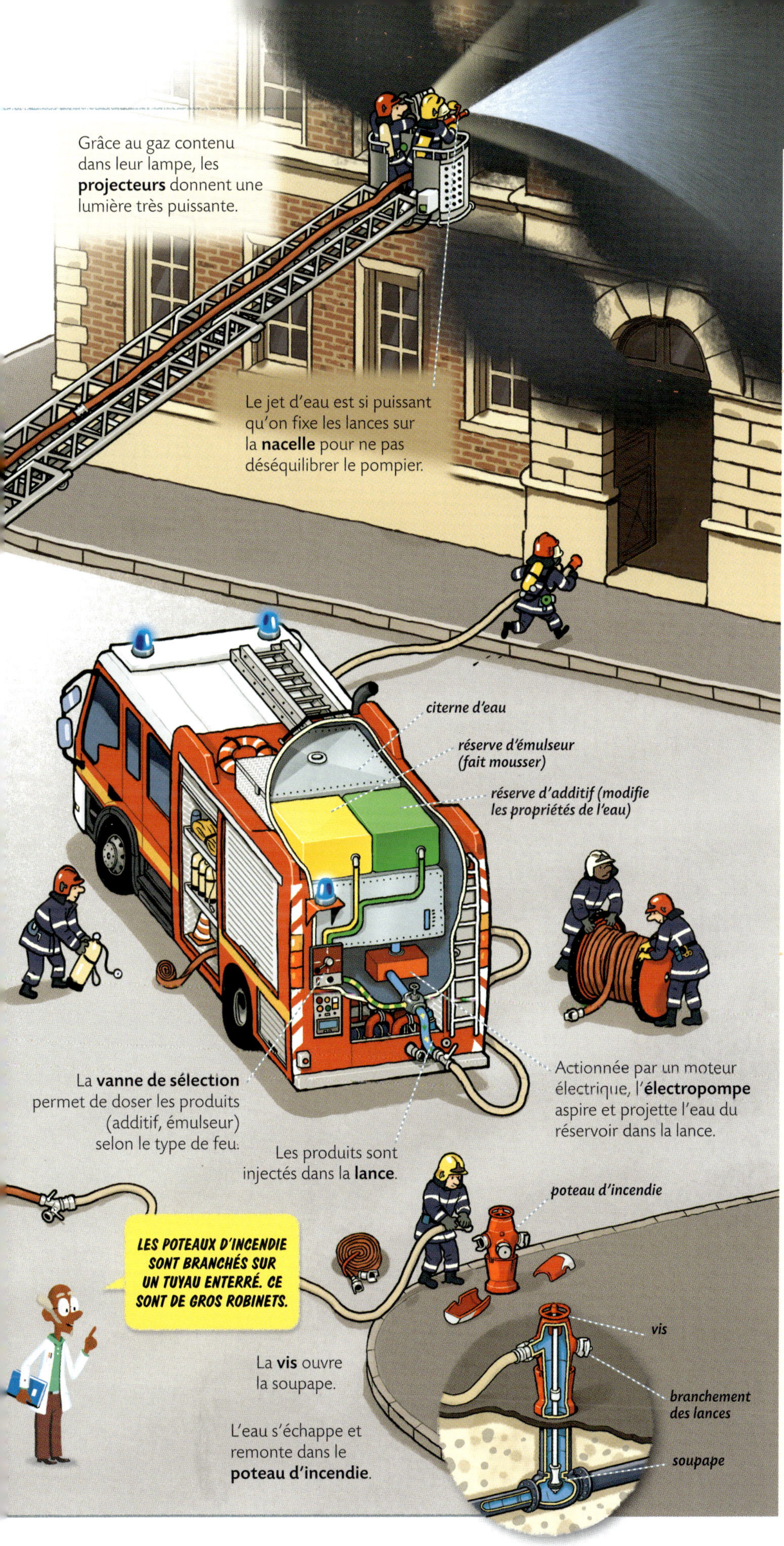

LES EXTINCTEURS

Il existe deux grands types d'extincteurs : à eau ou à poudre. L'eau refroidit et stoppe un feu de papier ou de paille ; la poudre étouffe un feu d'essence ou de produits chimiques en limitant la présence de l'oxygène de l'air.

❶ extincteur à eau

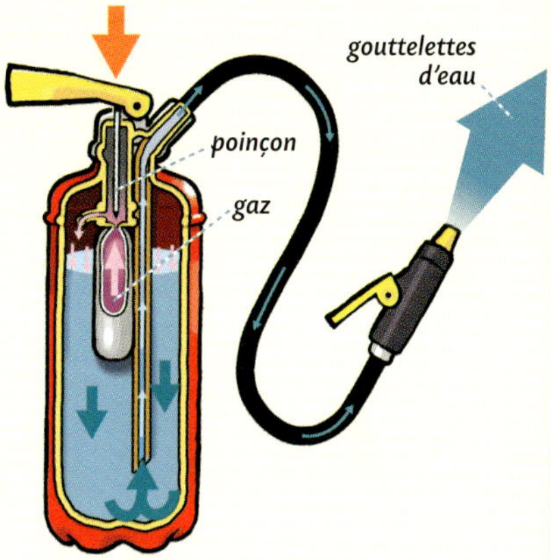

❶ Le poinçon libère un gaz sous pression dans la cartouche.

❷ Le gaz propulse l'eau dans le tuyau.

❸ Une pluie de gouttelettes est projetée sur le feu.

❹ L'eau refroidit le combustible en train de brûler.

❷ extincteur à poudre

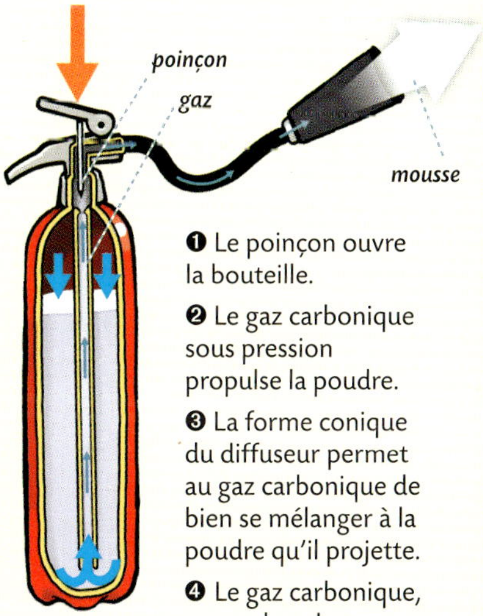

❶ Le poinçon ouvre la bouteille.

❷ Le gaz carbonique sous pression propulse la poudre.

❸ La forme conique du diffuseur permet au gaz carbonique de bien se mélanger à la poudre qu'il projette.

❹ Le gaz carbonique, un gaz lourd, recouvre le feu et limite l'arrivée d'oxygène. Le feu est étouffé.

L'escalier mécanique

Sous l'escalier, c'est le vide. **Les marches ne risquent-elles pas de tomber ?**

N'aie pas d'inquiétude, Julia ! **Les marches roulent sur des rails. En bas et en haut, elles basculent pour être au niveau du plancher, mais elles sont toujours solidement maintenues.**

Le **moteur électrique** actionne à la fois la grande roue qui entraîne la chaîne de transmission et la roue de commande de la main courante.

Les **marches mobiles** avancent ou reculent sur des rails fixes.

Les marches mobiles sont reliées les unes aux autres par l'intermédiaire d'une **chaîne de transmission** qui les fait avancer sans fin.

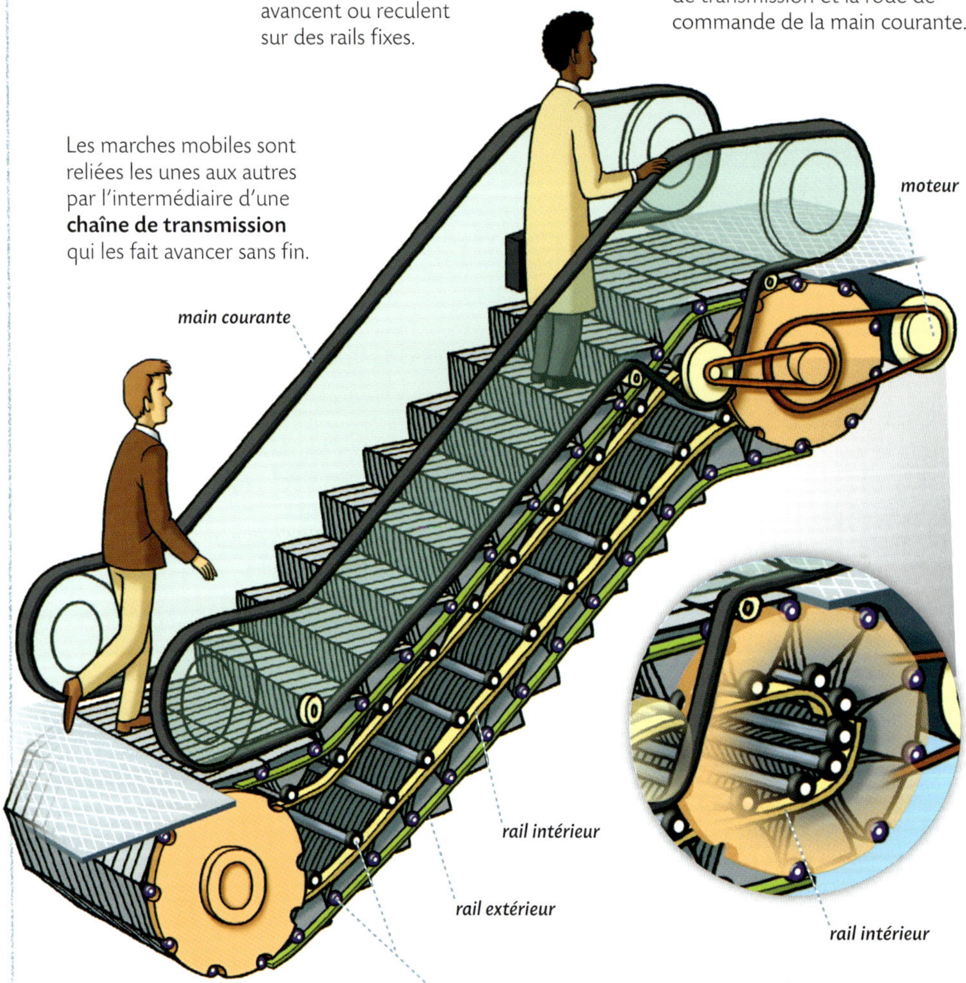

Chaque **marche** est équipée de deux paires de roulettes reliées par un axe. L'une est guidée par le rail extérieur, l'autre roule sur le rail intérieur. D'où le nom d'escalier... roulant.

Le **rail intérieur** permet aux marches de s'escamoter progressivement, puis de se retourner. Les roulettes sont ainsi toujours sur le rail.

AUTREFOIS

Vers 1900, quelques années après l'invention des escaliers roulants et des ascenseurs, on a imaginé et réalisé les premiers trottoirs roulants. Cette nouveauté attirait les curieux dans les grandes capitales !

AUTREMENT

Les trottoirs roulants, plans ou inclinés, sont constitués d'une bande qui tourne sans fin. Dans les hypermarchés, les roues des chariots sont crantées pour qu'elles se bloquent dans les rainures du tapis mécanique.

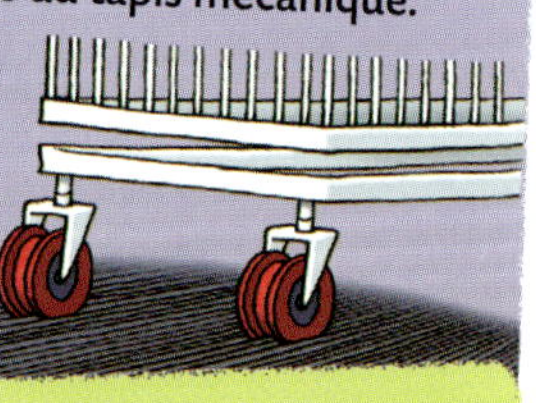

LE + DU Pr SIPHON

Les trottoirs à grande vitesse disposent d'une zone d'accélération et de ralentissement afin de ne pas déséquilibrer le piéton. La main courante fait avancer à la bonne vitesse le piéton dont les pieds glissent sur des rouleaux.

54 L'ascenseur

Dans un ascenseur, **la cabine est-elle toujours suspendue à des câbles ?**

Non, pas toujours. **Il existe des ascenseurs où la cabine est poussée par de l'huile ou bien actionnée par des vis. Plus rarement, elle est portée par des roues, voire des aimants.**

Le **moteur électrique** actionne la poulie qui déplace la cabine de haut en bas ou de bas en haut.

Des **câbles** mis en mouvement par le moteur déplacent la cabine et le contrepoids.

Le bouton d'appel envoie un signal au **microprocesseur** de gestion. Celui-ci commande la mise en route du moteur et le déplacement de la cabine jusqu'à l'étage à desservir.

La cabine est guidée par des **galets** et un **rail** sur les côtés de la cage d'ascenseur.

Des **capteurs** fixés sur les rails signalent que l'étage approche. L'information commande le variateur de vitesse du moteur. La cabine ralentit et s'arrête en douceur.

Des **« parachutes »** sont disposés le long de la cage. En cas de rupture des câbles, ces butées basculent à l'horizontale et stoppent la cabine.

Lorsque la cabine monte, le **contrepoids** descend et inversement. Sans cet équilibre, le moteur devrait fortement freiner la cabine en descente et fournir un gros travail pour la faire monter.

AUTRES ASCENSEURS

1 ascenseur à roues

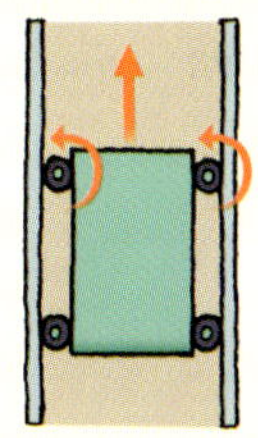

Équipées de moteurs et de freins, les roues déplacent la cabine sur des **tubes**. Des câbles de sécurité la maintiennent en cas de chute.

2 ascenseur hydraulique

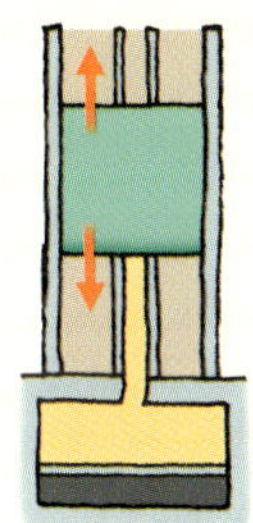

Il est propulsé par un **vérin** qui reçoit de l'eau ou de l'huile sous pression. Pour faire descendre l'ascenseur, on évacue le fluide dans un réservoir.

3 ascenseur à vis

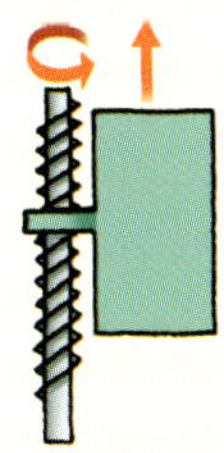

Un moteur fait tourner une **vis sans fin**. La cabine monte ou descend comme un écrou.

QUE SE PASSE-T-IL QUAND PLUSIEURS PERSONNES APPELLENT L'ASCENSEUR ?

LE MICROPROCESSEUR analyse l'ensemble des commandes et des appels. Selon la position de l'ascenseur, il choisit l'ordre de priorité des arrêts.

55 La caisse automatique et le code-barres

Une caisse sans clavier... Comment est-ce possible, Pr Siphon ?

Tout simplement grâce au lecteur code-barres, qui reconnaît les articles ! L'affichage du prix, le paiement, l'impression du ticket... sont automatiques. Et tu ne devines pas les échanges d'informations entre la caisse et les ordinateurs distants !

❶ lecteur code-barres

La « douchette » éclaire le code-barres et analyse la lumière qu'il lui renvoie.

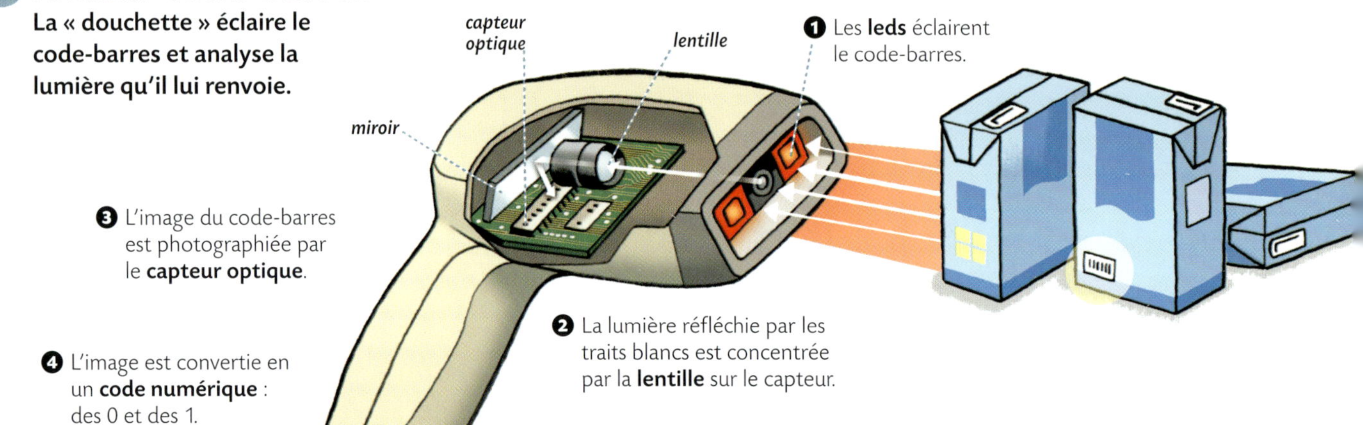

Un **code-barres** est une série de traits blancs et noirs plus ou moins épais qui code deux nombres de six chiffres : la référence du fabricant et celle de l'article.

À chaque chiffre correspond une séquence de 7 rectangles blancs ou noirs.

Seuls les rectangles blancs renvoient la lumière. Le codage est facile : le blanc, c'est 0, et le noir 1. Par exemple, le 4 est codé :

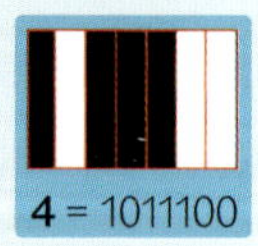

❷ portique antivol

Le portique est une antenne qui crée un champ magnétique.

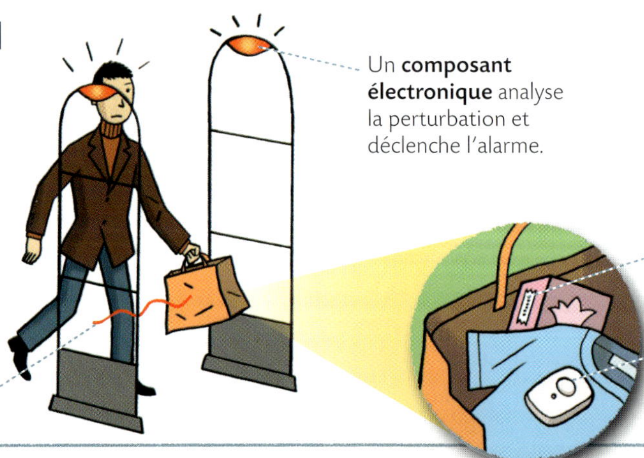

À la caisse, les traceurs métalliques sont désactivés. Les macarons sont détachés grâce à un **aimant** qui désolidarise les deux parties.

23 3 24

3 caisse automatique

Elle effectue les contrôles indispensables à l'achat des articles. Elle vérifie aussi que tout le contenu du panier est enregistré.

Le **lecteur** permet de lire la carte de paiement du client, mais aussi sa carte de fidélité.

Le **scanner** est équipé de miroirs qui renvoient plusieurs faisceaux lumineux sur le produit. Le code-barres est ainsi saisi quelle que soit sa position.

À l'**écran** s'affichent les instructions successives destinées au client.

L'**imprimante** émet le ticket donnant la liste des articles et leurs prix.

Le **monnayeur** assure le paiement en pièces et en billets.

L'**ordinateur** central ajoute des points sur la carte de fidélité et lance l'impression des tickets promotionnels.

Grâce au **lecteur de codes-barres** (ou scanner), les articles sont identifiés.

La **balance** vérifie la correspondance entre la référence d'un article et son poids.

Comme toutes les caisses, la **caisse automatique** est reliée à la fois à l'ordinateur central du magasin et aux ordinateurs du réseau bancaire.

1 Le **code-barres** est scanné. L'information numérique est envoyée à l'ordinateur central qui consulte sa base de références.

2 L'**article** est identifié. Son prix et sa référence s'affichent à l'écran et sont imprimés sur le ticket. Ce montant est mis en mémoire.

3 Simultanément, dans l'**ordinateur central**, la vente du produit est enregistrée. Le fichier des stocks est diminué d'une unité.

4 L'ordinateur central calcule **instantanément** le montant des ventes et peut déclencher les commandes de réapprovisionnement.

56 La carte de paiement

57 20

Dans une carte de paiement, la puce et la bande magnétique ont le même rôle ?

Oui et non, Théo ! Oui, car ce sont des mémoires dont les informations secrètes ne peuvent être interprétées qu'au contact des lecteurs adéquats. Non, car les puces sont souvent de minuscules ordinateurs sans clavier ni écran.

Une carte à puce est un sandwich dans lequel est insérée et protégée la puce, un microprocesseur.

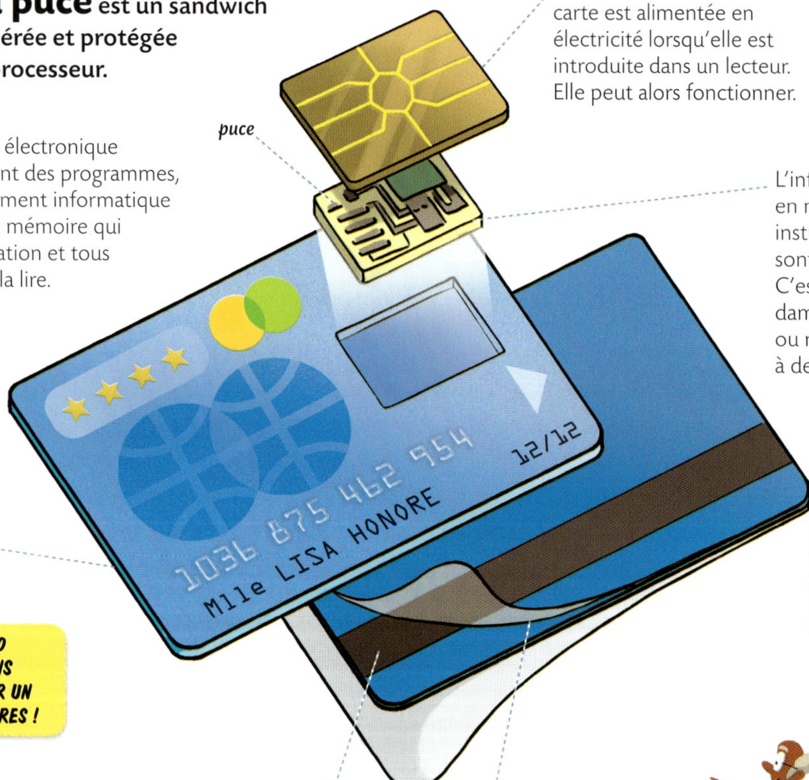

Grâce au **contacteur**, la carte est alimentée en électricité lorsqu'elle est introduite dans un lecteur. Elle peut alors fonctionner.

La **puce**, un circuit électronique miniaturisé, contient des programmes, une unité de traitement informatique (ou de calcul), une mémoire qui stocke de l'information et tous les éléments pour la lire.

L'information stockée en mémoire ainsi que les instructions du programme sont **codées électriquement**. C'est une sorte de gigantesque damier dont les cases, électrisées ou non, correspondent à des 1 ou des 0.

La **couche en plastique**, imprimée, porte les indications signalétiques.

IL Y A 10 000 COMBINAISONS POSSIBLES POUR UN CODE DE 4 CHIFFRES !

La **piste magnétique** est une mémoire. L'information binaire est enregistrée grâce à l'orientation des minuscules particules aimantées. Elle peut être lue par un lecteur magnétique.

La **pellicule de surface** protège la piste magnétique des rayures notamment.

LES CARTES DE PAIEMENT SONT AUSSI DES PORTE-MONNAIE ÉLECTRONIQUES ?

CERTAINES CARTES, OUI : le montant disponible est mémorisé dans la puce ou la bande magnétique. Chaque paiement se traduit par une modification de cette mémoire. On peut aussi recharger ces cartes lorsqu'elles sont épuisées.

1. La carte est insérée dans le **lecteur**. Celui-ci vérifie qu'elle est bien valide et demande le code confidentiel.

2. La **puce** lance son programme de contrôle qui compare le code saisi et le code en mémoire. Il se bloque définitivement après trois erreurs.

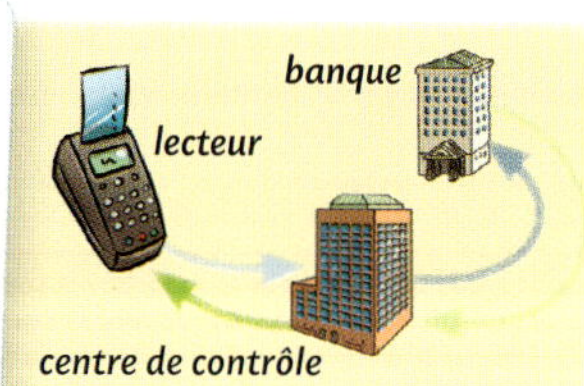

3. Si la carte est reconnue, le lecteur interroge à distance le **centre de contrôle** en relation avec la banque. Un nombre au hasard est alors adressé à la puce.

4. La puce et l'ordinateur du centre de contrôle font les mêmes calculs. S'ils obtiennent un résultat identique, l'**opération** est autorisée.

57 Le distributeur de billets

Comment le distributeur de billets peut-il savoir ce que j'ai sur mon compte ?

L'automate bancaire ne dialogue pas seulement avec toi : il est aussi en contact avec un centre de contrôle et ta banque. Il connaît ainsi le montant disponible et la limite des retraits autorisés.

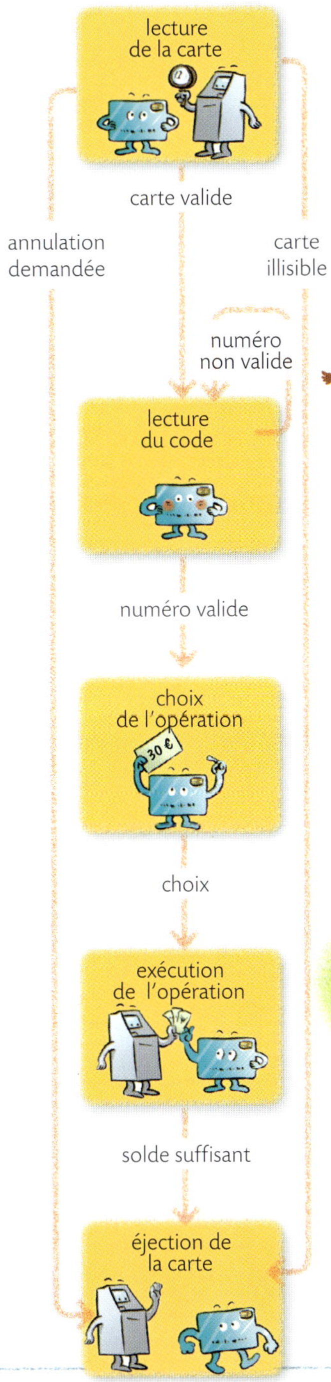

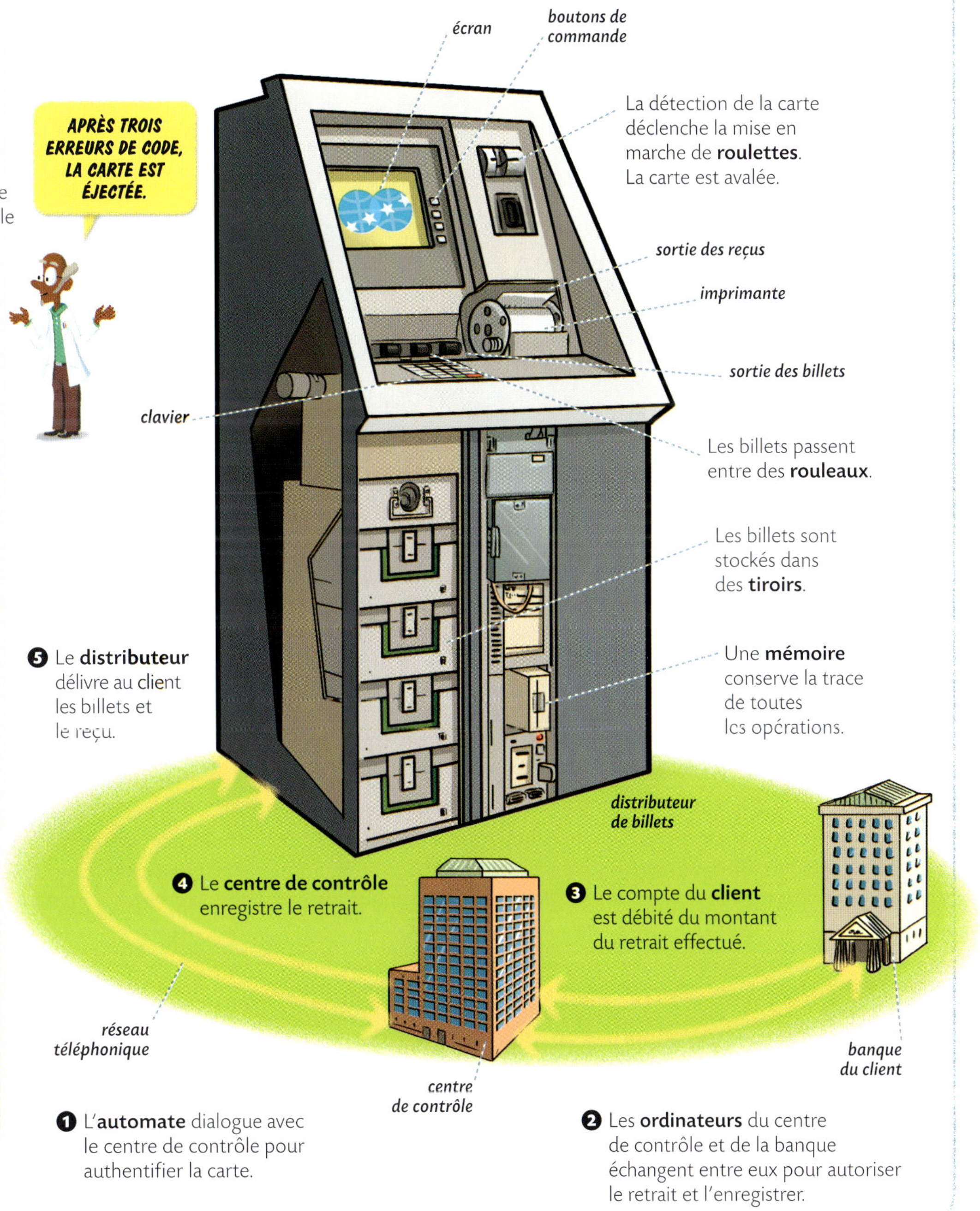

Le livre électronique

Un livre électronique, c'est comme un écran d'ordinateur, Pr Colza ?

Non, tu n'y es pas ! Comme l'ordinateur, le livre électronique est équipé d'un écran sur lequel vont s'afficher les pages. Mais c'est l'encre électronique qui fait toute la différence !

L'écran d'un livre

électronique est constitué de deux plaques recouvertes d'électrodes et séparées par une couche de microcapsules. Celles-ci peuvent blanchir ou noircir, et ainsi dessiner sur l'écran les caractères des mots en mémoire.

La **prise** et l'**antenne** dissimulée dans le boîtier permettent le téléchargement des livres sur le serveur d'un éditeur.

Des **icônes** facilitent la lecture : recherche de mots, surlignage, sélection de texte...

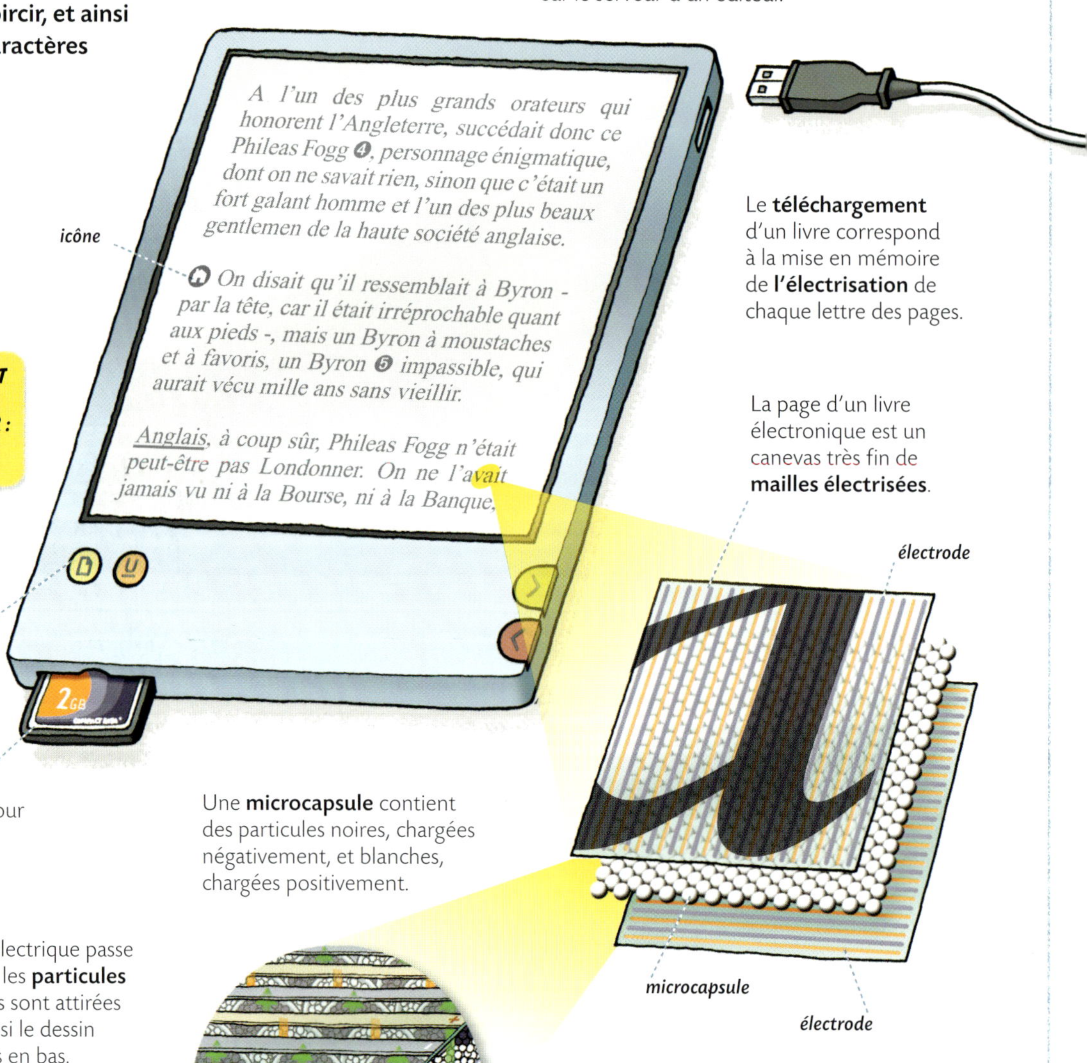

Le **téléchargement** d'un livre correspond à la mise en mémoire de **l'électrisation** de chaque lettre des pages.

La page d'un livre électronique est un canevas très fin de **mailles électrisées**.

L'ÉCRAN DU LIVRE N'EST PAS RÉTRO-ÉCLAIRÉ COMME UN ORDINATEUR : LA LUMIÈRE DU JOUR SUFFIT !

Des **cartes mémoires** peuvent être ajoutées pour augmenter la capacité du livre électronique.

Une **microcapsule** contient des particules noires, chargées négativement, et blanches, chargées positivement.

Lorsque le courant électrique passe entre les électrodes, les **particules** se séparent : les unes sont attirées en haut, formant ainsi le dessin des lettres, les autres en bas.

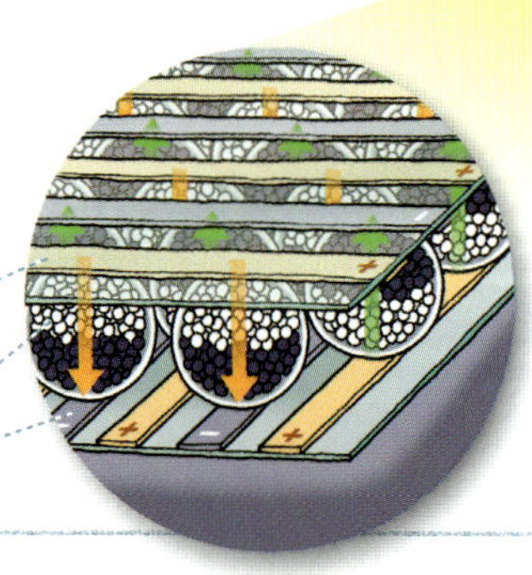

Le **microprocesseur** commande l'électrisation de la page sélectionnée. L'encre électronique rend alors visibles et lisibles les mots, les paragraphes...

Le tableau blanc interactif

31

Je ne comprends pas, Pr Siphon, c'est un tableau ou un écran ?

Les deux à la fois… et bien plus encore ! Car tout ce qui a été fait au tableau est gardé en mémoire. En fait, le tableau interactif est comme le second écran de ton ordinateur. Et il communique avec le premier !

Le tableau interactif

permet des actions réciproques entre le professeur, les élèves, l'ordinateur et le vidéoprojecteur.

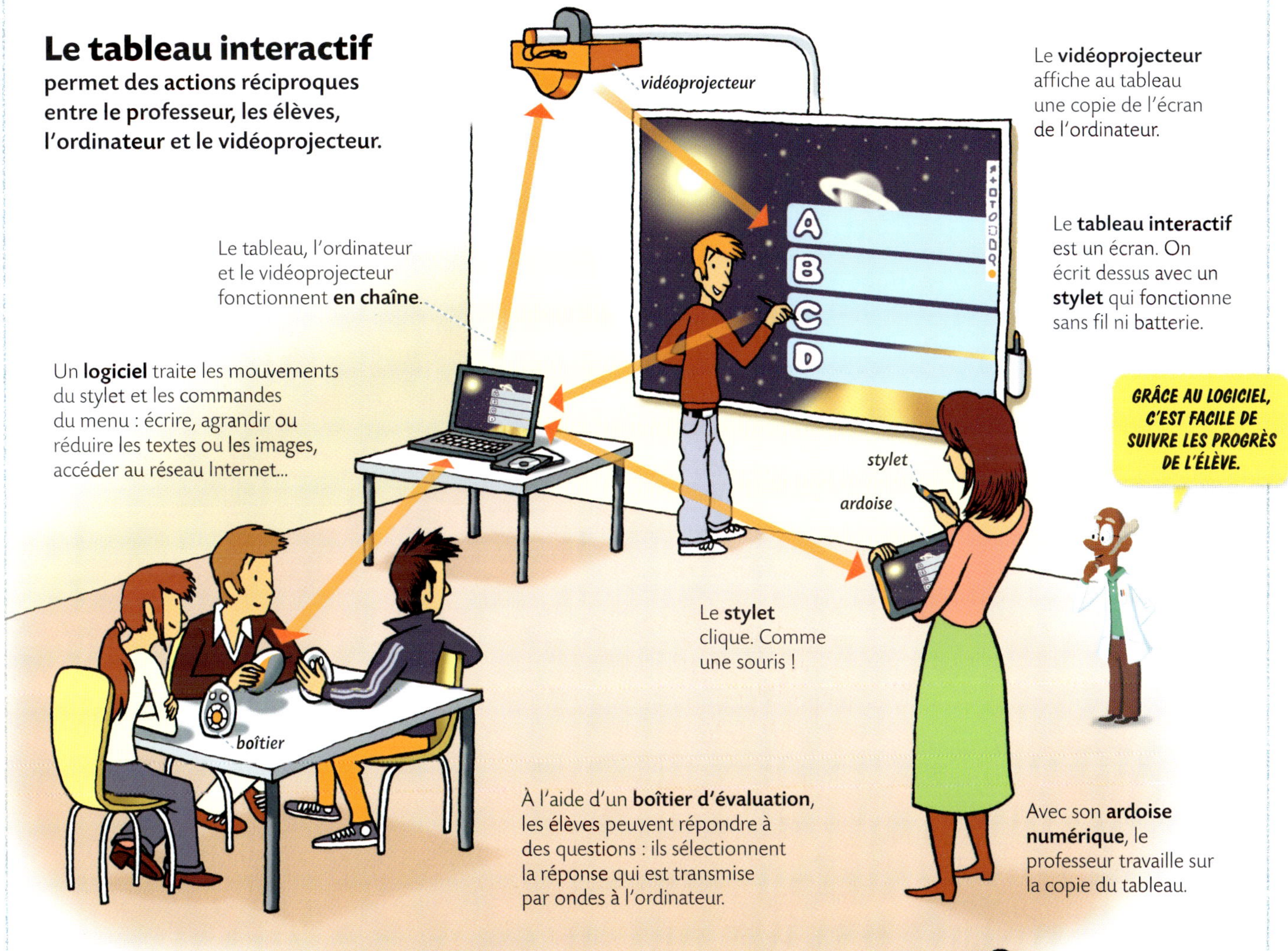

Le **vidéoprojecteur** affiche au tableau une copie de l'écran de l'ordinateur.

Le tableau, l'ordinateur et le vidéoprojecteur fonctionnent **en chaîne**.

Le **tableau interactif** est un écran. On écrit dessus avec un **stylet** qui fonctionne sans fil ni batterie.

Un **logiciel** traite les mouvements du stylet et les commandes du menu : écrire, agrandir ou réduire les textes ou les images, accéder au réseau Internet…

Le **stylet** clique. Comme une souris !

À l'aide d'un **boîtier d'évaluation**, les élèves peuvent répondre à des questions : ils sélectionnent la réponse qui est transmise par ondes à l'ordinateur.

Avec son **ardoise numérique**, le professeur travaille sur la copie du tableau.

1. Le tableau contient un **maillage** très fin de fils électriques. Chaque point est identifié par ses coordonnées.

2. Les mouvements du **stylet** sont localisés et transmis à l'**ordinateur**, qui les convertit en lettres, tracés, figures…

3. L'ordinateur transmet ce traitement des informations au **vidéoprojecteur**.

4. Le **tableau** affiche en temps réel les modifications. L'image projetée est celle de l'écran de l'ordinateur.

60 Stéthoscope, otoscope et tensiomètre

À quoi servent ces appareils médicaux aux noms barbares, Pr Colza ?

Ils servent à écouter ou à voir ce qui se passe à l'intérieur du corps. Désormais, beaucoup sont électroniques : les mesures sont plus précises et les données peuvent être enregistrées. Pour le reste, ils marchent à peu près comme leurs ancêtres.

❶ otoscope

Il permet d'examiner le conduit auditif et le tympan et de diagnostiquer les otites.

Ces **photos** peuvent être stockées, comparées et transmises au patient ou à l'équipe médicale.

Les images s'affichent sur l'**écran** de l'ordinateur.

La **lampe** éclaire l'intérieur de l'oreille.

tympan

La **caméra** filme le tympan.

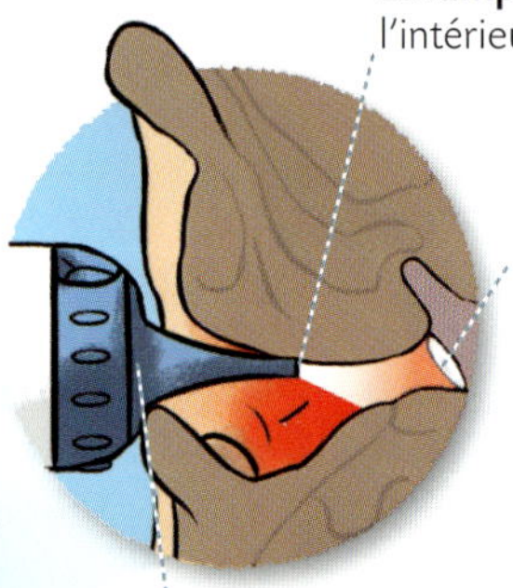

Une pression sur le **bouton de commande** permet d'enregistrer les photos numériques.

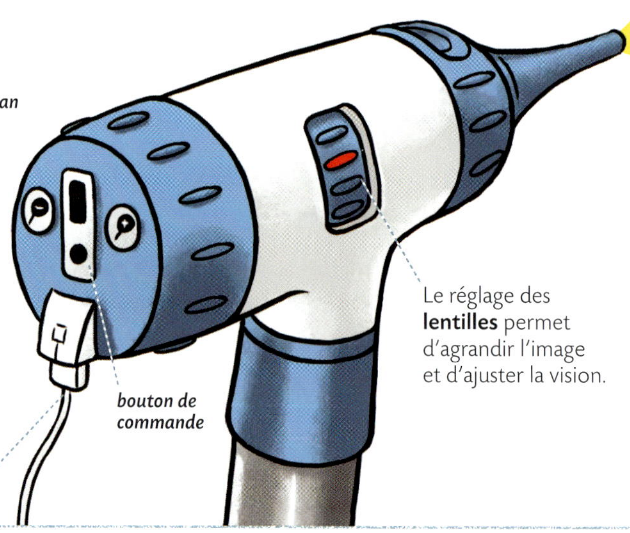

Le réglage des **lentilles** permet d'agrandir l'image et d'ajuster la vision.

bouton de commande

L'otoscope est connecté à l'ordinateur par une **prise USB**.

❷ tensiomètre

Il mesure la pression du sang exercée sur les parois des artères avec deux valeurs : la pression la plus haute et la pression la plus basse.

Les mesures effectuées sont **mémorisées** dans l'appareil.

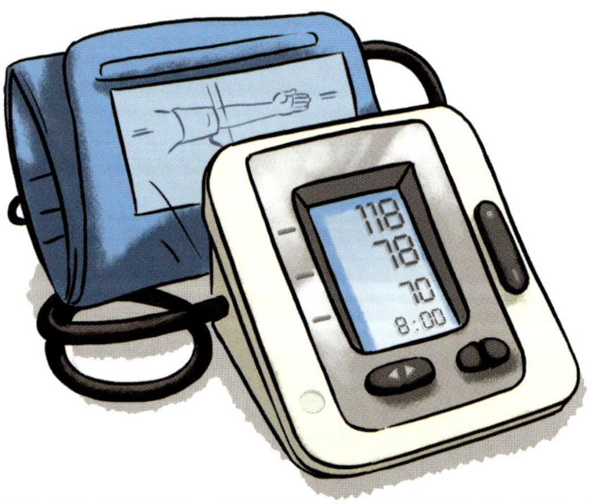

Les données peuvent être imprimées, transmises à un **ordinateur** et comparées avec les précédentes.

① Le **brassard** est fixé sur le bras. En appuyant sur le bouton, on déclenche la **pompe** du tensiomètre. Le brassard gonfle et écrase l'artère. Le sang ne circule plus.

② Automatiquement, le brassard se dégonfle. La reprise de la circulation du sang produit des **pulsations** dans la poche gonflable.

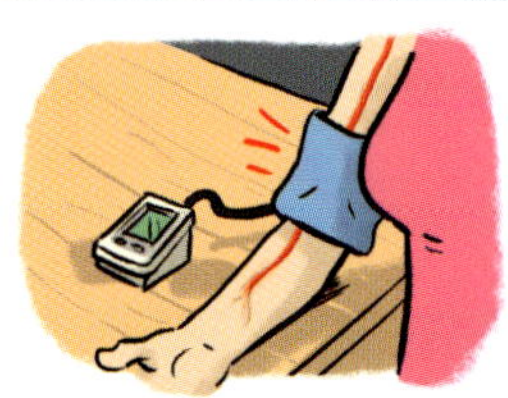

③ Ces pulsations sont transmises à un **composant électronique** qui mesure la pression artérielle moyenne. L'appareil calcule les pressions maximale et minimale.

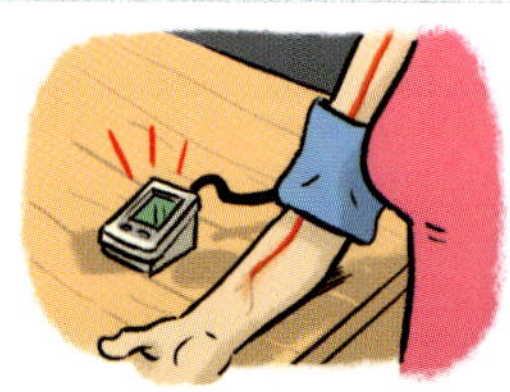

64 77 89

❸ stéthoscope

Il écoute les battements du cœur, les mouvements respiratoires et les sons abdominaux.

❺ Les **membranes** des haut-parleurs vibrent et restituent le son dans les oreilles.

❹ Le signal électrique est transmis par des fils aux deux minuscules **haut-parleurs** des écouteurs.

❸ Le micro transforme le son en **courant électrique**.

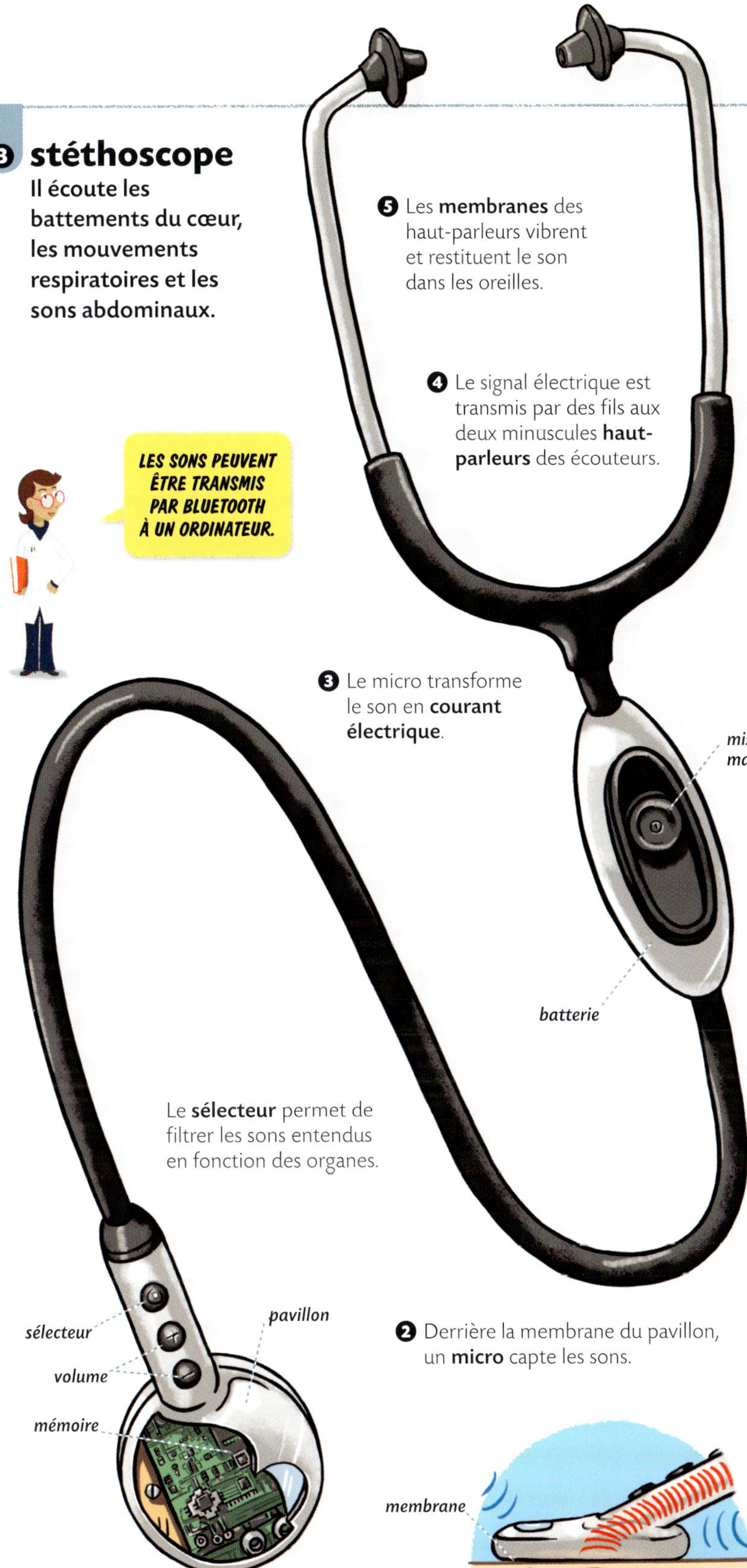

Le **sélecteur** permet de filtrer les sons entendus en fonction des organes.

❶ Posée sur le torse ou dans le dos, la membrane du **pavillon** vibre légèrement selon les mouvements du cœur, des poumons, des intestins.

❷ Derrière la membrane du pavillon, un **micro** capte les sons.

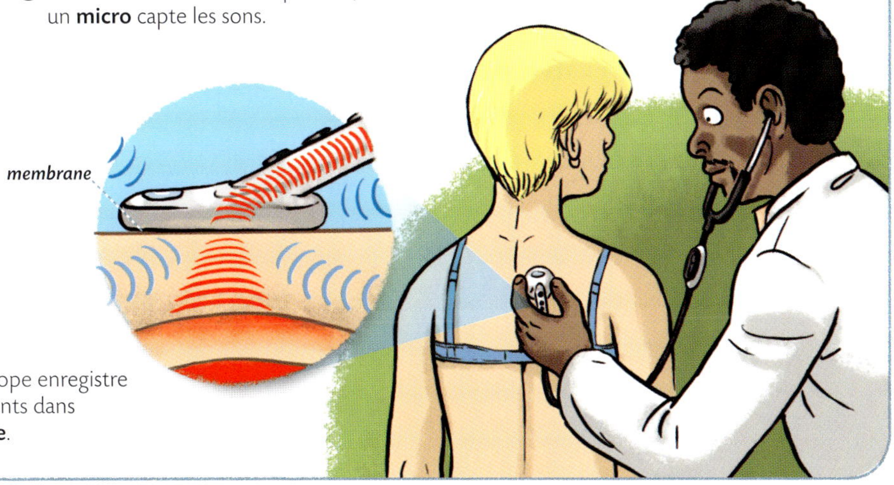

Le **circuit électronique** amplifie les sons et efface les bruits parasites comme ceux du frottement sur la peau.

Le stéthoscope enregistre les battements dans sa **mémoire**.

EXPÉRIENCE

Pour fabriquer un stéthoscope, on fixe avec du ruban adhésif une feuille de cellophane à l'extrémité d'un entonnoir que l'on prolonge avec un rouleau d'essuie-tout. Pour écouter les bruits à l'intérieur du corps, il suffit de porter le tube à l'oreille et de déplacer le pavillon sur le thorax ou l'abdomen du patient.

LE + DU Pr SIPHON

Les appareils électroniques fournissent des données numériques. Leur enregistrement permet de tracer des courbes pour étudier leur évolution au fil du temps, les comparer avec les courbes normales et mesurer l'efficacité d'un traitement.

Le robot chirurgien

Comment les chirurgiens font-ils pour opérer à distance, Pr Colza ?

Le chirurgien opère avec son assistant robotisé. Parfois à des milliers de kilomètres ! Il faut des appareils très précis et une transmission parfaite des images et des commandes.

Le robot a trois bras. Grâce aux manettes, ils reproduisent avec une grande précision les mouvements du chirurgien.

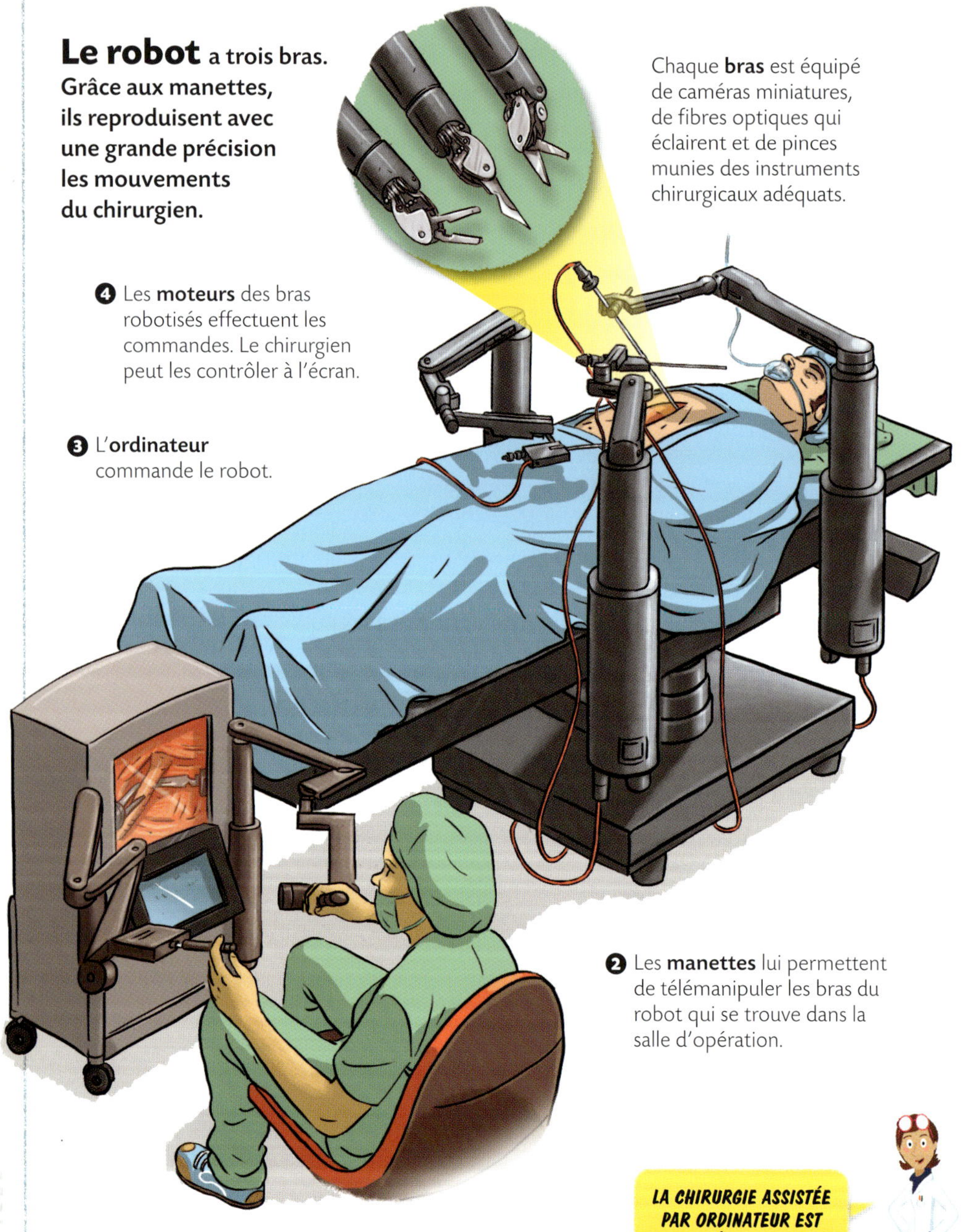

Chaque **bras** est équipé de caméras miniatures, de fibres optiques qui éclairent et de pinces munies des instruments chirurgicaux adéquats.

❹ Les **moteurs** des bras robotisés effectuent les commandes. Le chirurgien peut les contrôler à l'écran.

❸ L'**ordinateur** commande le robot.

❷ Les **manettes** lui permettent de télémanipuler les bras du robot qui se trouve dans la salle d'opération.

❶ Devant sa **console**, le chirurgien reçoit les images en trois dimensions, grossies, de la table d'opération.

LA CHIRURGIE ASSISTÉE PAR ORDINATEUR EST PLUS PRÉCISE ET MOINS FATIGANTE POUR LE CHIRURGIEN.

ET DEMAIN ?

Un prototype de robot médical réalisé dans une coque en plastique de 2 cm de long et de 1 cm de diamètre peut se déplacer à l'intérieur du corps. Cette sorte d'insecte muni d'un œil et de pinces pourra être radiocommandé, effectuer des prélèvements et de petites opérations.

AUTREMENT

L'exploration à distance existe aussi dans l'espace. Les premières images de Mars ont été obtenues grâce à un véhicule piloté à distance.

LE ✚ DU Pr SIPHON

L'endoscope introduit dans l'œsophage est composé d'une microcaméra et d'une fibre optique qui l'éclaire. Les images de l'estomac s'affichent directement à l'écran !

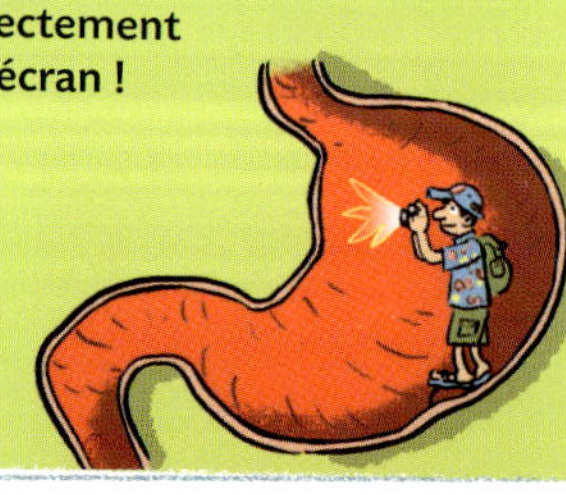

Les lunettes et l'appareil auditif

77 89

Pourquoi je ne vois rien avec vos lunettes, Pr Siphon ?

Tout simplement parce qu'elles sont adaptées à mes yeux et à ma vue, Théo ! Il en est de même pour les appareils auditifs qui sont parfaitement ajustés aux troubles de l'audition de chacun.

1 lunettes de vue

Grâce à leur courbure, les verres de lunettes corrigent les défauts de la vision (myopie, hypermétropie, astigmatisme...). Chaque œil a ses caractéristiques.

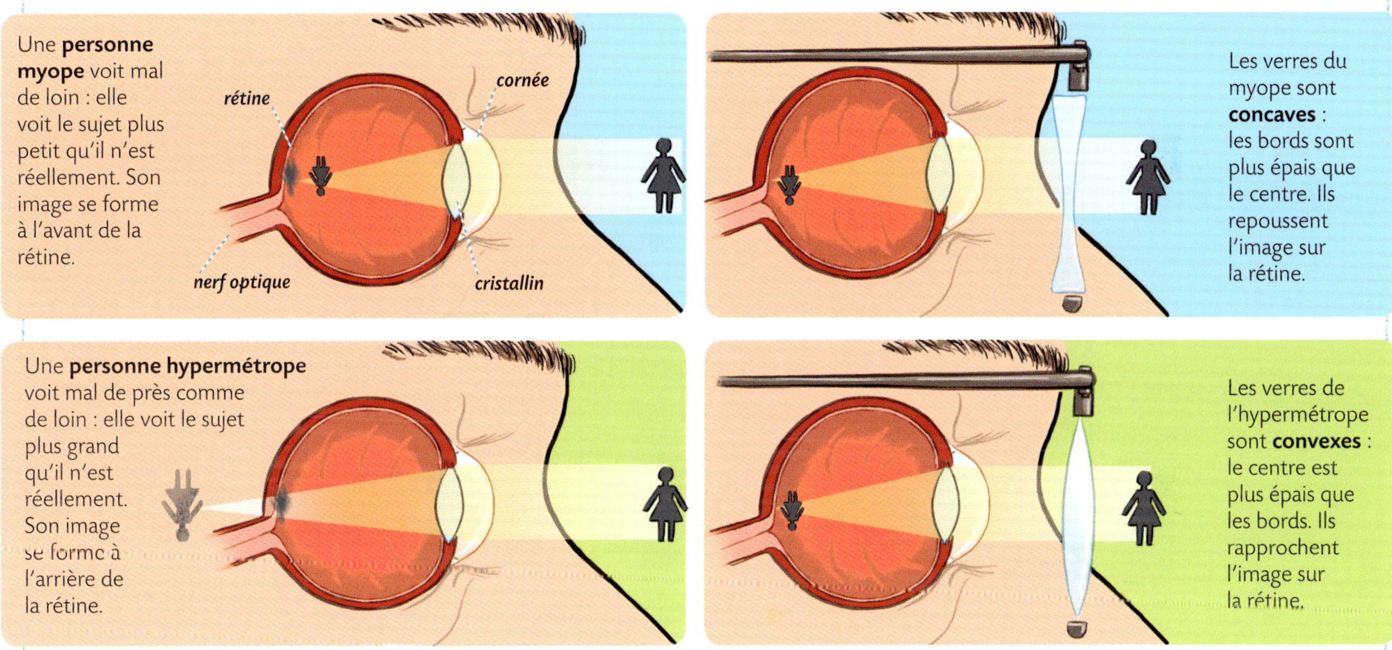

Une **personne myope** voit mal de loin : elle voit le sujet plus petit qu'il n'est réellement. Son image se forme à l'avant de la rétine.

Les verres du myope sont **concaves** : les bords sont plus épais que le centre. Ils repoussent l'image sur la rétine.

Une **personne hypermétrope** voit mal de près comme de loin : elle voit le sujet plus grand qu'il n'est réellement. Son image se forme à l'arrière de la rétine.

Les verres de l'hypermétrope sont **convexes** : le centre est plus épais que les bords. Ils rapprochent l'image sur la rétine.

2 contour d'oreille

Cet appareil auditif reçoit les sons, les traite et les transmet à l'oreille interne.

1 Les sons et bruits parviennent à l'appareil par la **membrane**.

2 Les **micros** captent d'où viennent les sons, les graves et les aigus. Ils les transforment en électricité.

3 Le **microprocesseur** analyse, distingue et corrige ces signaux électriques.

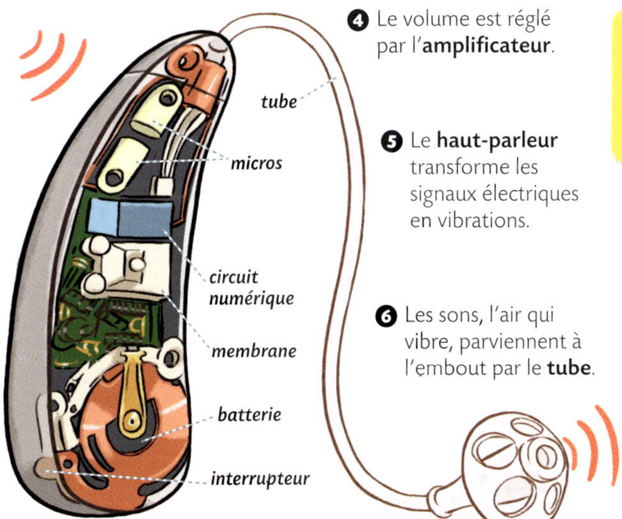

4 Le volume est réglé par l'**amplificateur**.

5 Le **haut-parleur** transforme les signaux électriques en vibrations.

6 Les sons, l'air qui vibre, parviennent à l'embout par le **tube**.

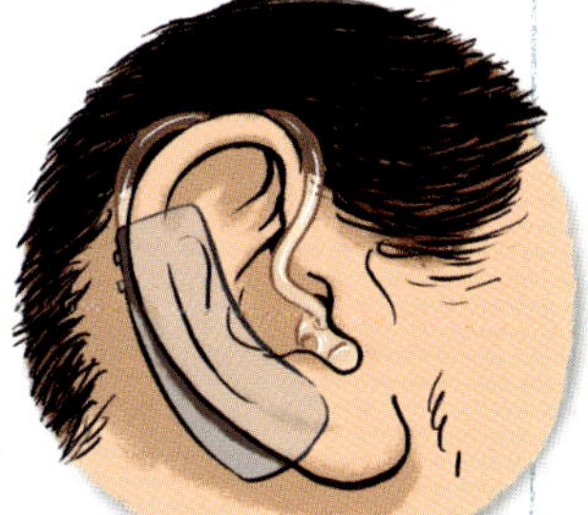

Le microscope

88 89

Quelle est la différence entre tous ces microscopes, Pr Colza ?

le grossissement, Théo ! Le microscope électronique permet de grossir les objets cent fois plus que le microscope optique. Mais si tu veux voir les atomes, il faudra utiliser un microscope à effet tunnel !

Le microsope optique est un tube équipé d'un objectif et d'un oculaire. Leurs lentilles donnent une image grossie de l'échantillon transparent éclairé par le dessous.

1. Une goutte de sang est déposée entre deux lamelles de verre sur la **plateforme**.
2. La lumière de la lampe est concentrée par des **lentilles** et orientée par le **miroir**.
3. La **vis de réglage** permet de faire la mise au point : elle déplace les lentilles.
4. La **lumière** éclaire l'échantillon.
5. L'image est grossie grâce à la combinaison des lentilles de l'**objectif** et de l'oculaire. Les quatre objectifs permettent d'obtenir quatre grossissements différents.
6. L'image est visible par l'**oculaire** ou la **caméra**.

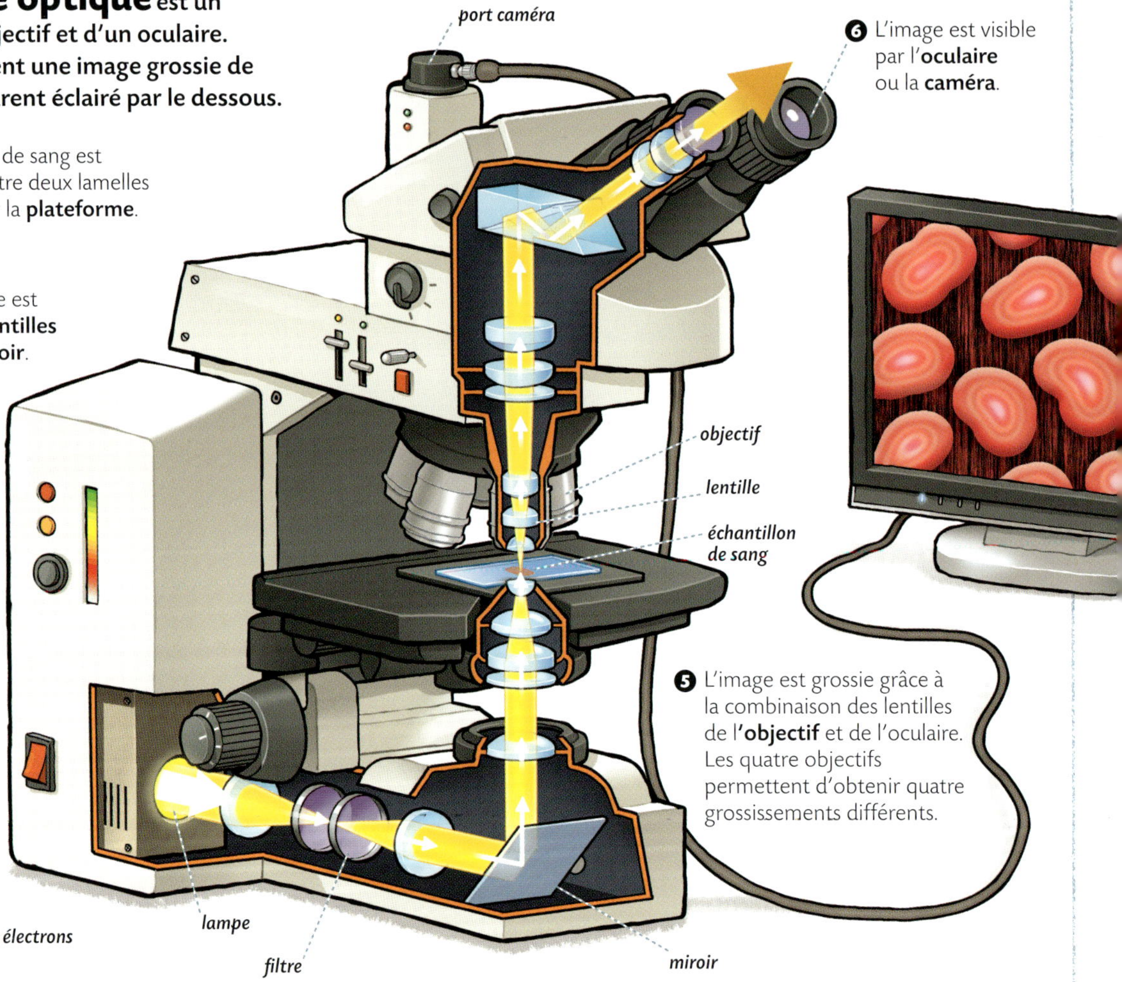

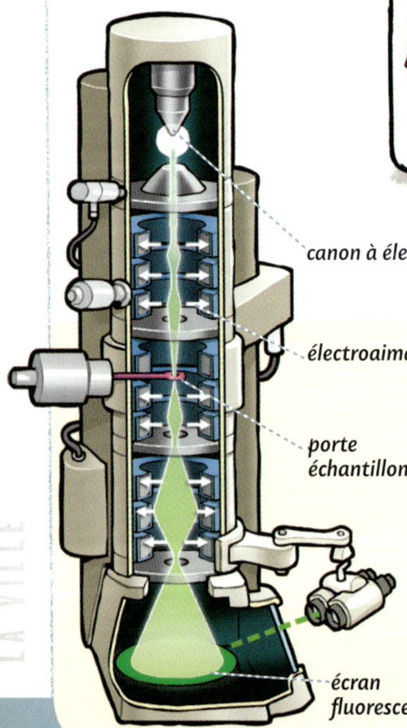

AUTRES MICROSCOPES

microscope électronique

L'échantillon déposé à l'intérieur du tube est traversé non pas par la lumière mais par des **électrons** canalisés par des électroaimants qui jouent le rôle de lentilles. Les électrons qui traversent l'échantillon éclairent un **écran fluorescent** sur lequel l'image est visible.

microscope à effet tunnel

Une **pointe** de la taille d'un atome se déplace au-dessus de l'échantillon. Entre la pointe et la surface, le courant électrique produit varie selon la distance. Cela permet de reconstituer l'**image en relief** à l'échelle des atomes.

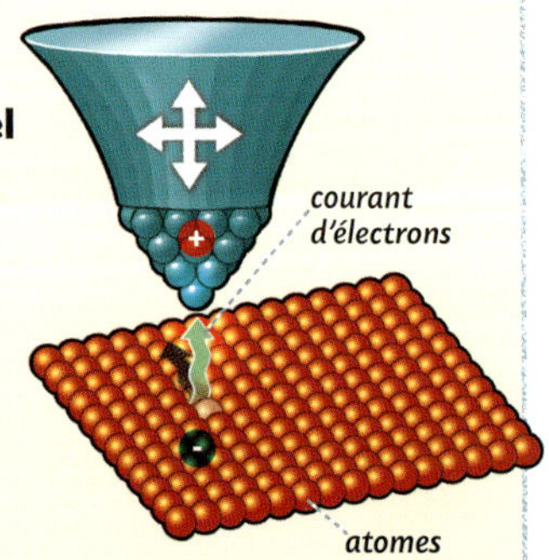

L'imagerie médicale

Avec tous ces appareils, le corps devient comme transparent, Pr Siphon !

Tout à fait, Julia ! Le choix de la technique dépend de la partie du corps que l'on examine. L'intérieur de l'intestin peut être observé avec une caméra, le cerveau grâce à l'IRM. Pour les dents, une photo aux rayons X suffit !

L'IRM, ou imagerie par résonance magnétique nucléaire, permet d'obtenir des images de l'intérieur des organes mous, comme le cerveau.

❶ Le patient est placé dans un **tunnel**.

❷ Un **aimant** très puissant oriente de la même façon les protons des atomes d'hydrogène de l'eau contenue dans les organes.

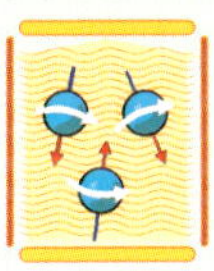

❸ Un **émetteur d'ondes radio** bombarde la zone que l'on veut observer, ce qui modifie l'orientation des protons.

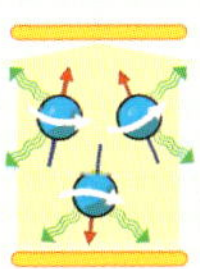

❹ Les protons reprennent leur orientation initiale en émettant de faibles échos. C'est la **résonance magnétique**.

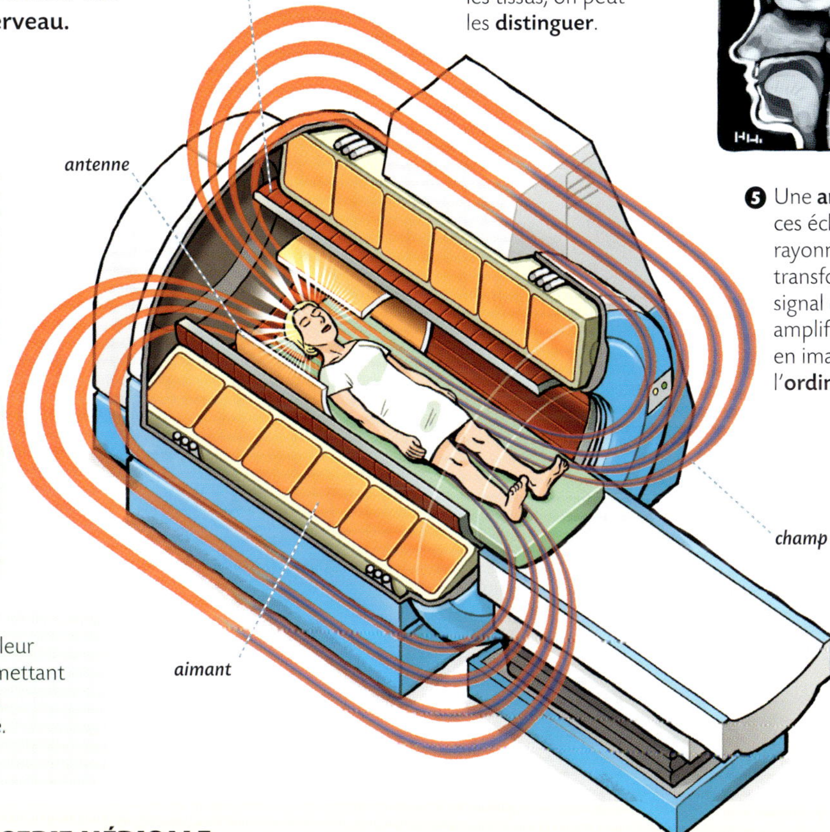

❺ Une **antenne** reçoit ces échos. Leur rayonnement est transformé en un signal électrique, amplifié et traduit en image par l'**ordinateur**.

❻ Comme la concentration en eau varie selon les tissus, on peut les **distinguer**.

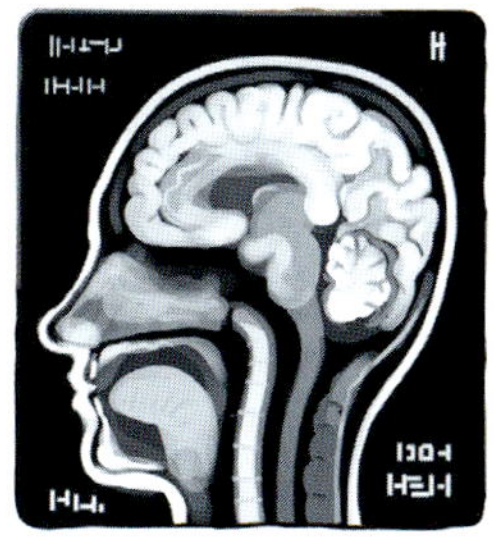

AUTRES APPAREILS D'IMAGERIE MÉDICALE

radiographie numérique

C'est une photo aux **rayons X** des dents, des poumons et des os.
Le **canon** envoie des rayons X sur les dents. Certains rayons sont arrêtés par les dents et les os.
Le **capteur numérique**, maintenu dans la bouche, reçoit les autres. L'image s'affiche à l'écran. Les taches indiquent les caries.

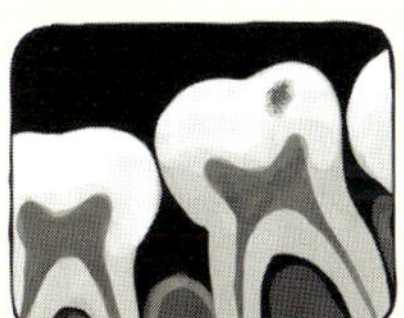

scintigraphie

Elle permet d'obtenir une image grâce à l'injection d'une substance légèrement **radioactive** dans un organe, le cœur par exemple. Une **caméra** sensible aux rayons (ondes gamma) capte la radioactivité émise par cette substance. Elle donne des images de l'irrigation du cœur afin de déceler d'éventuelles anomalies.

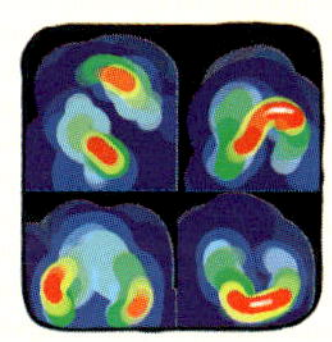

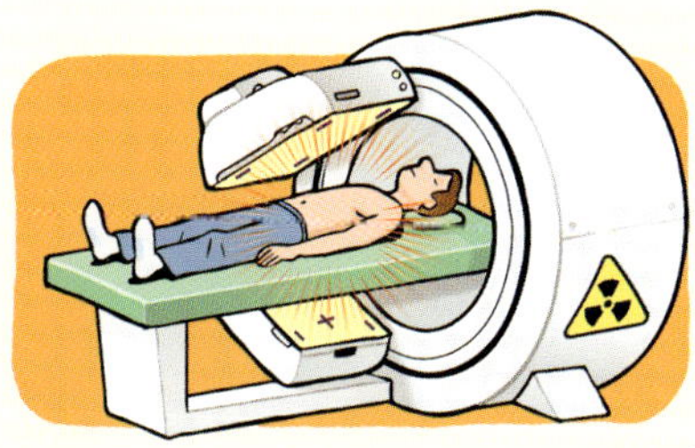

65 Les centrales électriques

Qu'est-ce qui différencie un barrage, une éolienne et une centrale nucléaire, Pr Colza ?

C'est surtout la source d'énergie (eau, vent, charbon, uranium...) qui différencie les centrales électriques. Le fonctionnement, lui, est presque identique : une turbine, en tournant, entraîne un alternateur qui produit l'électricité.

Dans une centrale thermique,

la combustion de gaz, de charbon ou de déchets ménagers permet de transformer l'eau en vapeur.

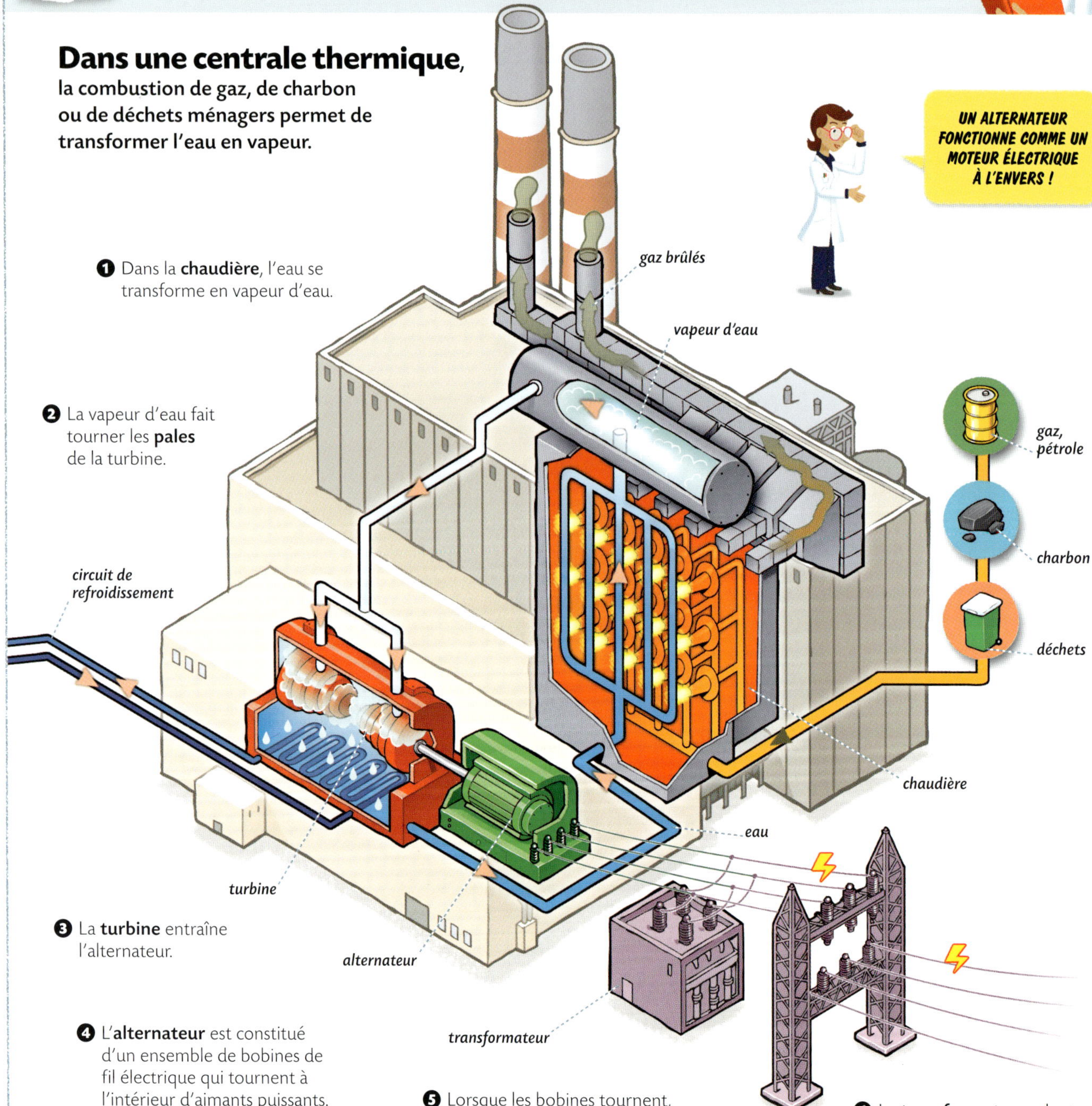

❶ Dans la **chaudière**, l'eau se transforme en vapeur d'eau.

❷ La vapeur d'eau fait tourner les **pales** de la turbine.

❸ La **turbine** entraîne l'alternateur.

❹ L'**alternateur** est constitué d'un ensemble de bobines de fil électrique qui tournent à l'intérieur d'aimants puissants.

❺ Lorsque les bobines tournent, les **effets électromagnétiques** génèrent l'électricité.

❻ Le **transformateur** adapte les caractéristiques du courant au réseau de distribution.

Les éoliennes sont reliées entre elles et au réseau électrique par des câbles enterrés.

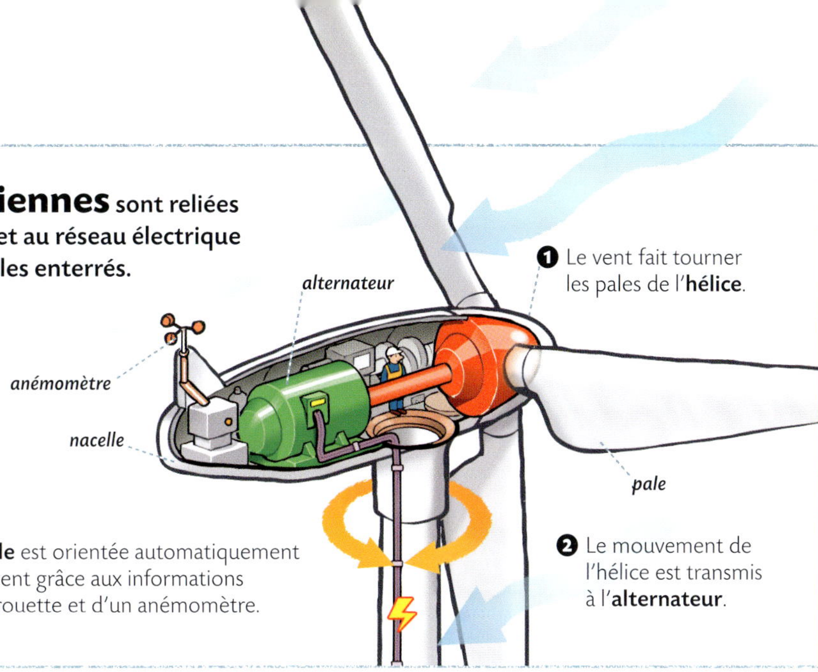

❶ Le vent fait tourner les pales de l'**hélice**.

❷ Le mouvement de l'hélice est transmis à l'**alternateur**.

La **nacelle** est orientée automatiquement face au vent grâce aux informations d'une girouette et d'un anémomètre.

Une centrale nucléaire est une centrale thermique particulière.

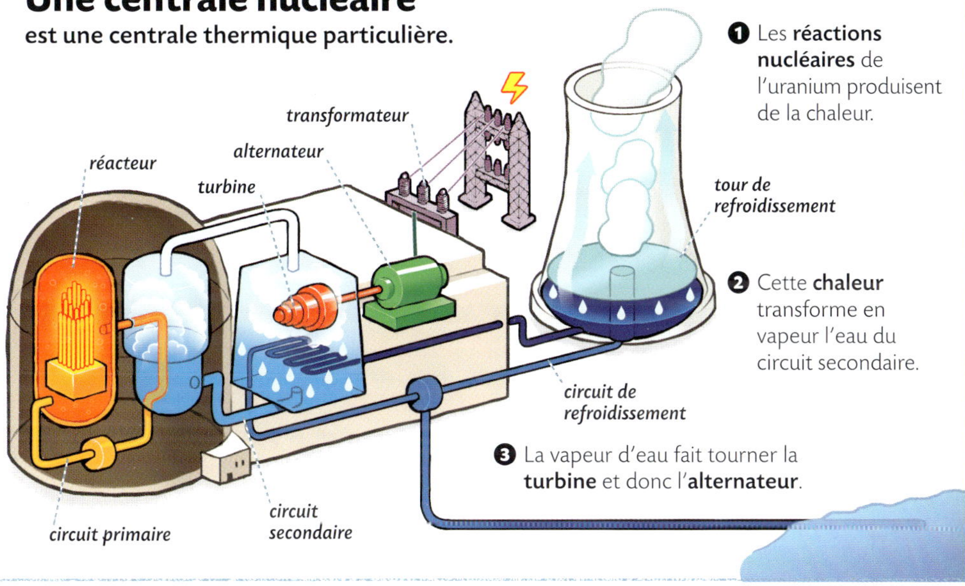

❶ Les **réactions nucléaires** de l'uranium produisent de la chaleur.

❷ Cette **chaleur** transforme en vapeur l'eau du circuit secondaire.

❸ La vapeur d'eau fait tourner la **turbine** et donc l'**alternateur**.

Dans un barrage hydraulique, l'ouverture des vannes produit la chute de l'eau et la transformation de cette énergie mécanique en énergie électrique.

❶ L'eau retenue par le **barrage** est canalisée vers les turbines.

❷ Le fort débit de l'eau fait tourner les pales des **turbines** à grande vitesse.

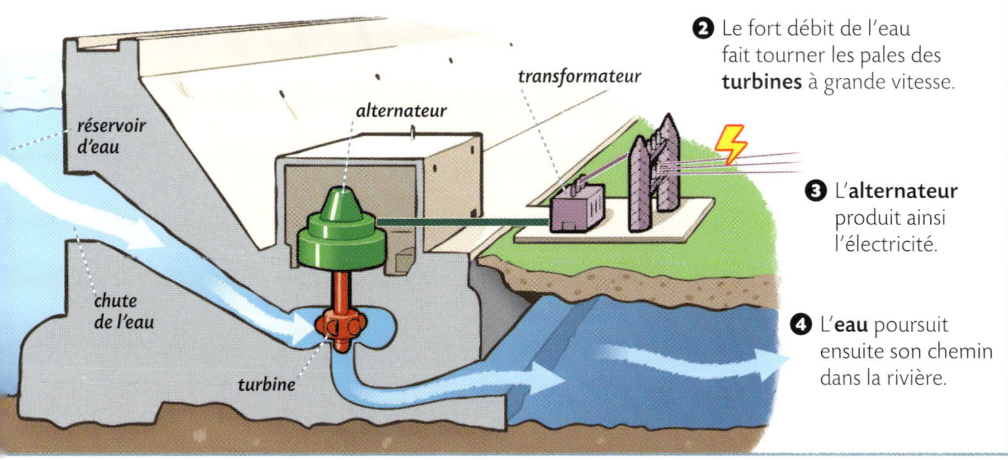

❸ L'**alternateur** produit ainsi l'électricité.

❹ L'**eau** poursuit ensuite son chemin dans la rivière.

QUESTION de PRINCIPE

L'énergie

Les principales formes d'énergie sont la lumière (énergie rayonnante), les réactions chimiques (énergie chimique), les liaisons des atomes (énergie nucléaire), les mouvements (énergie mécanique), la chaleur (énergie thermique) et l'électricité (énergie électrique). L'énergie ne fait que se transformer en passant d'une forme d'énergie à l'autre.

Applications

La combustion de la **bougie** transforme l'énergie chimique (l'huile, la cire) en énergie rayonnante (lumière) et en énergie thermique (chaleur).

La **lampe électrique** transforme l'énergie électrique en énergie rayonnante (lumière) et en énergie thermique (chaleur).

Le **moteur** d'une voiture transforme l'énergie chimique (l'essence) en énergie mécanique (déplacement) et en énergie thermique (frottements).

Les **muscles** transforment l'énergie chimique (les aliments) en énergie mécanique (mouvement) et en énergie thermique (chaleur).

L'eau domestiquée

D'où vient l'eau du robinet ? Et où va t-elle après, Pr Colza ?

Elle vient du château d'eau, Théo ! Avant, elle a été puisée dans les nappes souterraines, filtrée, traitée et contrôlée pour être potable. Après la douche ou la vaisselle, elle part vers un centre de traitement des eaux usées.

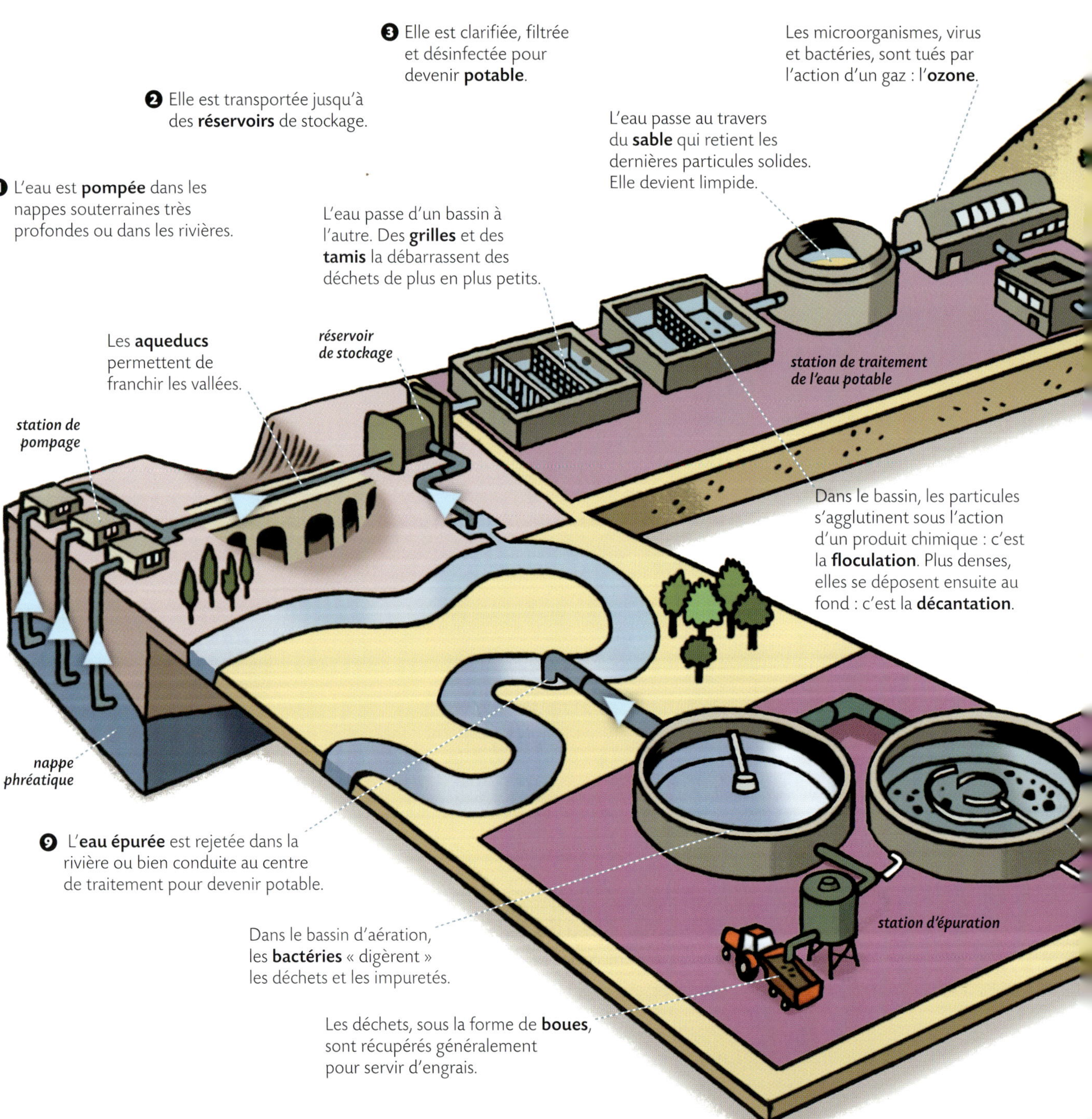

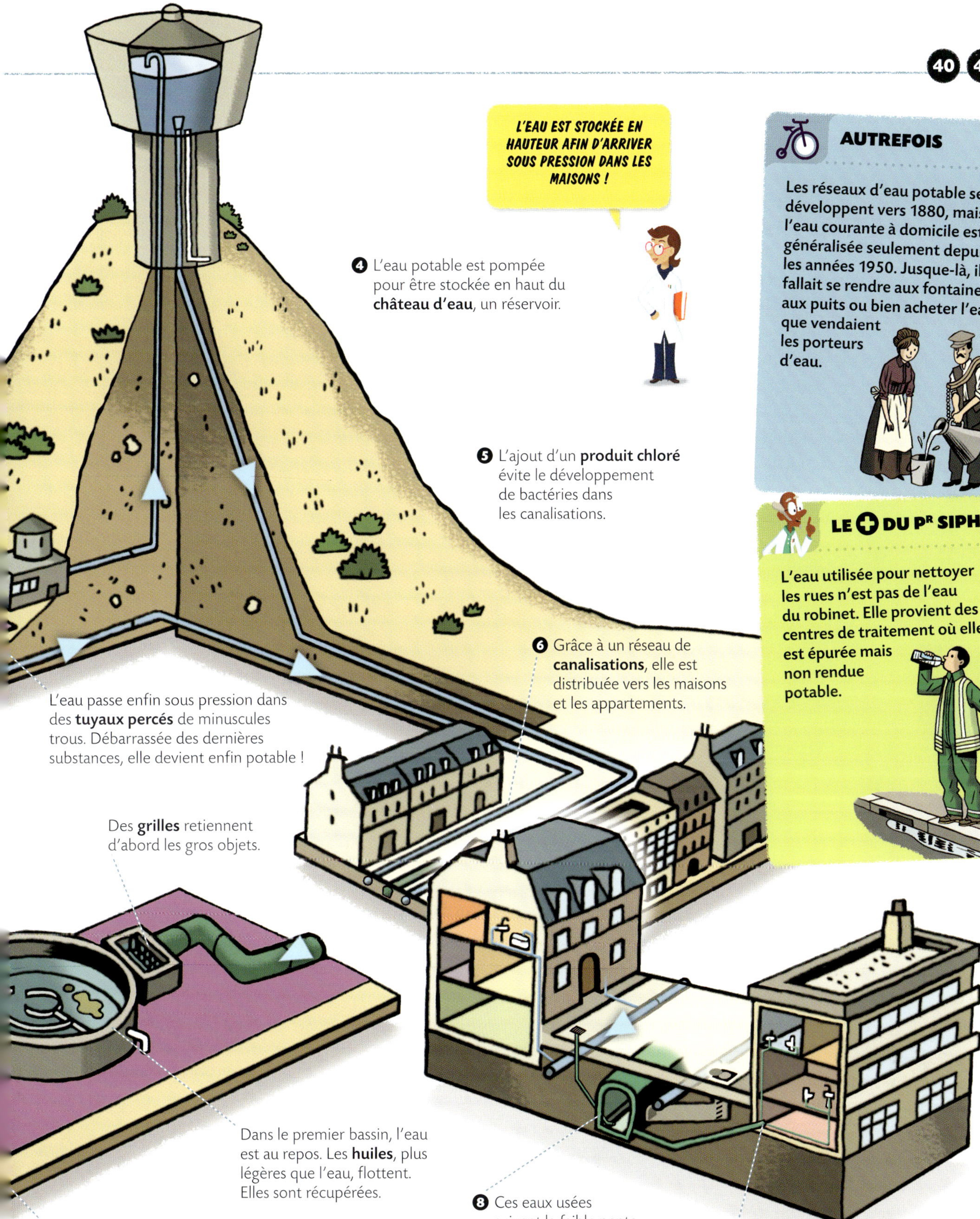

L'EAU EST STOCKÉE EN HAUTEUR AFIN D'ARRIVER SOUS PRESSION DANS LES MAISONS !

4 L'eau potable est pompée pour être stockée en haut du **château d'eau**, un réservoir.

5 L'ajout d'un **produit chloré** évite le développement de bactéries dans les canalisations.

6 Grâce à un réseau de **canalisations**, elle est distribuée vers les maisons et les appartements.

L'eau passe enfin sous pression dans des **tuyaux percés** de minuscules trous. Débarrassée des dernières substances, elle devient enfin potable !

Des **grilles** retiennent d'abord les gros objets.

Dans le premier bassin, l'eau est au repos. Les **huiles**, plus légères que l'eau, flottent. Elles sont récupérées.

Dans le bassin de **décantation**, les particules les plus lourdes se déposent au fond.

8 Ces eaux usées suivent la faible pente des **canalisations souterraines** : elles circulent par gravité jusqu'à la station d'épuration.

7 Les eaux des toilettes, des salles de bains, des cuisines ainsi que des gouttières sont rejetées dans les **égouts**.

AUTREFOIS

Les réseaux d'eau potable se développent vers 1880, mais l'eau courante à domicile est généralisée seulement depuis les années 1950. Jusque-là, il fallait se rendre aux fontaines et aux puits ou bien acheter l'eau que vendaient les porteurs d'eau.

LE + DU Pr SIPHON

L'eau utilisée pour nettoyer les rues n'est pas de l'eau du robinet. Elle provient des centres de traitement où elle est épurée mais non rendue potable.

chapitre 3

LES

LOISIRS

Le roller et le skate-board

Les roues des rollers ou des skates **tournent drôlement bien. Pourquoi ?**

C'est parce qu'elles sont montées **sur des roulements à billes, Théo. Inventés au 18e siècle, mais généralisés un siècle plus tard, ils ont révolutionné les engins à roues !**

❶ roller

C'est un patin à roues alignées. Les roues sont arrondies, ce qui limite les frottements.

Dans un **roulement**, les billes en acier sont emprisonnées dans une cage, entre deux bagues lubrifiées.

Les **roues** ne sont pas des rouleaux, comme sur des patins à roulettes. C'est plus facile pour tourner : un petit mouvement du pied suffit !

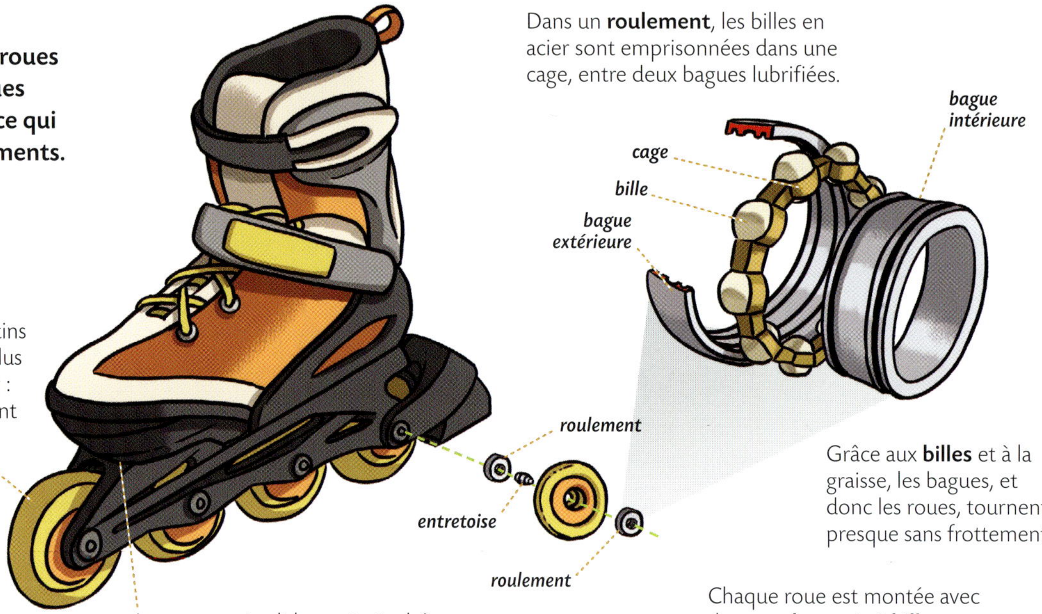

Grâce aux **billes** et à la graisse, les bagues, et donc les roues, tournent presque sans frottement.

La **coque** est solidement attachée à la platine qui porte les roues.

Chaque roue est montée avec deux **roulements à billes** séparés par une entretoise.

❷ skate-board

Ce n'est pas seulement une planche montée sur des roulettes : la planche peut s'incliner, ce qui permet les changements de direction.

La **roue** est montée avec deux roulements à billes.

Chaque **moyeu** est fixé sur une embase en caoutchouc. Ils peuvent bouger l'un par rapport à l'autre.

Sur le **moyeu** sont assemblées les roues.

1. Lorsque la planche est horizontale, les moyeux sont parallèles : le skate va tout droit.

2. Lorsque le corps appuie à gauche, la planche s'incline. Grâce à l'articulation du moyeu, les roues s'orientent. Le skate va à gauche.

3. Si le corps appuie à droite, le skate va à droite.

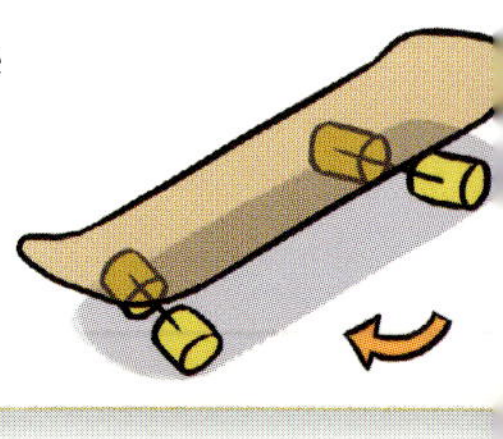

Boules, balles et ballons

Les balles **ont parfois des trajectoires curieuses. C'est dû à la frappe, Pr Siphon ?**

Oui, mais pas seulement, Julia ! **Les trajectoires dépendent aussi de la balle, de sa forme, de la résistance de l'air. Et les rebonds varient en fonction du sol !**

❶ rebonds

Les chocs d'une balle sur le sol sont plus ou moins élastiques. Les rebonds diffèrent selon que la balle ou le sol sont déformables ou non. C'est une question d'énergie !

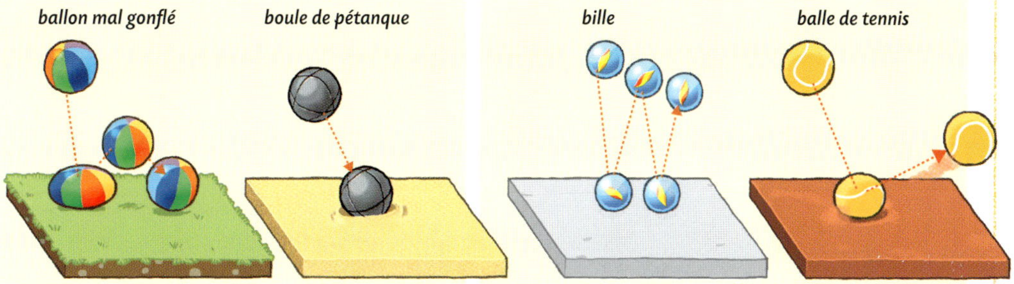

Le ballon s'écrase sur le gazon.

La boule déforme le sable.

La bille rebondit sans se déformer ni déformer le sol en béton.

La balle rebondit en se déformant, la terre battue est marquée.

L'**énergie acquise** lors de la chute est **absorbée** lors du choc : la balle ou le sol se déforment. Ici, le ballon rebondit à peine, la boule pas du tout.

L'**énergie acquise** lors de la chute permet à la bille et à la balle de **remonter**. Selon la déformation de la balle et du sol, la balle remonte plus ou moins haut.

LES FROTTEMENTS SUR LE SOL ET DANS L'AIR AMORTISSENT PEU À PEU LES REBONDS.

❷ coup franc au football

En tournant sur lui-même, le ballon entraîne l'air qui est autour de lui. L'air étant comprimé d'un côté, la balle est aspirée de l'autre côté : c'est l'effet Magnus.

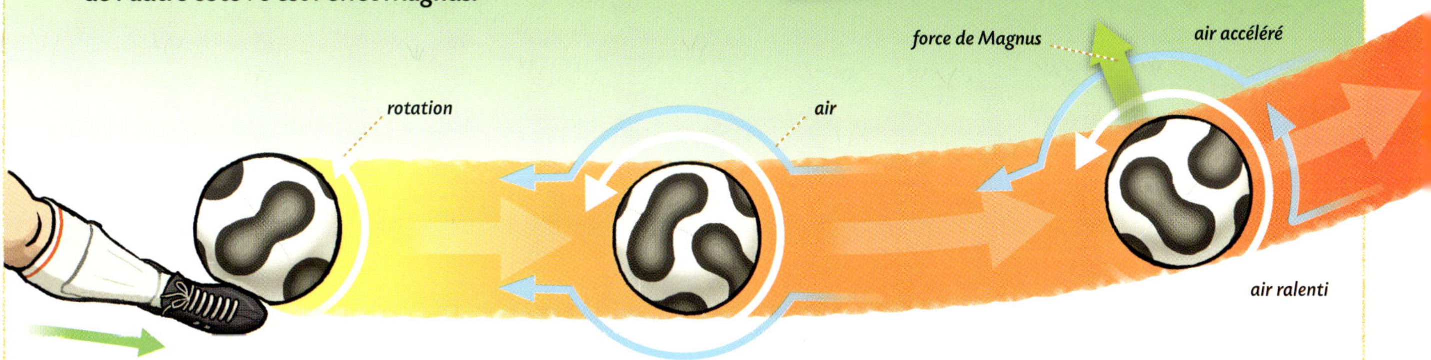

❶ Le ballon, frappé très fort de l'intérieur du pied droit, **tourne sur lui-même**.

❷ Il commence par suivre une **ligne droite**. En raison de sa grande vitesse, la rotation sur lui-même n'a pas d'effet.

❸ Puis le ballon ralentit. Cette fois, sa rotation le fait **dévier** : aspiré par les mouvements de l'air, il s'écarte vers la gauche.

Le chronométrage

2 87

Comment peut-on mesurer des temps au centième de seconde, Pr Colza ?

Bien que ce soient des systèmes très sophistiqués, c'est assez simple ! Il faut seulement détecter très précisément le départ et l'arrivée et communiquer instantanément ces informations à l'ordinateur qui calcule la durée.

❶ chronométrage informatique

Au coup de pistolet, le compteur de l'ordinateur se déclenche. Grâce à un capteur optique, il enregistre les franchissements du faisceau lumineux de la ligne d'arrivée.

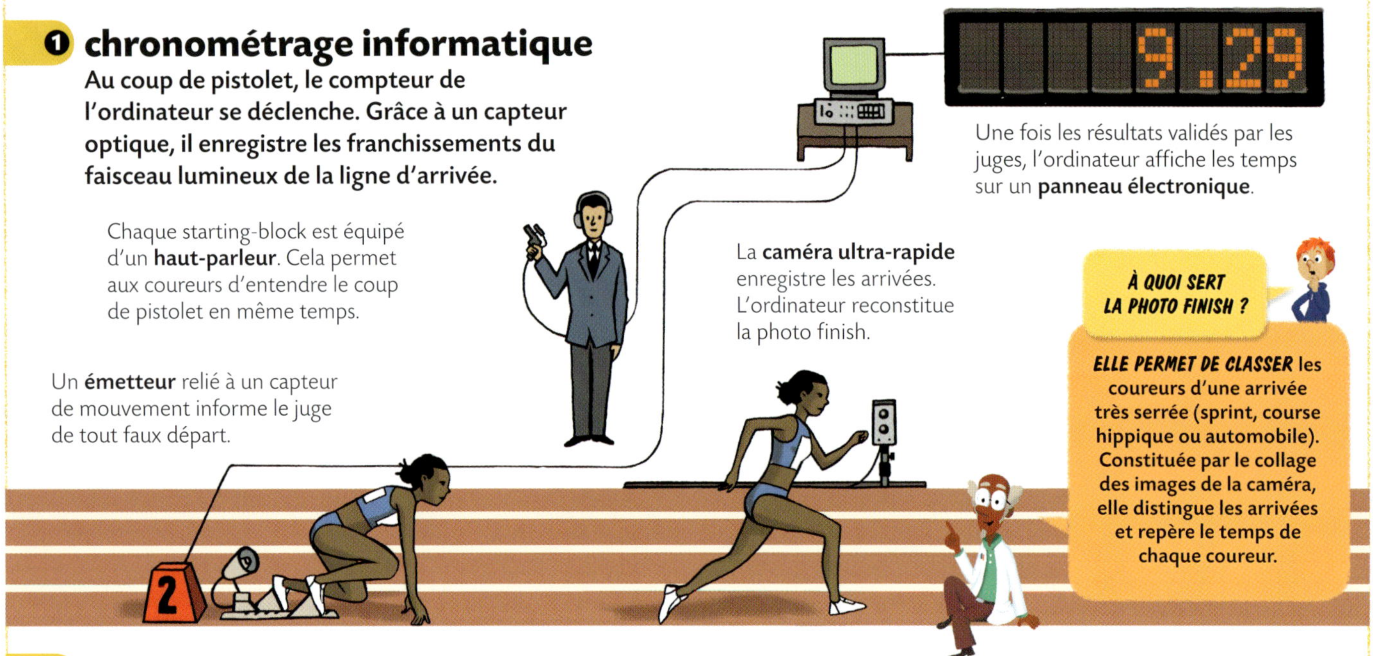

Une fois les résultats validés par les juges, l'ordinateur affiche les temps sur un **panneau électronique**.

Chaque starting-block est équipé d'un **haut-parleur**. Cela permet aux coureurs d'entendre le coup de pistolet en même temps.

La **caméra ultra-rapide** enregistre les arrivées. L'ordinateur reconstitue la photo finish.

Un **émetteur** relié à un capteur de mouvement informe le juge de tout faux départ.

À QUOI SERT LA PHOTO FINISH ?

ELLE PERMET DE CLASSER les coureurs d'une arrivée très serrée (sprint, course hippique ou automobile). Constituée par le collage des images de la caméra, elle distingue les arrivées et repère le temps de chaque coureur.

❷ chronométrage à distance

Les dossards des skieurs comportent une étiquette RFID qui conserve en mémoire leur numéro.

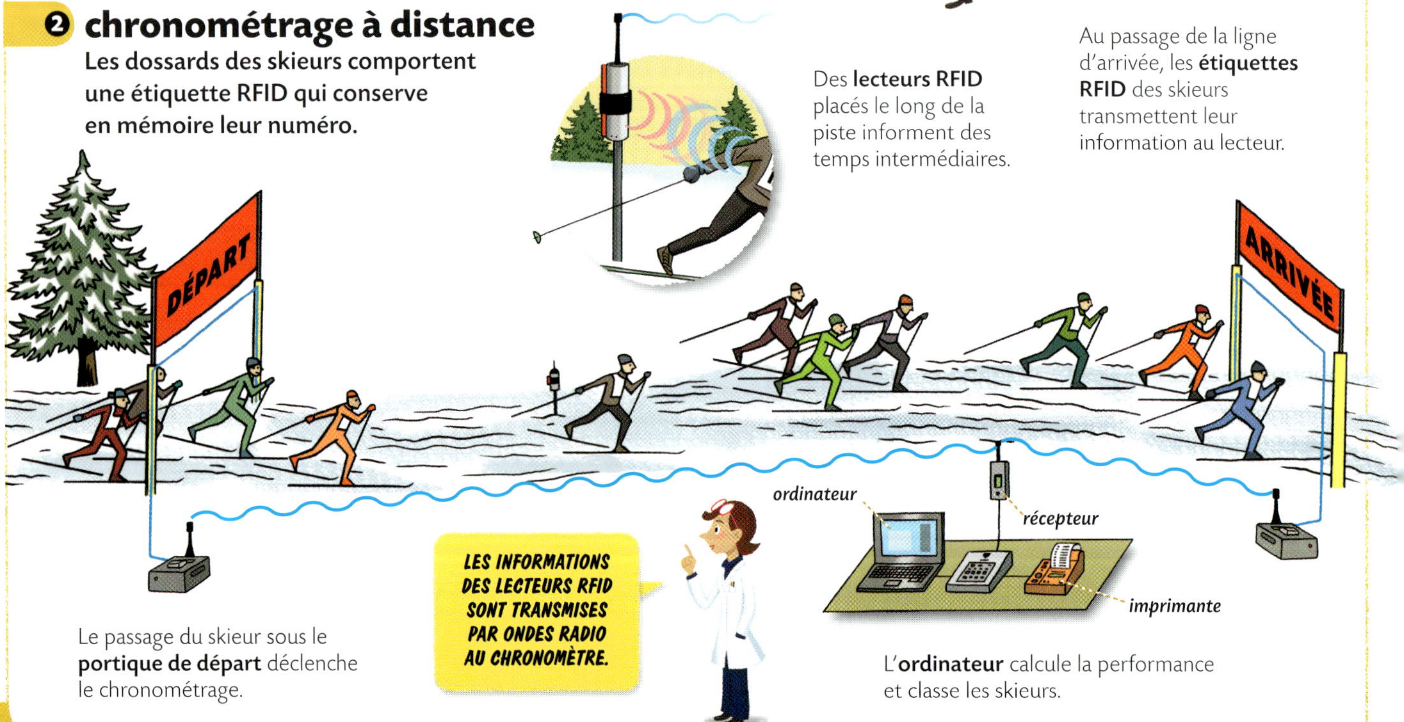

Des **lecteurs RFID** placés le long de la piste informent des temps intermédiaires.

Au passage de la ligne d'arrivée, les **étiquettes RFID** des skieurs transmettent leur information au lecteur.

Le passage du skieur sous le **portique de départ** déclenche le chronométrage.

LES INFORMATIONS DES LECTEURS RFID SONT TRANSMISES PAR ONDES RADIO AU CHRONOMÈTRE.

L'**ordinateur** calcule la performance et classe les skieurs.

L'arbitrage électronique

Qui déclenche les voyants lumineux signalant les touches des escrimeurs ?

L'arbitre électronique, Théo ! Les deux escrimeurs y sont reliés par un fil. À chaque assaut, la première touche est enregistrée et signalée par un voyant. Attention, selon l'arme, le circuit électrique est différent !

Les règles varient selon les armes. Au fleuret, la touche est valable si elle est portée de la pointe sur la cuirasse ; à l'épée, de la pointe sur n'importe quel point du corps ; au sabre, du tranchant ou de la pointe au-dessus de la ceinture.

Le **président** valide les touches. Le score s'affiche.

L'arbitre électronique commande l'allumage d'un des deux voyants.

Le **fil de corps** assure la liaison électrique entre le fleuret et l'arbitre électronique.

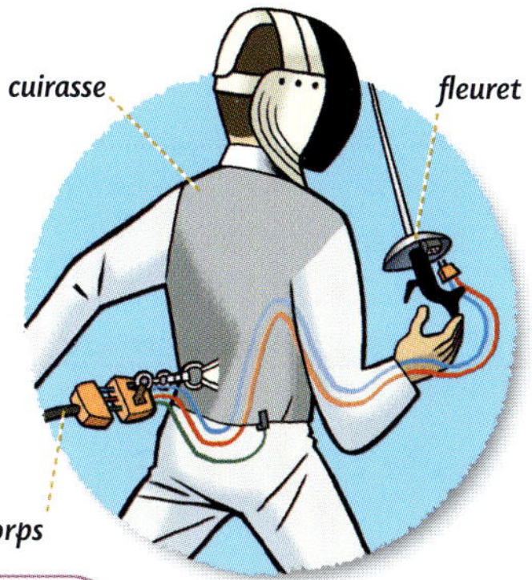

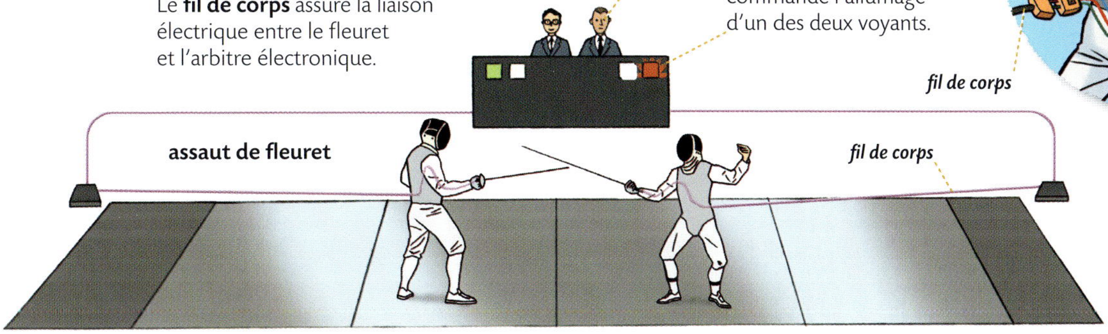

Les fleurettistes portent une **cuirasse conductrice** faite de fibres métalliques tressées, qui délimite la zone valable.

fleuret

Si le fleuret touche la **cuirasse métallique**, cela ferme le circuit. Le courant passe et le voyant s'allume.

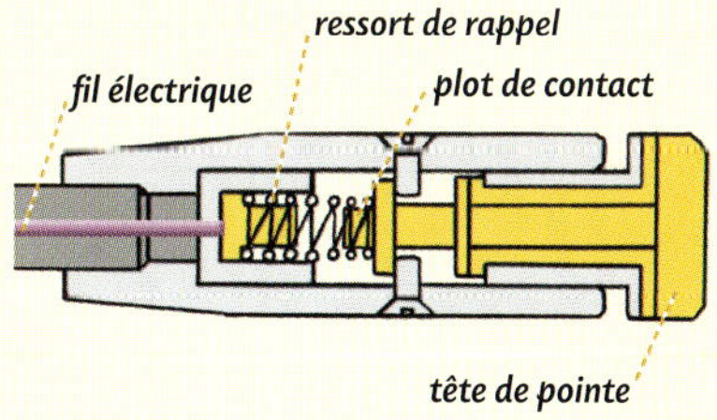

La **tête de pointe** presse le ressort et établit un contact électrique entre le fil de la lame du premier escrimeur et la cuirasse du second.

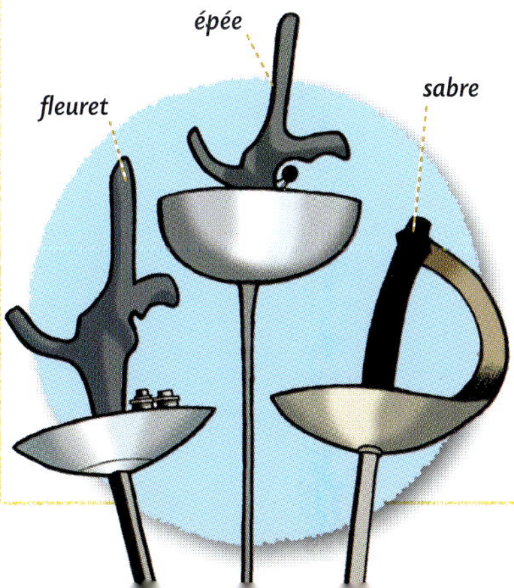

épée

Si l'épée touche l'**adversaire**, cela ferme le circuit. Le courant passe et le voyant s'allume.

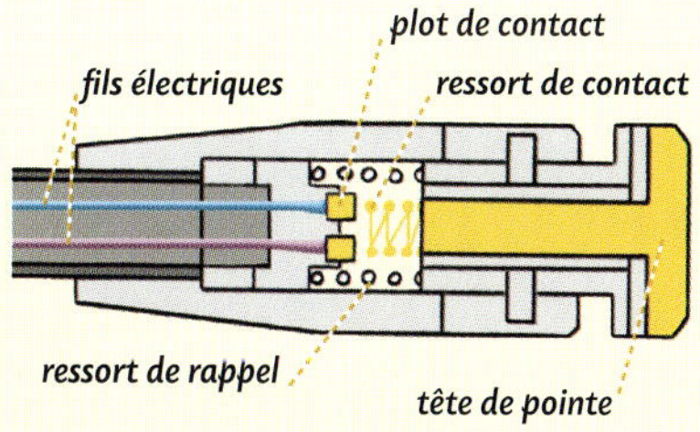

La **tête de pointe** presse le ressort et établit un contact électrique entre les deux fils de la lame.

La fête foraine

Les manèges tournent, virent, bougent dans tous les sens. C'est la fête !

Oui, Julia. c'est la fête... La fête des phénomènes physiques ! Les transferts d'énergie, les chocs, les frottements, les équilibres de forces... sont au cœur de toutes ces attractions foraines.

❶ autos tamponneuses

Les chocs entre ces voitures électriques sont amortis par les bandes de caoutchouc.

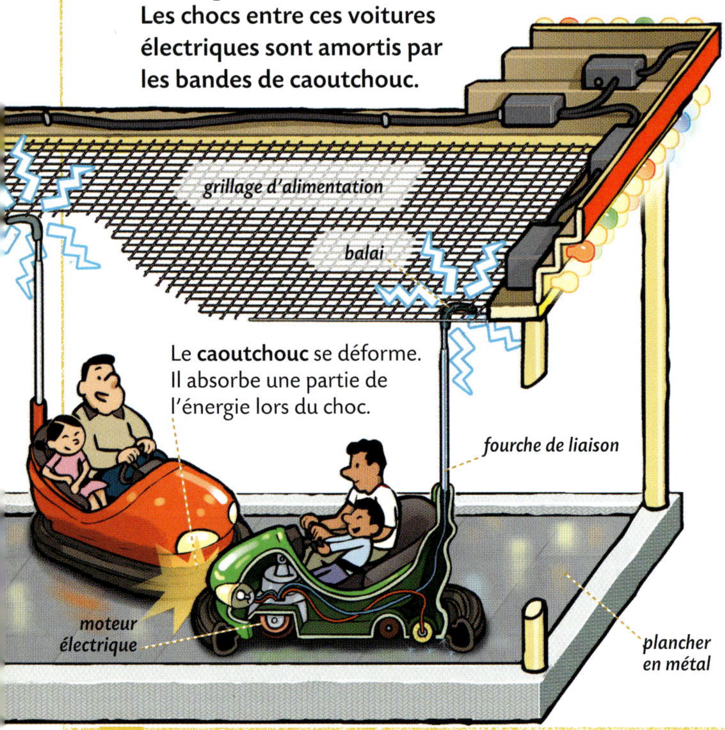

Le **caoutchouc** se déforme. Il absorbe une partie de l'énergie lors du choc.

Le courant passe entre le plafond en grillage et le sol métallique sur lequel frotte un **balai**.

❶ En introduisant un **jeton** dans la fente, on déclenche l'interrupteur qui met l'auto tamponneuse en service.

❷ Pour fournir du courant électrique au moteur, il faut appuyer sur la **pédale**.

❸ Comme le **moteur** est monté dans la roue, pour reculer, il suffit de tourner le volant d'un demi-tour.

❹ Le forain coupe l'**alimentation** électrique du manège, les voitures s'arrêtent.

Question de choc

L'énergie du mouvement de la voiture est transmise à la voiture poussée.

Dans un choc frontal ou latéral, l'échange d'énergie engendre le recul ou le déplacement des voitures. Les trajectoires dépendent de la **vitesse** et de l'**impact**.

❷ manège

La rotation rapide donne des sensations car les capteurs d'équilibre dans l'oreille ne sont plus en accord avec ce que l'on voit.

L'**effet centrifuge** écarte les nacelles du centre de rotation.

❸ grande roue

Ce manège vertical est formé d'une roue panoramique de plus de 150 mètres !

La grande roue est entraînée par des **roues** équipées de pneus.

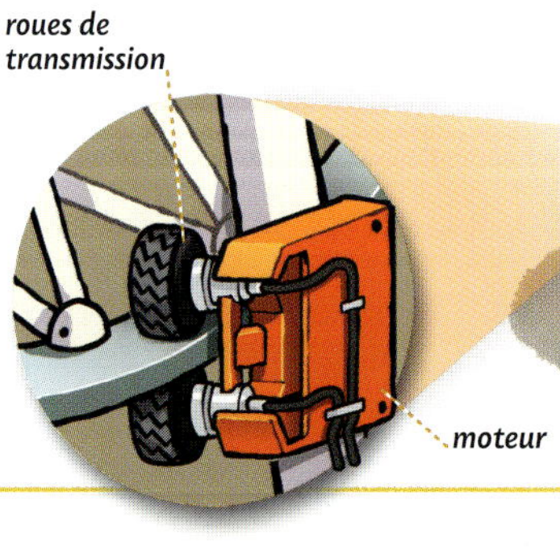

4 montagnes russes

Sur ce chemin de fer très sinueux, les wagons n'ont pas de moteur !

Pour le **looping**, le train doit avoir une vitesse suffisante pour atteindre le haut de la boucle.

Lors de la montée, le wagon est tiré par une **chaîne** actionnée par un moteur. Grâce à une **crémaillère** et une roue qui ne tourne que dans un sens, le wagon monte en toute sécurité.

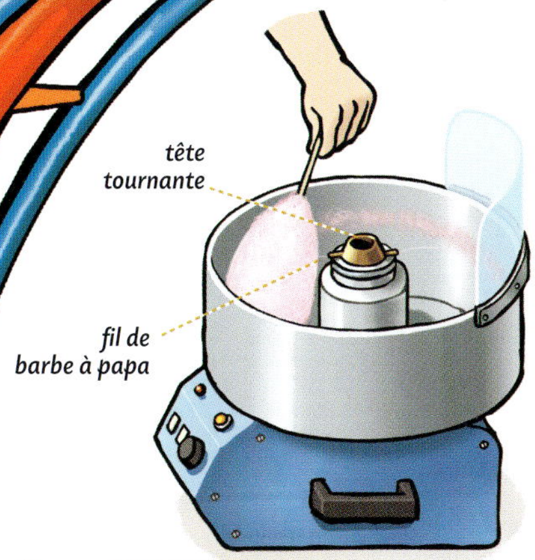

L'**énergie accumulée** dans la descente permet aux wagons de remonter, mais moins haut que la première fois : ils perdent une partie de l'énergie à cause des frottements de leurs roues sur les rails.

Des **capteurs** sont disposés sur les rails. Les vibrations qu'ils enregistrent informent l'ordinateur de contrôle de la sécurité du manège.

Les **harnais de sécurité** maintiennent le corps sur le siège. Le train ne peut démarrer que si tous les harnais sont bloqués.

Chaque **rail** est pris en sandwich entre quatre roues en caoutchouc. Le wagon est solidement accroché.

La carabine à air comprimé

Cette carabine fonctionne un peu comme une sarbacane, Pr Colza ?

Tout à fait, Théo ! C'est l'air comprimé qui se détend et expulse le plomb. Plus la poussée est forte, plus le projectile va loin. Mais pour crever les ballons ou percer le carton, à la fête foraine, il faut bien viser !

Une carabine à air comprimé n'est pas une arme à feu ! C'est la détente du gaz comprimé qui propulse le projectile.

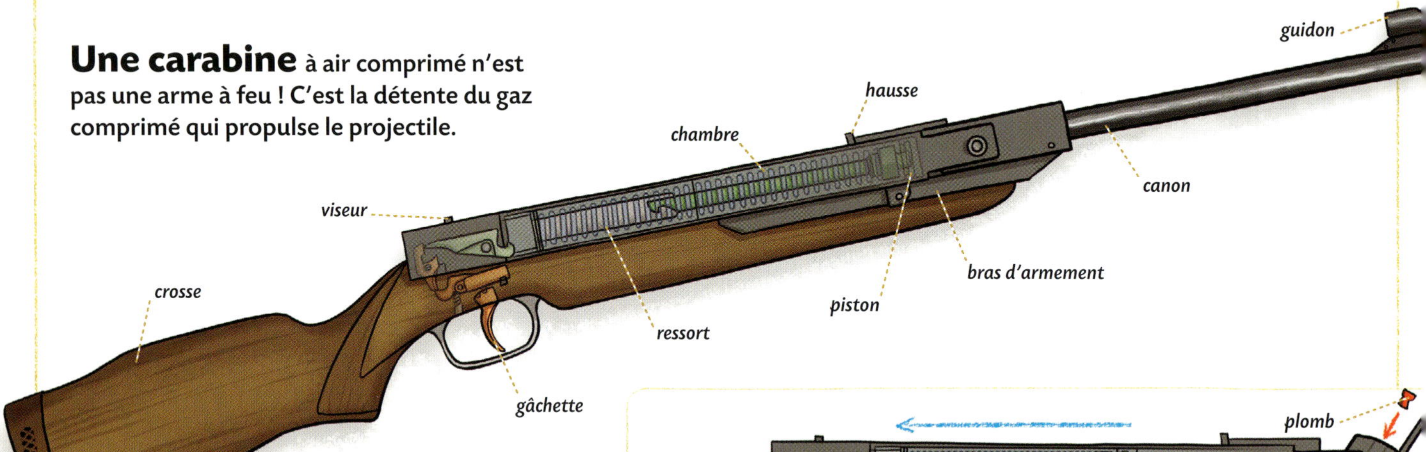

La **partie creuse** de la balle reçoit l'air comprimé. Les **stries**, en faisant tourner la balle sur elle-même, lui permettent de garder sa trajectoire.

1. Lorsqu'on rabat le canon, le bras d'armement pousse en arrière le **piston**. L'air entre dans la chambre. Le **ressort** est comprimé.

LA LIGNE DE VISÉE, C'EST UNE LIGNE IMAGINAIRE ALLANT DE L'ŒIL À LA CIBLE EN PASSANT PAR LE VISEUR, LA HAUSSE ET LE GUIDON.

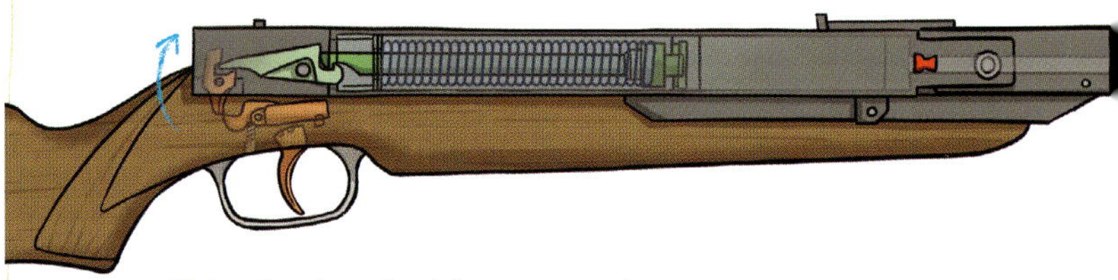

2. Le **plomb** est logé dans son emplacement et bloqué par le canon remis en position. La chambre est hermétiquement fermée.

Le **bras d'armement** est un levier : il suffit d'un petit mouvement de la main sur le canon pour qu'il pousse le piston qui comprime le ressort.

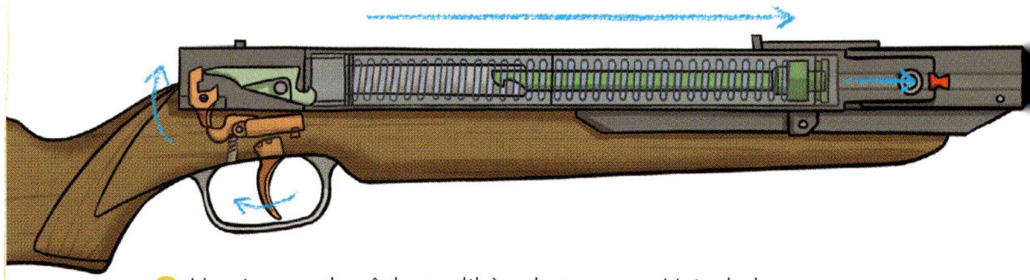

3. L'action sur la gâchette libère le **ressort**. L'air de la chambre se comprime. Le plomb est projeté par la **pression de l'air** s'échappant par le minuscule orifice.

73 Le simulateur

28 51

Pour bien simuler la réalité, il doit falloir un ordinateur très puissant ?

Bien sûr, Julia ! L'ordinateur doit être aussi très rapide pour pouvoir réagir instantanément à toutes les actions de l'utilisateur et exécuter les instructions du programme où tout a été prévu.

Initialement développées pour l'apprentissage du pilotage, ces attractions simulent la conduite dans un environnement virtuel.

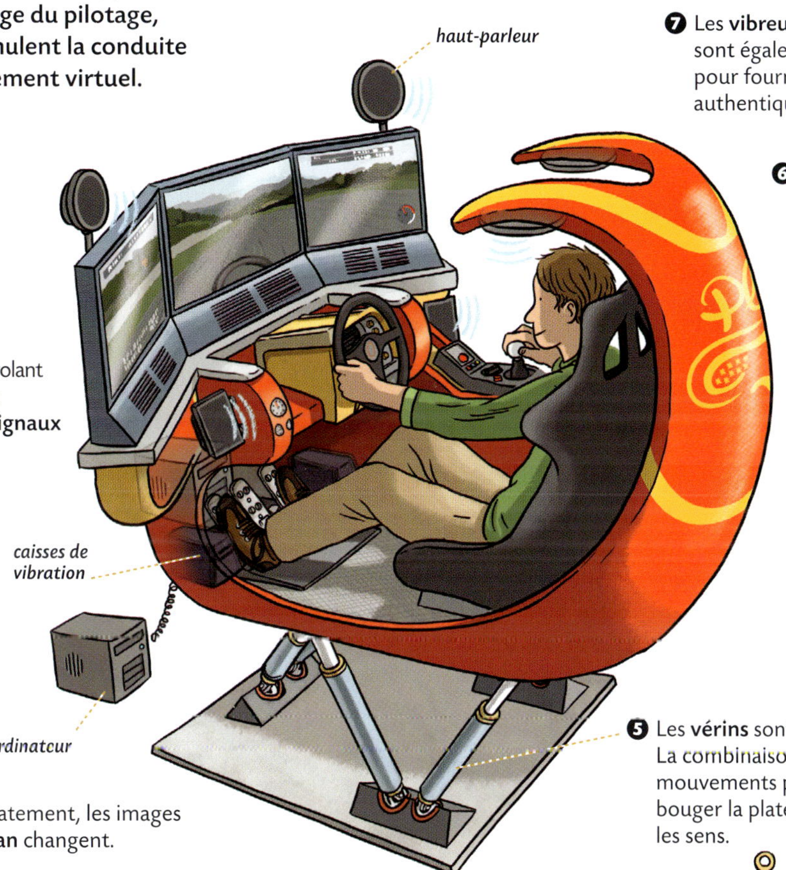

❶ Sur l'écran panoramique, les **images de synthèse** reconstituent l'environnement.

❷ Les actions sur le volant et les pédales sont transformées en **signaux électriques**.

❸ L'**ordinateur** reçoit ces signaux électriques et les traite selon son programme.

❹ Immédiatement, les images de l'**écran** changent.

❺ Les **vérins** sont actionnés. La combinaison de leurs mouvements permet de bouger la plateforme dans tous les sens.

❻ Simultanément, les **haut-parleurs** et les caisses de vibration sont activés.

❼ Les **vibreurs** du volant et du siège sont également commandés pour fournir des impressions authentiques.

QUESTION de PRINCIPE — Le vérin hydraulique

Pour lever une benne de camion, pour pousser des cartons sur une chaîne d'emballage, pour animer un manège... on utilise des vérins. Un vérin hydraulique est un tube dans lequel se déplace une tige et un piston poussés par de l'huile sous pression.

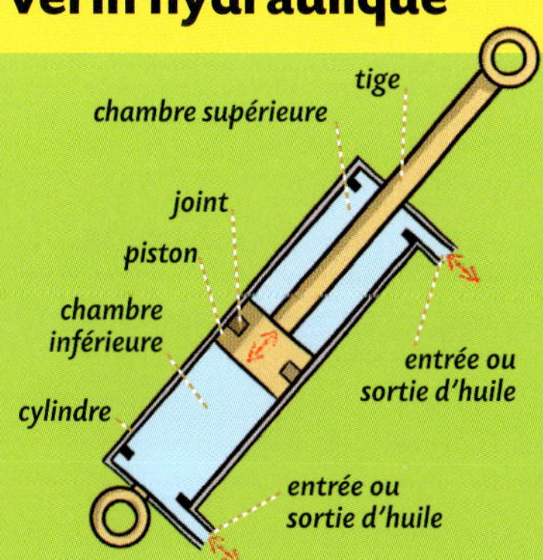

Le **distributeur** dirige l'huile comprimée par une pompe dans l'une des deux chambres. L'huile sous pression pousse le **piston** : la **tige** descend ou monte, l'huile de l'autre chambre est expulsée vers le distributeur. Le siège se baisse ou monte.

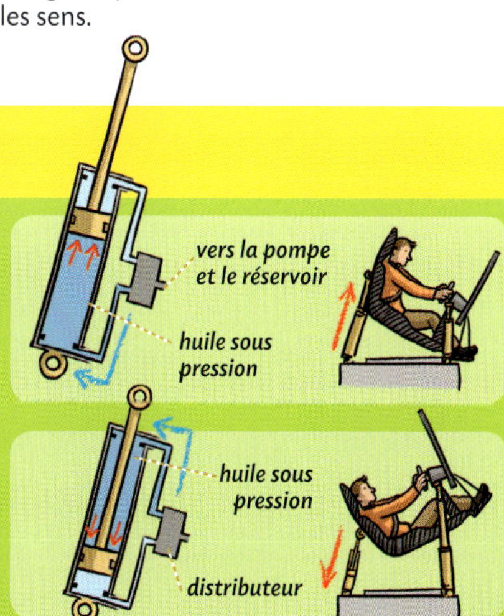

74 Les instruments à cordes

Ce sont les vibrations **des cordes qui font les sons, Pr Colza ?**

Tout à fait, Julia. **Toutefois, la façon de faire vibrer les cordes est différente selon qu'il s'agit d'un piano, d'un violon ou d'une guitare : selon les instruments, les cordes sont frappées, frottées ou pincées.**

❶ piano

Lorqu'on appuie sur une touche, le marteau frappe une, deux ou trois cordes (selon les notes) qui se mettent à vibrer. Dès que la touche est relâchée, l'étouffoir arrête la vibration.

❸ Les **chevalets**, des pièces de bois, transmettent les vibrations à la table d'harmonie.

❹ La **table d'harmonie,** une feuille de bois, amplifie ces vibrations. Les notes sont produites.

❶ Les **cordes en acier** sont tendues sur un cadre.

❷ Les **marteaux** frappent les cordes qui vibrent.

Le **clavier** est généralement constitué de 88 touches (52 blanches et 36 noires).

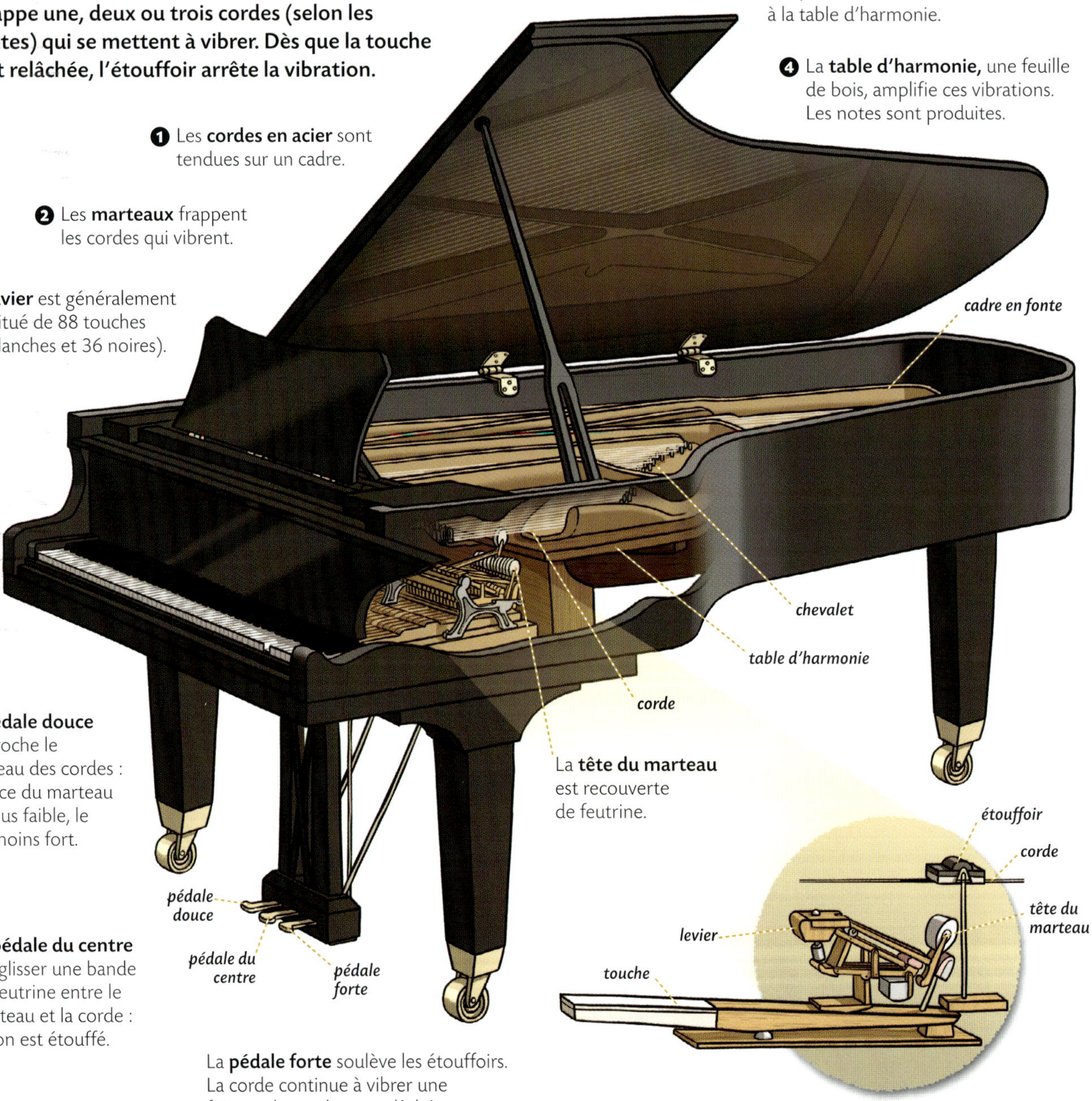

La **tête du marteau** est recouverte de feutrine.

La **pédale douce** rapproche le marteau des cordes : la force du marteau est plus faible, le son moins fort.

La **pédale du centre** fait glisser une bande de feutrine entre le marteau et la corde : le son est étouffé.

La **pédale forte** soulève les étouffoirs. La corde continue à vibrer une fois que la touche est relâchée.

2 violon

Le frottement de l'archet sur une ou plusieurs des quatre cordes produit des vibrations qui sont amplifiées par la caisse de résonance.

AU VIOLON, ON PEUT AUSSI PINCER LES CORDES, COMME SUR UNE GUITARE. CE SONT LES PIZZICATI !

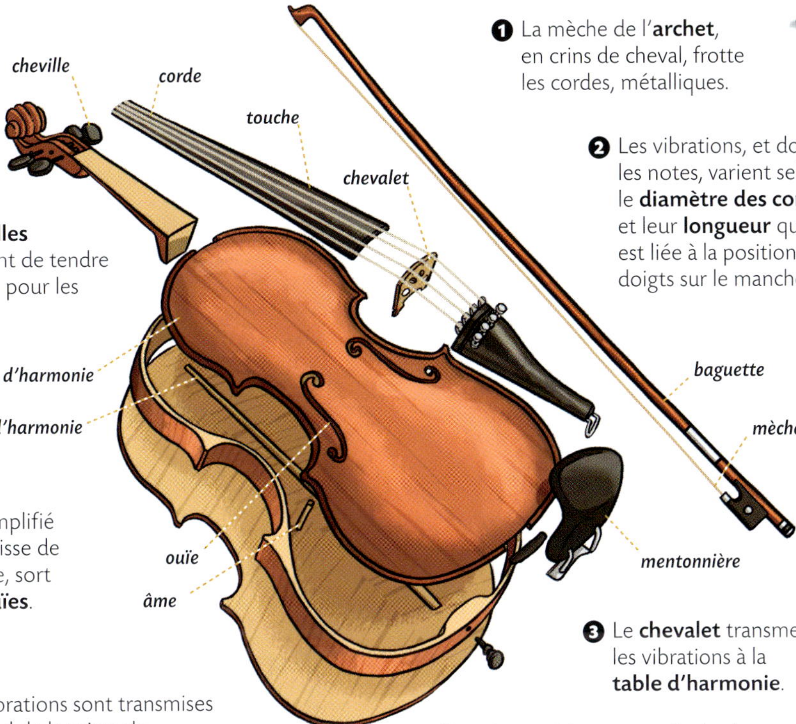

1 La mèche de l'**archet**, en crins de cheval, frotte les cordes, métalliques.

2 Les vibrations, et donc les notes, varient selon le **diamètre des cordes** et leur **longueur** qui est liée à la position des doigts sur le manche.

Les **chevilles** permettent de tendre les cordes pour les accorder.

6 Le son, amplifié dans la caisse de résonance, sort par les **ouïes**.

3 Le **chevalet** transmet les vibrations à la **table d'harmonie**.

5 Les vibrations sont transmises au fond de la caisse de résonance par l'**âme**, un tout petit morceau de bois.

4 La **barre d'harmonie** facilite la propagation des sons à l'intérieur de la caisse de résonance.

ANECDOTE

Vers 1650, un érudit allemand, Athanasius Kircher, avait imaginé un « orgue à chats ». Les chats étaient rangés dans des boîtes disposées selon la hauteur de leur miaulement. Lorsqu'on appuyait sur une touche, on pinçait la queue d'un chat… qui miaulait la note adéquate !

EXPÉRIENCE

La hauteur des sons dépend du diamètre et de la longueur des cordes. Ainsi, une grosse corde vibre moins vite et produit un son plus grave. Vérifie-le par toi-même en tendant des bracelets élastiques sur une boîte.

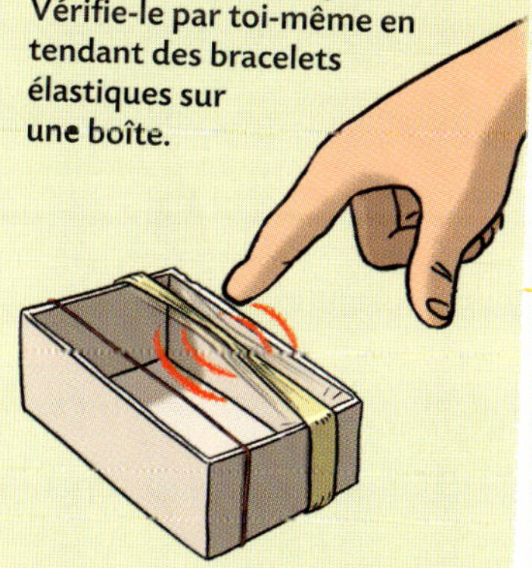

3 guitare électrique

Dans une guitare électrique, il n'y a pas de caisse de résonance, mais des micros qui transforment la faible onde sonore en un signal électrique, ensuite amplifié.

La guitare est un instrument à **cordes pincées**. Les doigts du musicien serrent les **frettes** pour produire les différentes notes.

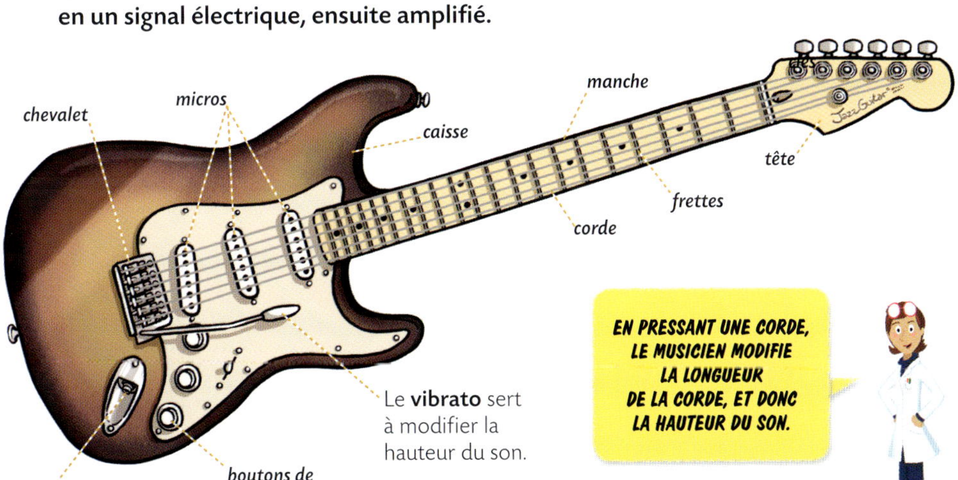

Le **vibrato** sert à modifier la hauteur du son.

EN PRESSANT UNE CORDE, LE MUSICIEN MODIFIE LA LONGUEUR DE LA CORDE, ET DONC LA HAUTEUR DU SON.

LE + DU Pr SIPHON

La sonorité des Stradivarius, qui a fait leur renommée, serait liée à la qualité du bois utilisé au début du 18e siècle, et peut-être à l'effet d'un traitement chimique contre les moisissures.

75 Les instruments à vent

Comment produit-on des sons **en soufflant dans un instrument à vent ?**

Les instruments à vent **sont des sortes de tuyaux percés. En bouchant des trous avec ses doigts ou avec des clés, ou en actionnant des pistons, le musicien modifie la colonne d'air, et donc le son.**

1 trompette

La vibration de l'air, produite par les lèvres, se propage dans la tubulure, de l'embouchure jusqu'au pavillon.

3 En actionnant les trois **pistons,** on peut jouer sept notes supplémentaires.

1 Par son souffle, le trompettiste fait vibrer l'air dans la cuvette de l'**embouchure**.

2 En faisant varier la **pression de l'air** au niveau des lèvres, on multiplie les possibilités harmoniques.

4 Grâce à sa forme, le **pavillon** amplifie les vibrations de l'air.

DANS UN INSTRUMENT À VENT, PLUS LA COLONNE D'AIR EST LONGUE, PLUS LE SON EST GRAVE.

Une trompette a une **tubulure** de diamètre constant, ce qui la distingue du clairon ou du cornet, dont les tubes s'élargissent peu à peu.

On peut introduire une **sourdine** dans le pavillon. On diminue alors l'intensité sonore et on modifie le timbre.

LE FONCTIONNEMENT DES PISTONS

Lorsqu'un **piston** est enfoncé, la longueur de la **colonne d'air** et la vibration de l'air sont modifiées.

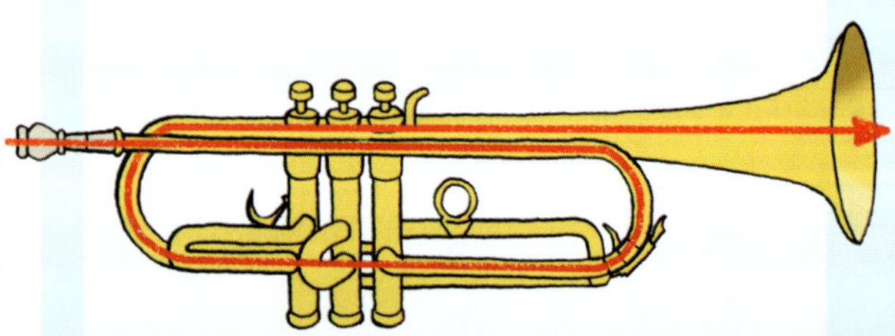

Le piston est **levé**, la soupape est fermée. L'air ne passe pas dans le coude.

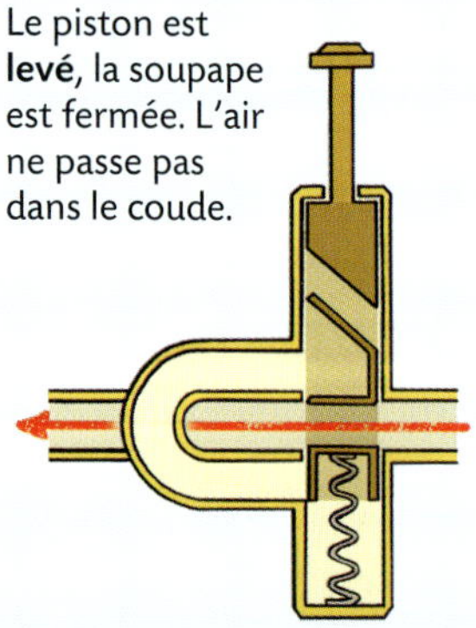

Le piston est **enfoncé**, la soupape est ouverte. L'air passe dans le coude. La colonne d'air s'en trouve allongée. Le son est plus grave.

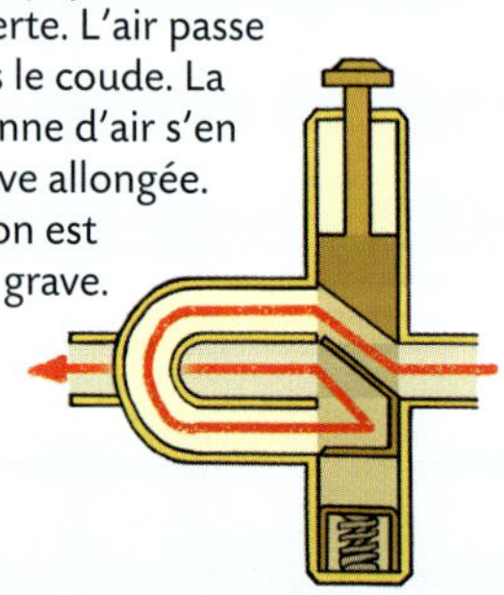

❷ saxophone

Le bec porte une anche, une mince membrane qui vibre et fait vibrer la colonne d'air dans l'instrument.

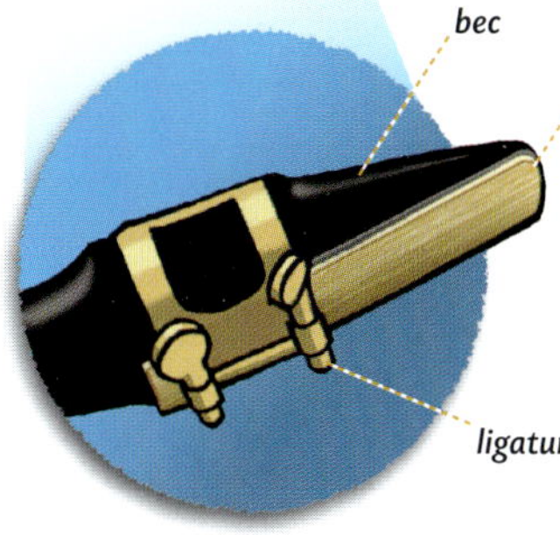

Le **corps** du saxophone, conique, est en laiton.

Le souffle du saxophoniste fait vibrer l'**anche** en roseau contre la table du bec.

Des **tiges** relient les clefs aux tampons qui ferment les trous.

Les **clefs** commandent l'ouverture ou la fermeture des trous. Il y en a une vingtaine.

En ouvrant ou fermant les trous, le saxophoniste modifie la longueur de la **colonne d'air**.

La longueur du tube impose des **formes repliées**. Dans la famille des saxophones, seul le soprano, plus aigu et donc moins long, est droit.

❸ flûte traversière

Elle fonctionne comme un sifflet : l'air qui heurte le biseau disposé à l'embouchure vibre.

Pour jouer dans le **registre aigu**, le flûtiste modifie l'angle d'attaque et la pression de l'air sur l'embouchure.

Les **clefs** ferment les trous.

Les **doigtés**, c'est-à-dire la position ouverte ou fermée des clefs, donnent les différentes notes.

La **patte d'ut** permet au petit doigt de la main droite, en fermant ces clefs, de descendre jusqu'au do grave.

ON LA TIENT PERPENDICULAIREMENT PAR RAPPORT AU CORPS, D'OÙ SON NOM DE TRAVERSIÈRE.

DANS UN HAUTBOIS, IL Y A DEUX ANCHES QUI VIBRENT ET FONT VIBRER L'AIR.

AUTREMENT

Un accordéon est composé d'un soufflet qui aspire et expire l'air. Les touches ouvrent les passages dans lesquels l'air fait vibrer une anche. C'est comme un harmonica mécanique.

DEVINETTE

Une flûte de pan n'a pas de trous. Comment sont produites les différentes notes ?

Grâce aux longueurs différentes des tubes : plus le tuyau est long, plus la note est grave.

LE + DU Pr COLZA

L'air des poumons, du larynx, de la bouche et de l'instrument à vent constitue une colonne d'air. Les musiciens font corps avec leur instrument et jouent avec leurs muscles pour obtenir des sonorités extraordinaires.

Le synthétiseur

31 37

Comment fait-on de la musique avec ce piano sans cordes, Pr Colza ?

C'est un instrument numérique **avec une banque de sonorités en mémoire. Les boutons et les touches du clavier commandent la lecture des notes selon les instruments, les accompagnements, les rythmes...**

Sous le clavier, différents composants stockent les échantillons sonores, mélangent les sons et créent des effets sonores.

❶ L'instrument (piano, violon...) et l'accompagnement sont sélectionnés grâce aux **boutons** de la console.

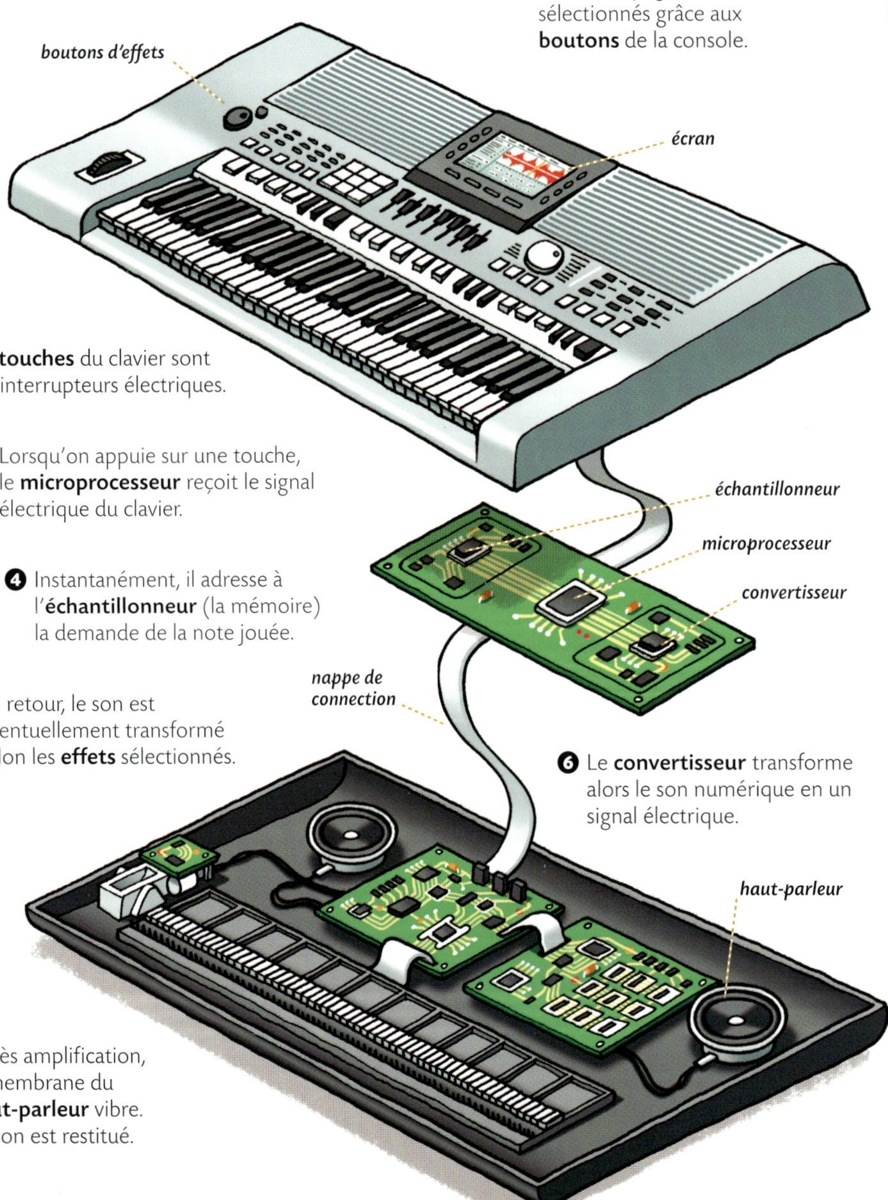

❷ Les **touches** du clavier sont des interrupteurs électriques.

❸ Lorsqu'on appuie sur une touche, le **microprocesseur** reçoit le signal électrique du clavier.

❹ Instantanément, il adresse à l'**échantillonneur** (la mémoire) la demande de la note jouée.

❺ En retour, le son est éventuellement transformé selon les **effets** sélectionnés.

❻ Le **convertisseur** transforme alors le son numérique en un signal électrique.

❼ Après amplification, la membrane du **haut-parleur** vibre. Le son est restitué.

AUTREMENT

Pour mélanger les sons numériques avec la musique des disques en vinyle, les DJ utilisent des ordinateurs plutôt que des synthétiseurs. Pas besoin de clavier !

AUTREFOIS

Les orgues de barbarie utilisent aussi des musiques en mémoire. La manivelle actionne un soufflet tout en faisant avancer le carton dont les trous ouvrent les tuyaux au passage de l'air.

LE + DU PR SIPHON

Un synthétiseur virtuel est un logiciel qui permet de composer des musiques, de les arranger et de les mélanger. C'est la MAO, la Musique Assistée par Ordinateur.

77 Le son

64 74 75 24 31

Tout ce qui vibre produit un son : **les cordes vocales, les cordes d'une guitare, l'air dans un sifflet, la membrane d'un tambour, la rotation d'un moteur… Ces vibrations se propagent dans l'air, dans l'eau, dans les métaux… sous forme d'ondes jusqu'aux oreilles ou tout autre récepteur.**

1 Dans l'air, la propagation du son correspond au **déplacement d'une onde**, de molécule en molécule, selon des tranches d'air dilatées et comprimées.

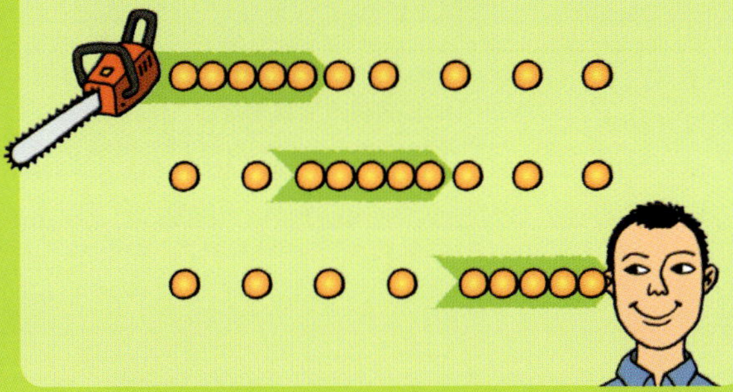

2 Les sons sont caractérisés par leur **volume** (plus ou moins fort), leur **tonalité** ou leur fréquence (grave, médium, aigu), leur **timbre** (distinction entre le « la » d'une trompette et le « la » d'une harpe) et leur **durée** (coup de tonnerre ou bruit ambiant). La musique est un mélange harmonieux de multiples sons.

3 Les **fréquences**, exprimées en hertz (Hz), correspondent aux notes en musique : l'air ou la corde de l'instrument vibre plus ou moins vite. Certains sons, les **infrasons** et les **ultrasons**, ne sont pas audibles par l'homme mais par certains animaux.

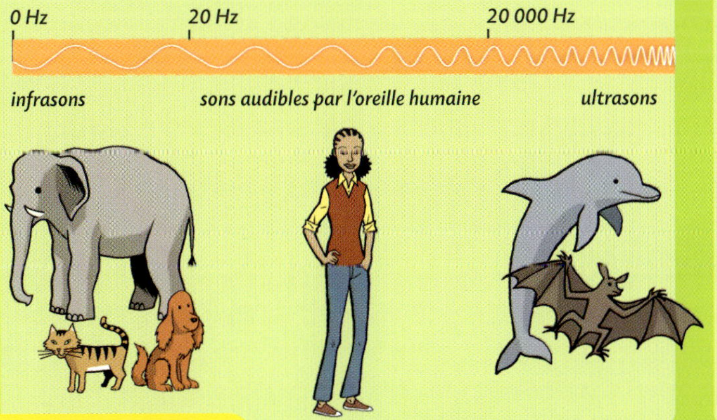

4 Le **volume sonore** se mesure en décibels (dB) sur une échelle de bruits. L'exposition régulière à des sons de haut niveau sonore peut rendre sourd.

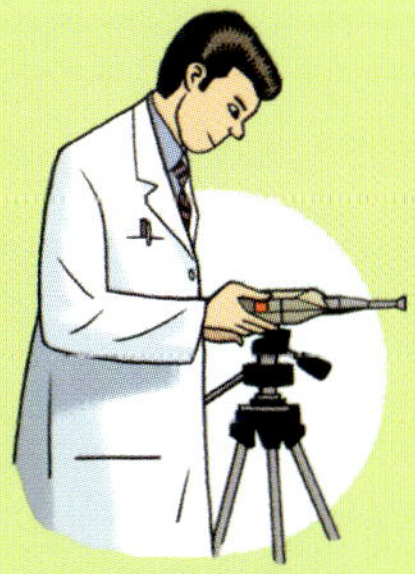

Le **sonomètre** permet de mesurer la pollution sonore.

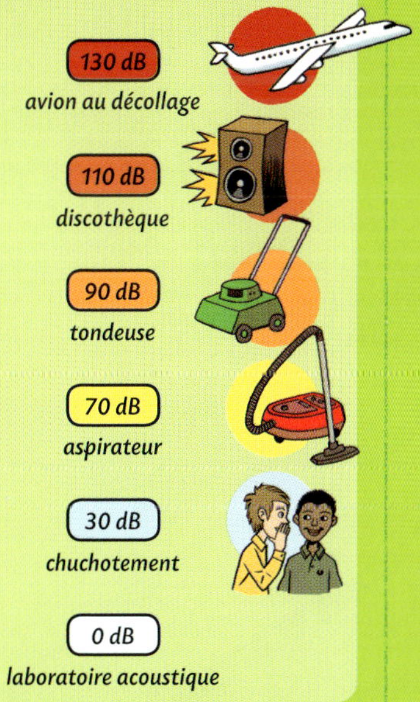

Applications

Les ultrasons, ces ondes sonores inaudibles, sont utilisés dans de nombreux domaines, notamment la médecine.

LE GEL, SUR LE VENTRE DE LA MAMAN, PERMET DE CHASSER L'AIR, QUI DÉFORMERAIT LES SONS !

L'**échographie**, cette technique d'imagerie médicale, a recours aux ultrasons : la sonde, composée de plusieurs dizaines de petits micros qui vibrent, envoie des ultrasons. Le corps du bébé en renvoie les échos traduits en images par un ordinateur.

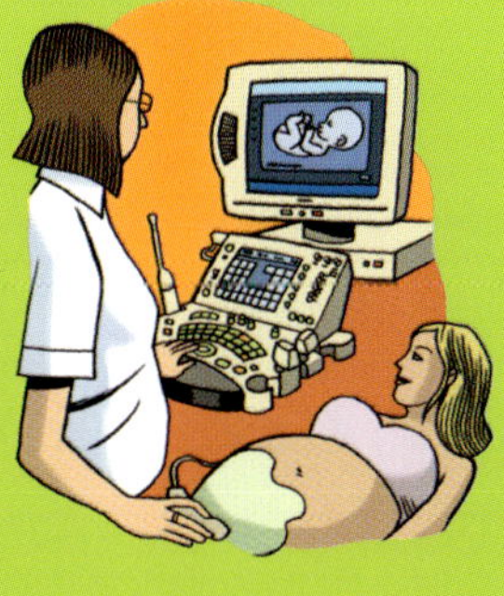

Comme le son est une vibration mécanique élastique qui se transmet, on peut **nettoyer des lunettes** dans un bac dont l'eau vibre grâce à des ultrasons.

On se sert aussi des ultrasons pour **chasser certaines espèces nuisibles** comme les moustiques ou les souris, qui les entendent.

Le cerf-volant

***Comment pilote-t-on* un cerf-volant, Pr Siphon ?**

***Le cerf-volant* évolue dans une fenêtre de vol, un quart de sphère déterminé par la longueur des lignes. En tirant sur les lignes, tu modifies la prise au vent du cerf-volant, et donc son équilibre. Il vire à ta guise.**

❶ cerf-volant acrobatique

Tout cerf-volant tient en l'air grâce aux effets du vent sur sa voilure maintenue inclinée.

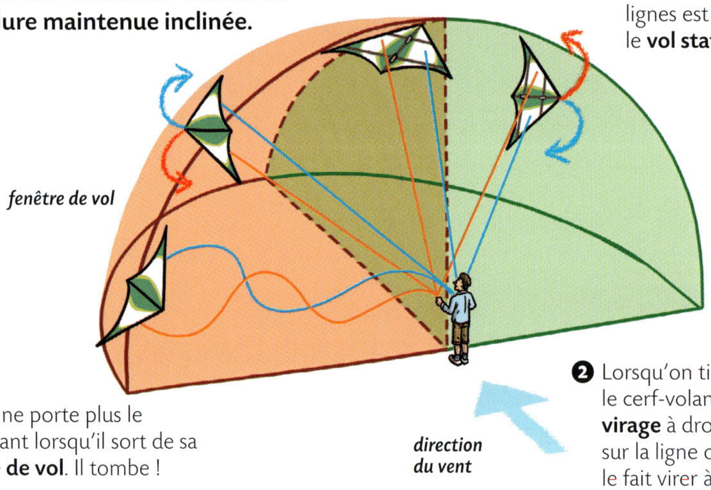

❶ Au zénith, le cerf-volant est en équilibre face au vent. La traction des deux lignes est identique. C'est le **vol stationnaire**.

❷ Lorsqu'on tire la ligne bleue, le cerf-volant amorce un **virage** à droite. En tirant sur la ligne orange, on le fait virer à gauche.

❸ Le vent ne porte plus le cerf-volant lorsqu'il sort de sa **fenêtre de vol**. Il tombe !

❷ kitesurf

Située à une vingtaine de mètres, un cerf-volant propulse le planchiste.

La **structure gonflable** de l'aile, ou kite, permet le décollage sur l'eau.

Les deux **lignes arrière** assurent la direction.

Les **lignes avant** modifient son inclinaison par rapport au vent.

Un dispositif de **sécurité** permet de larguer l'aile en cas de problème.

L'aile est fixée au surfeur par un **harnais.** Ainsi, ses bras n'ont pas à supporter toute la puissance de l'aile.

Le surf est une **planche symétrique** qui permet de naviguer dans les deux sens sans avoir à bouger les pieds.

AUTREFOIS

Né en Chine il y a plus de 2 000 ans, le cerf-volant a d'abord eu un usage militaire : il permettait de faire des signaux, de porter des messages ou encore d'évaluer les distances... Plus tard, il a également servi la science : c'est grâce au cerf-volant que Benjamin Franklin a inventé le paratonnerre !

ET DEMAIN ?

Aujourd'hui, certains cargos sont propulsés... grâce à des cerfs-volants ! La voile de 160 m² s'élève à 300 mètres d'altitude. Elle aide la propulsion du navire pesant 10 000 tonnes et permet d'économiser 20 % d'énergie.

AUTREMENT

Les cerfs-volants les plus simples ont une forme de losange et ne sont maintenus que par une seule ligne. Ils sont plats et constitués d'une toile tendue entre des piquets. La queue donne son équilibre au cerf-volant.

Le voilier

51 101

Comment faut-il manoeuvrer les voiles pour naviguer, Pr Colza ?

Les manoeuvres **dépendent de la force et de la direction du vent ! Il faut régler les voiles pour bénéficier des meilleurs effets de l'air tout en veillant à ne pas démâter ou chavirer.**

Le vent gonfle les voiles et propulse le bateau. Simultanément, l'eau agit sur la partie immergée.

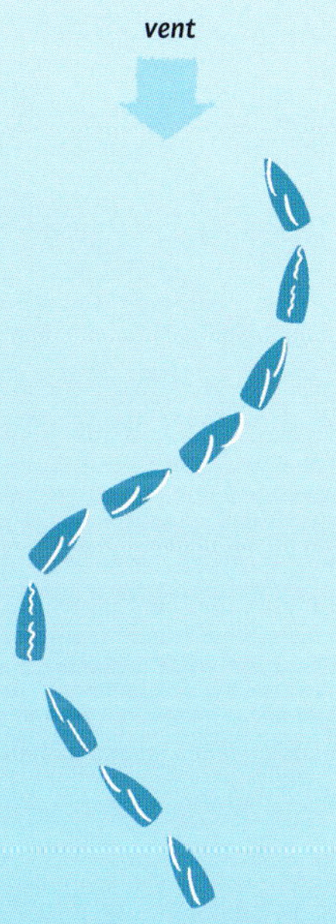

Face au vent, il faut louvoyer. Cela impose de nombreuses **manœuvres** pour virer de bord.

Le **palan** est indispensable pour régler la voilure.

Par leur **position**, les marins compensent la poussée du vent pour ne pas chavirer.

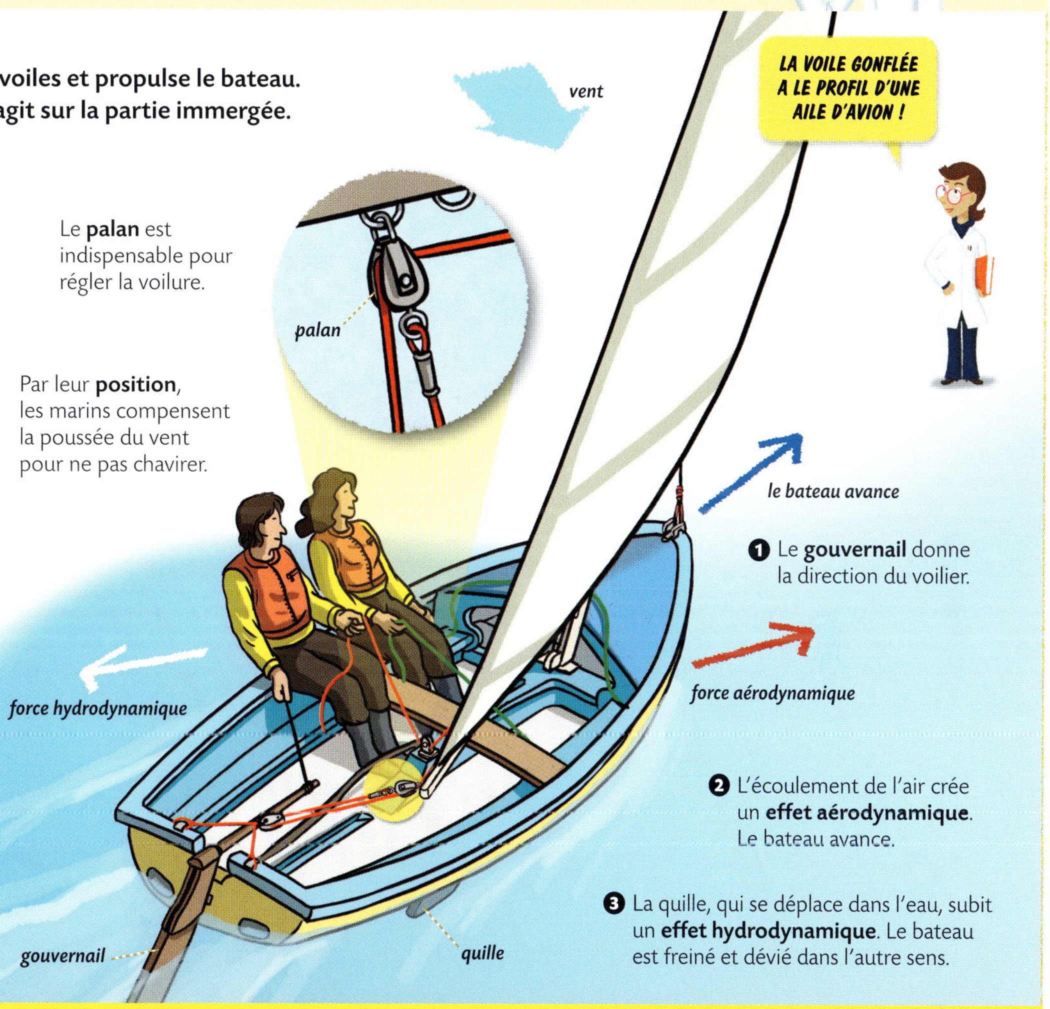

1. Le **gouvernail** donne la direction du voilier.
2. L'écoulement de l'air crée un **effet aérodynamique**. Le bateau avance.
3. La quille, qui se déplace dans l'eau, subit un **effet hydrodynamique**. Le bateau est freiné et dévié dans l'autre sens.

QUESTION de PRINCIPE

Le palan

Le palan est constitué d'une corde qui relie les poulies de deux rangées, l'une fixe et l'autre mobile. Il réduit l'effort nécessaire pour tendre les voiles.

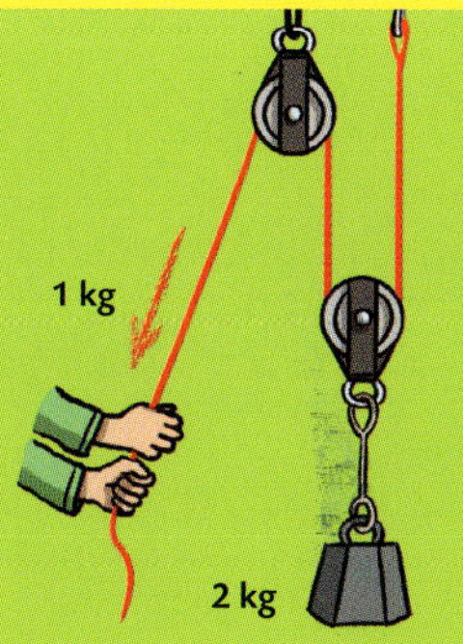

Un **palan à deux brins** est la combinaison de deux poulies. L'effort est divisé par deux et la longueur de corde multipliée par deux.

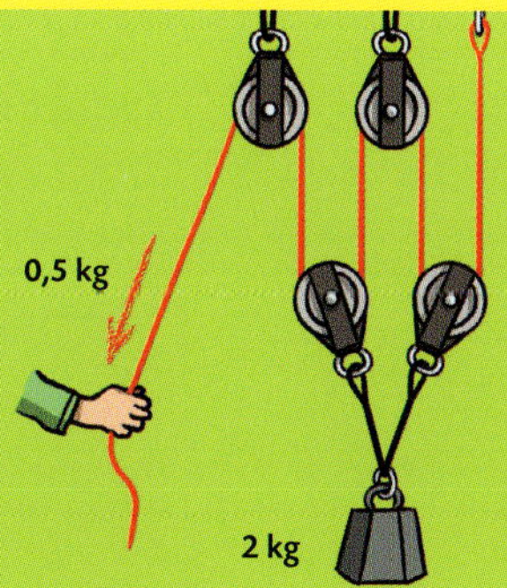

Un **palan à quatre brins** comporte quatre poulies. L'effort est divisé par quatre et la longueur multipliée par quatre. **Plus le nombre de poulies est grand, plus l'effort est divisé !**

80 Le scaphandre autonome

Qu'y a-t-il dans la bouteille de l'homme-grenouille, Pr Siphon ?

De l'air comprimé, Théo ! En transportant l'air dans des bouteilles, les plongeurs sont libres de leurs mouvements. Toutefois, respirer sous l'eau grâce à l'air comprimé reste une délicate affaire de pression. Le détendeur est la solution !

Pour respirer sous l'eau, la pression de l'air fourni doit être égale à la pression de l'eau. Les détendeurs ajustent la pression de l'air à celle de l'eau, qui augmente avec la profondeur.

Le **détendeur du masque** est composé de deux chambres séparées par un diaphragme mobile. La pression de l'eau et la pression de l'air sont identiques.

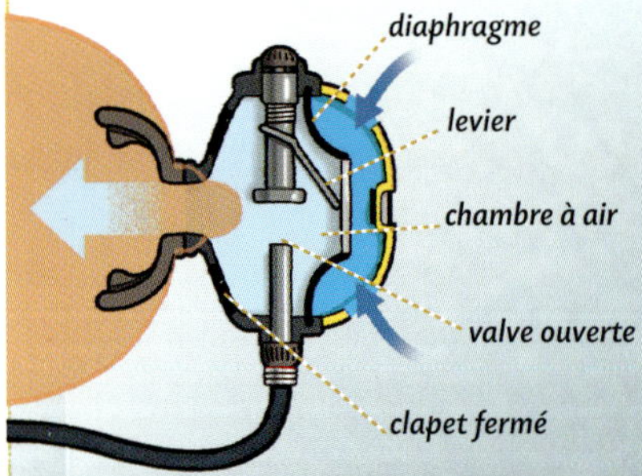

❶ **Le plongeur inspire** l'air de la chambre à air. Le mouvement du diaphragme entraîne le levier : la valve s'ouvre, l'air de la bouteille entre.

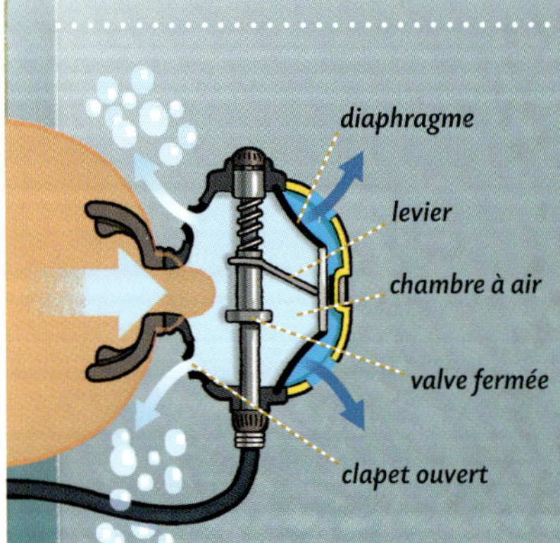

❷ **Le plongeur expire**. Le volume de la chambre à air augmente. Le mouvement du diaphragme ferme la valve tandis que les clapets sont poussés et laissent l'air s'échapper.

Le **débit** de l'air comprimé varie avec la pression de l'eau.

Dans le **tuyau**, l'air est moins comprimé que dans la bouteille.

Le **masque** est étanche. Il permet de garder les yeux ouverts grâce à l'air qu'il renferme.

La **torche sous-marine** permet de voir et d'être vu. Elle éclaire aussi les signes d'échange entre plongeurs.

Le **fusil de chasse** fonctionne à l'air comprimé. C'est un fusil pneumatique.

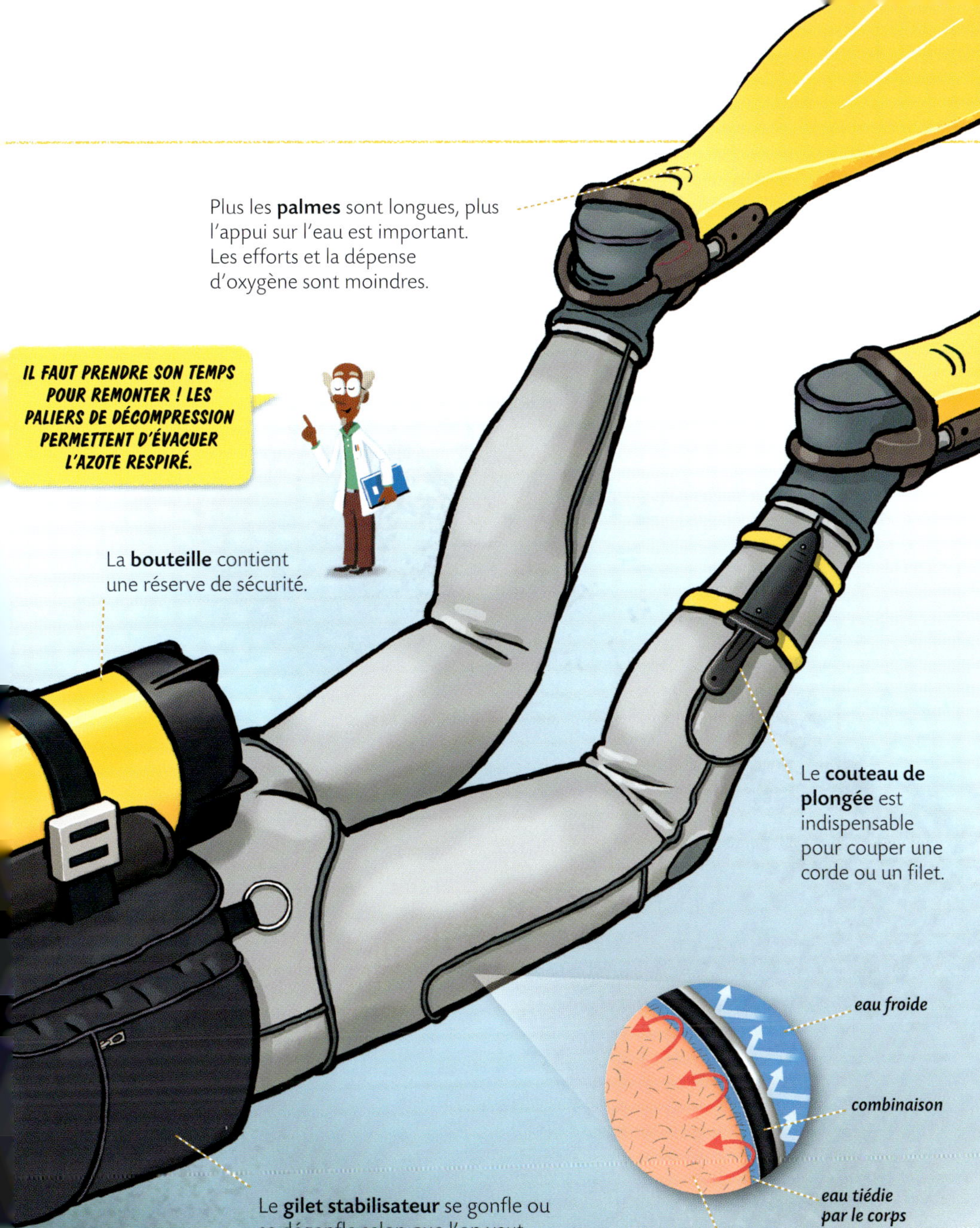

Plus les **palmes** sont longues, plus l'appui sur l'eau est important. Les efforts et la dépense d'oxygène sont moindres.

La **bouteille** contient une réserve de sécurité.

Le **couteau de plongée** est indispensable pour couper une corde ou un filet.

Le **gilet stabilisateur** se gonfle ou se dégonfle selon que l'on veut monter ou descendre. Ses poches sont lestées avec du plomb.

La **combinaison** en néoprène, une sorte de caoutchouc, protège du froid. Certaines ne sont pas étanches : la fine pellicule d'eau entre le corps et la combinaison est isolante.

Sous l'eau, le thorax et les poumons subissent la **pression de l'eau**. Plus on descend, plus les poumons sont comprimés.

L'**ordinateur de plongée** calcule le meilleur programme en tenant compte de la profondeur, de la température, du lieu, des bouteilles, des paliers de décompression…

ANECDOTE

Pour ne pas être repéré, le plongeur militaire utilise un modèle spécial qui ne fait pas de bulles : l'air expiré est recyclé chimiquement et peut alors être de nouveau inspiré !

AUTREFOIS

Les premiers scaphandres en métal étaient reliés par un tuyau à une pompe hors de l'eau. En 1943, l'ingénieur Gagnan et le commandant Cousteau perfectionnent le détendeur. Le scaphandre autonome est né.

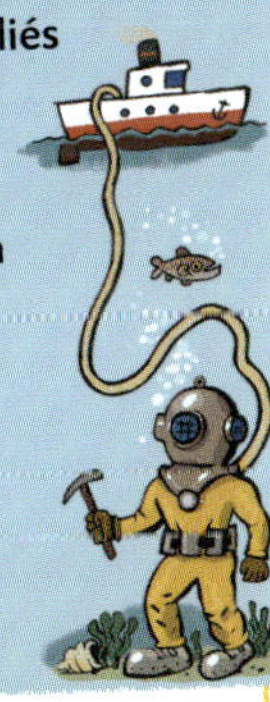

LE + DU PR SIPHON

Il faut descendre ou remonter en s'arrêtant régulièrement pour que l'azote dissous dans le sang ne se transforme pas en bulles de gaz. En effet, la décompression brutale de l'azote le ferait passer à l'état gazeux. Ces bulles peuvent entraîner la mort.

81 Les skis et les fixations

35

Les skis, **ce sont juste des planches qui glissent sur la neige, Pr Colza ?**

Autrefois, oui ! **Aujourd'hui, les skis et les fixations sont des produits de haute technologie qui permettent de concilier vitesse et confort. Mais sais-tu que les skis ne glissent pas vraiment sur la neige ?**

AVEC DES SKIS PARABOLIQUES, POUR TOURNER, IL SUFFIT D'INCLINER LÉGÈREMENT LES SPATULES ARRONDIES.

Les skis, en contact avec la piste, supportent le poids du skieur et les déformations du terrain.

Afin d'optimiser la pression sur la neige, on choisit la **longueur** de ses skis en fonction de son poids.

Sous la semelle, les **rainures** évacuent l'eau, comme les stries des pneus.

Les différentes **couches de matériaux** donnent légèreté, souplesse et résistance aux skis.

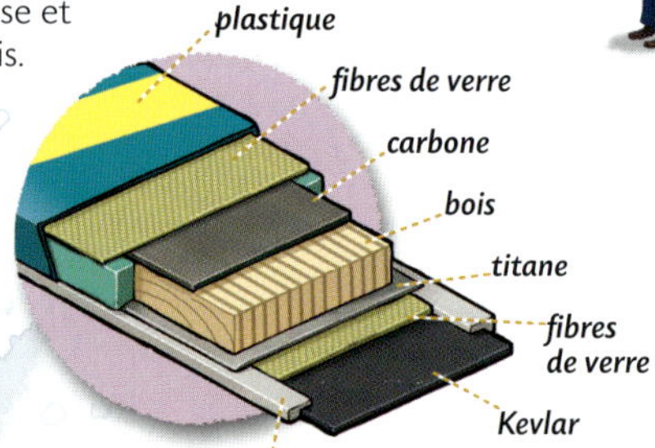

Pour s'arrêter, on se sert des **carres** en métal, qui accrochent la neige.

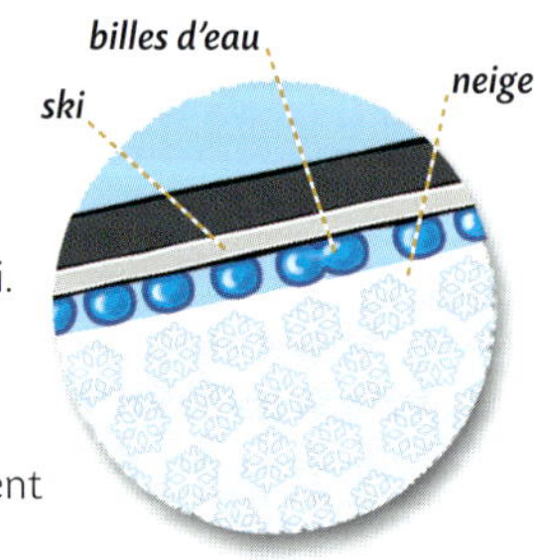

Le frottement sur la neige produit un **échauffement** du ski.

La neige fond et des **billes d'eau** se forment sous la semelle.

Les skis glissent sur ces minuscules billes d'eau.

1. Les fixations doivent pouvoir **se débloquer en cas de chute**. Pas assez serrées, elles se détachent au moindre mouvement. Trop tendues, elles restent bloquées et c'est le genou qui encaisse le choc.

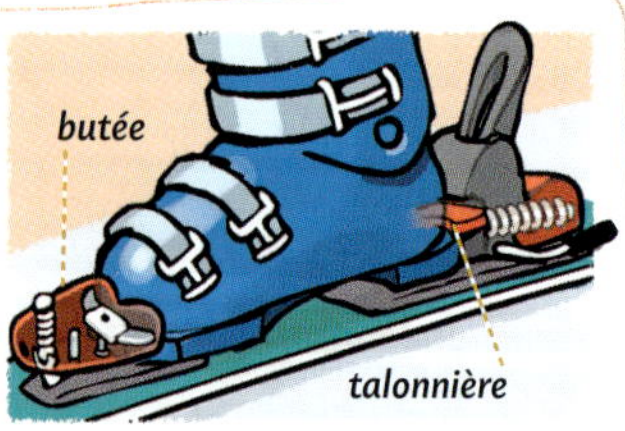

2. Les fixations maintiennent le talon et la pointe de la chaussure plus ou moins serrés selon le **réglage des ressorts**.

3. En cas d'écart important, la **butée** permet à la chaussure de tourner sur le ski et d'être détachée.

4. En cas de choc ou d'arrêt brusque, la **talonnière** recule, l'**étrier** se relève. Le talon de la chaussure est libéré.

5. Lorsque le skieur déchausse, les **freins**, des étriers métalliques, empêchent le ski de glisser sur la neige.

La dameuse et le canon à neige

La neige projetée sur les pistes, c'est de l'eau gelée, Pr Siphon ?

Eh oui, Julia ! L'idée est simple : on pulvérise des gouttelettes d'eau dans de l'air froid pour qu'elles gèlent. La neige des pistes est ensuite damée pour devenir skiable.

1 canon à neige

L'eau se transforme en neige au niveau du bec à condition que l'air soit froid et sec.

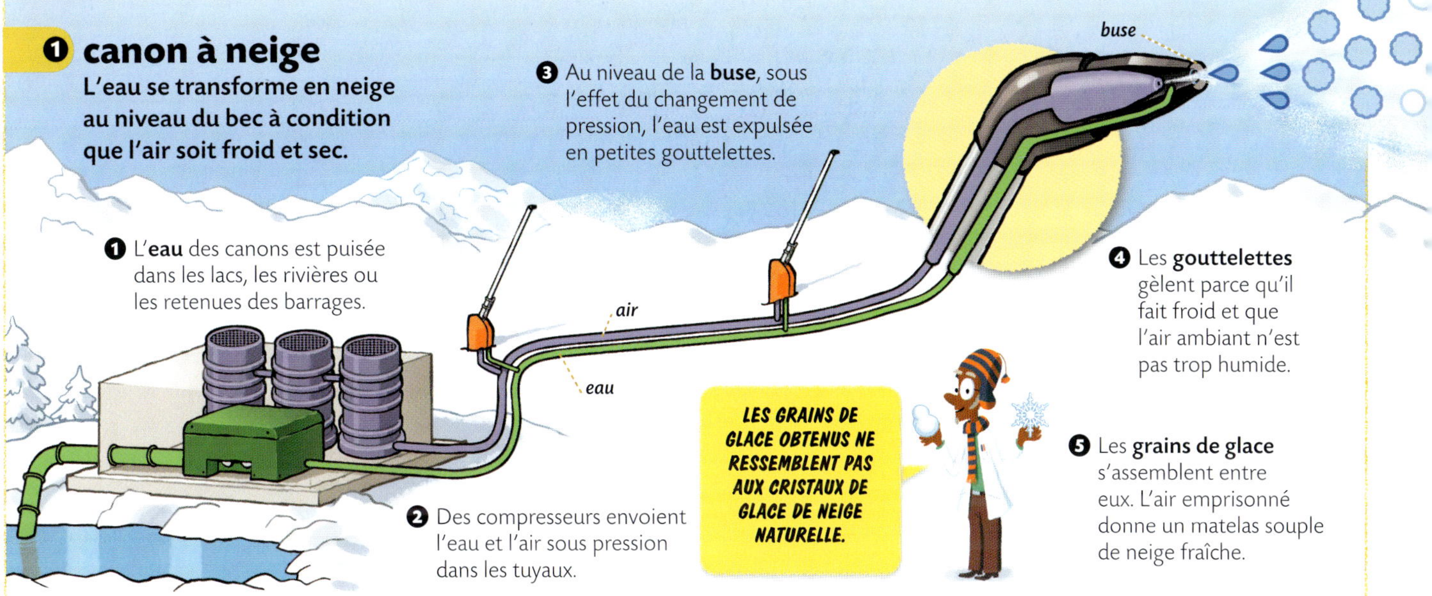

1 L'**eau** des canons est puisée dans les lacs, les rivières ou les retenues des barrages.

2 Des compresseurs envoient l'eau et l'air sous pression dans les tuyaux.

3 Au niveau de la **buse**, sous l'effet du changement de pression, l'eau est expulsée en petites gouttelettes.

4 Les **gouttelettes** gèlent parce qu'il fait froid et que l'air ambiant n'est pas trop humide.

5 Les **grains de glace** s'assemblent entre eux. L'air emprisonné donne un matelas souple de neige fraîche.

LES GRAINS DE GLACE OBTENUS NE RESSEMBLENT PAS AUX CRISTAUX DE GLACE DE NEIGE NATURELLE.

2 dameuse

Équipée de chenilles pour gravir les pentes, la dameuse prépare les pistes et façonne les virages pour le ski ou le snowboard.

1 La **lame** casse les bosses, pousse la neige et bouche les trous.

2 En tournant, la **fraise** concasse les blocs de glace et pulvérise la neige.

3 Le **lissoir** presse la neige et l'uniformise.

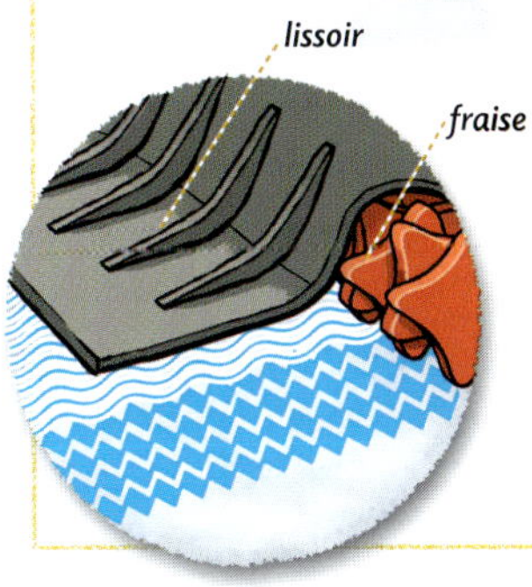

Le **réglage** de la vitesse et de la profondeur de la fraise est adapté à la qualité des pistes.

Sous les marques du lissoir, la neige est régulière. Plus la couche est fraisée profondément, plus le matelas est souple.

LA DAMEUSE TASSE LA NEIGE ?

OUI, MAIS JUSTE CE QU'IL FAUT ! **Très tassée, la neige est trop dure pour les skieurs ; très aérée, elle fond trop vite ! La dameuse concasse aussi les blocs de neige et assouplit le manteau neigeux.**

83 Le téléphérique et le télésiège

Comment tous ces engins **peuvent-ils se déplacer sur un fil, Pr Colza ?**

Grâce à des roulettes ! **Selon les engins, le nombre de câbles varie. Les téléphériques en utilisent trois ; les télécabines, les télésièges et les téléskis, un seul. Dans les engins monocâbles, on peut faire varier le nombre de cabines selon le public à transporter.**

1 téléphérique

Il utilise deux sortes de câbles : des câbles fixes sur lesquels roulent les roues de la cabine et des câbles mobiles qui la tractent.

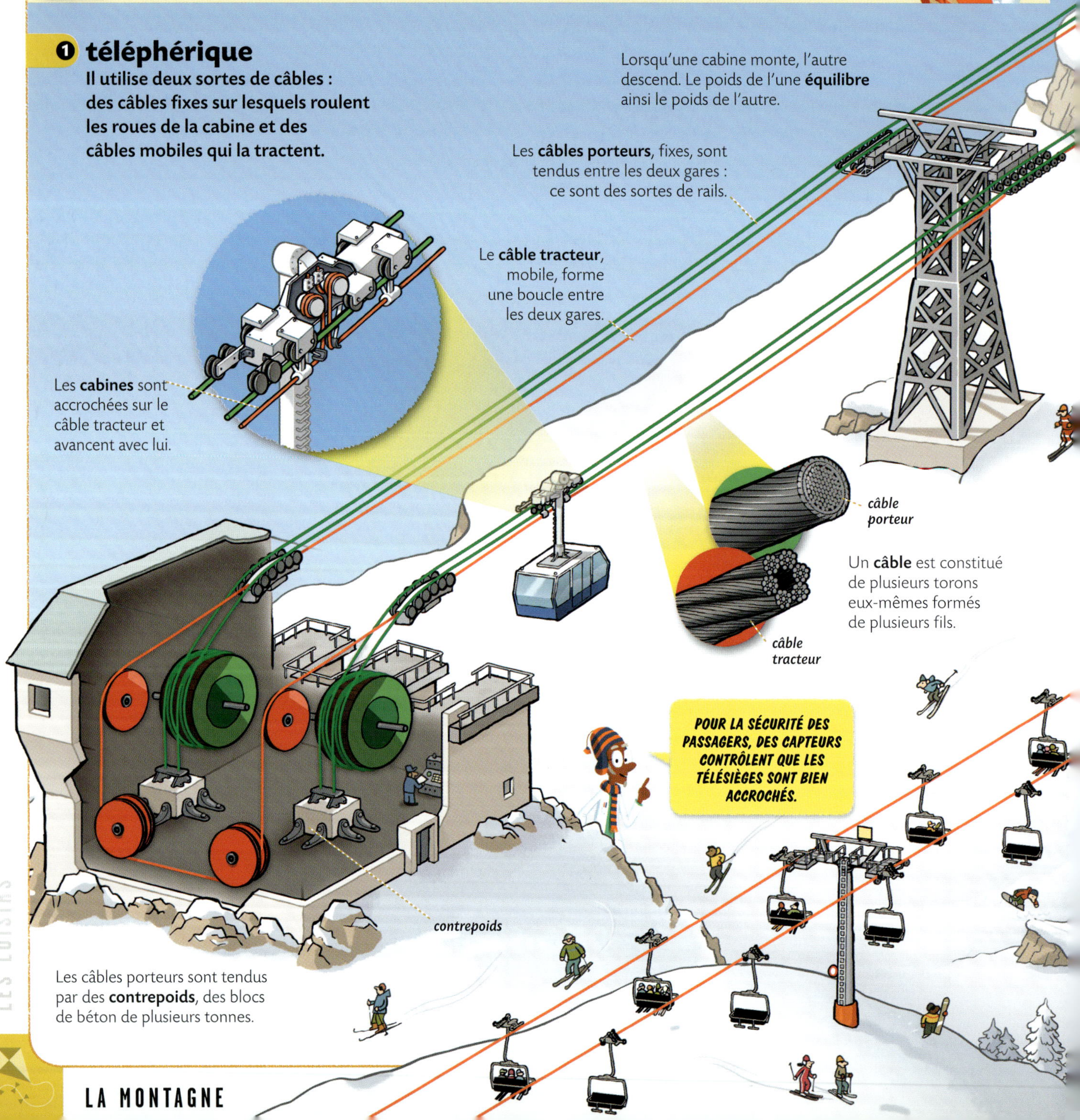

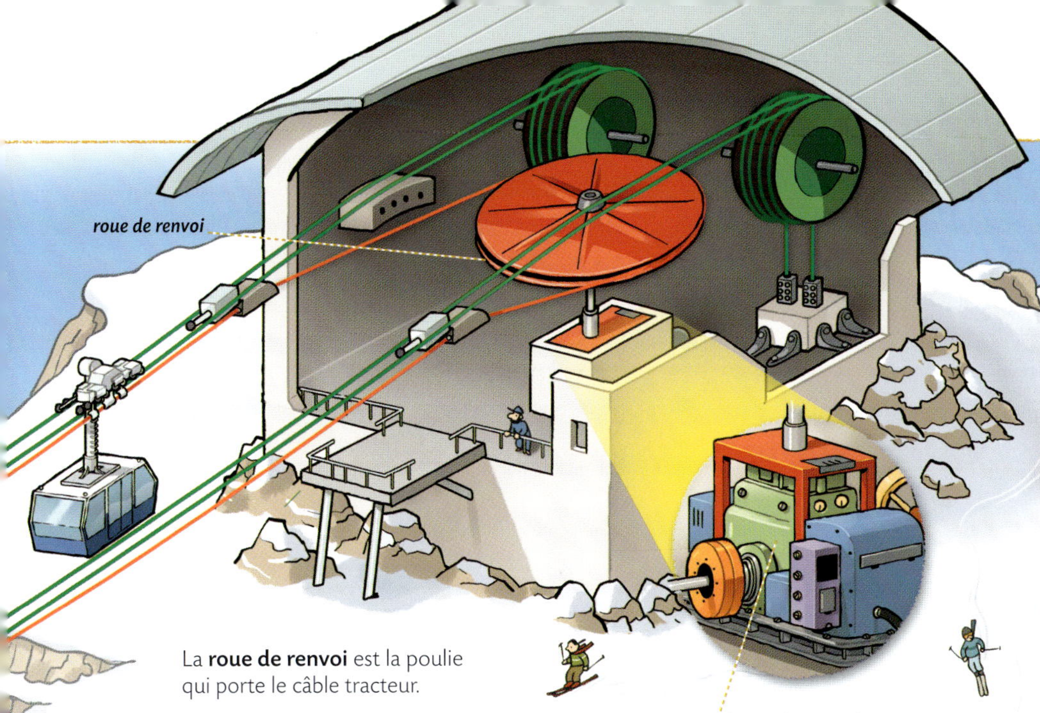

La **roue de renvoi** est la poulie qui porte le câble tracteur.

Un **moteur** puissant fait tourner la roue.

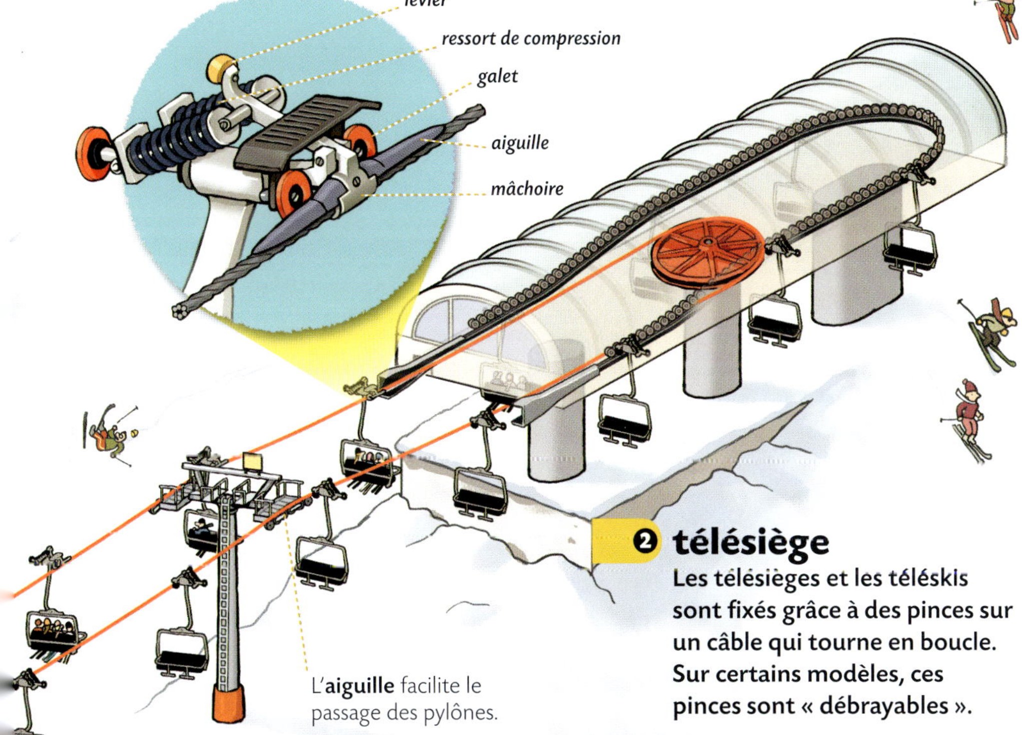

L'**aiguille** facilite le passage des pylônes.

❷ télésiège

Les télésièges et les téléskis sont fixés grâce à des pinces sur un câble qui tourne en boucle. Sur certains modèles, ces pinces sont « débrayables ».

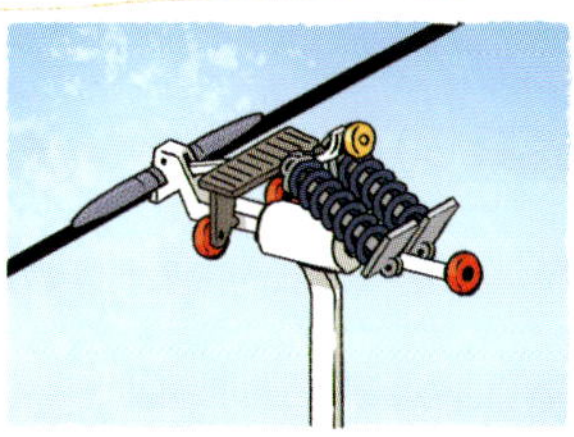

❶ Le **câble** est enserré entre les mâchoires de la pince. Deux puissants ressorts assurent le serrage.

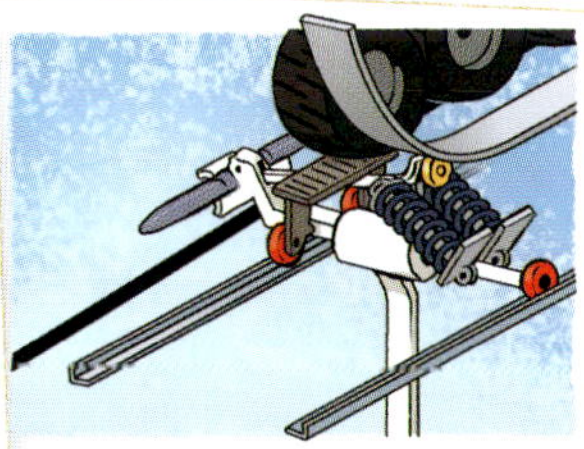

❷ À la gare d'arrivée, une pression sur le **levier** ouvre les mâchoires. Le siège est libéré, les galets roulent alors sur des **rails**.

❸ Les sièges avancent à **allure réduite** pour faciliter la descente des passagers, mais sans ralentir toute la ligne.

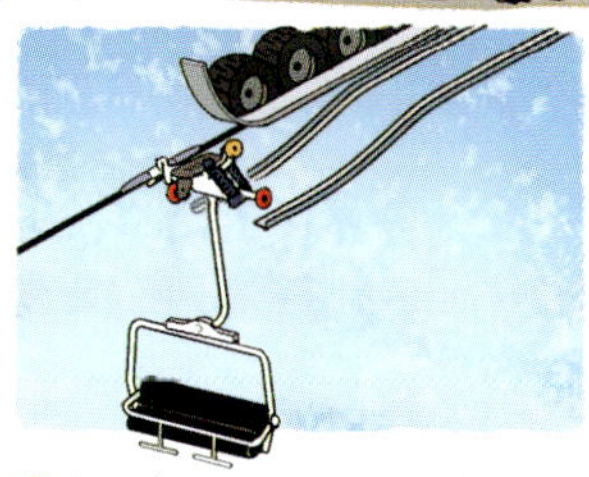

❹ Le siège est ensuite **réinséré** sur le câble. La ligne de télésièges poursuit ainsi le transport des passagers.

ANECDOTE

Vers 1900, les premiers skieurs ont d'abord été tractés collectivement par des télétraîneaux, puis individuellement par des téléluges. Vers 1930, les premiers téléskis ont permis de transporter davantage de skieurs, plus vite et plus haut.

AUTREMENT

Un funiculaire fonctionne aussi avec deux cabines tractées par un câble. Comme le poids de la cabine qui descend tire celle qui monte, la consommation d'énergie du moteur de traction du câble est limitée.

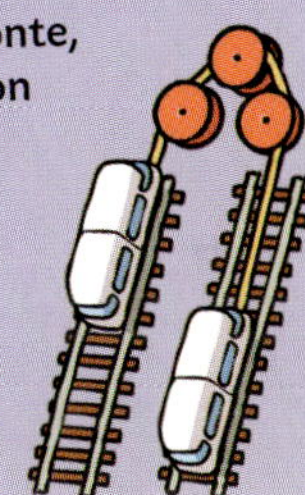

ET DEMAIN ?

La vitesse des télécabines, environ 30 km/h, est équivalente à celle des tramways. Pour gagner de l'espace, certaines villes étudient des projets de « télécabine urbaine », comme il en existe déjà à Rio ou Lisbonne.

La moisonneuse-batteuse

51 94 35

Comment cette machine sépare-t-elle les grains de blé de la paille, Pr Colza ?

Elle sépare les grains de la paille et les débarrasse de leurs écailles grâce à un mécanisme astucieux qui bat, secoue, ventile. Plus lourds que les poussières, les grains tombent dans un réservoir.

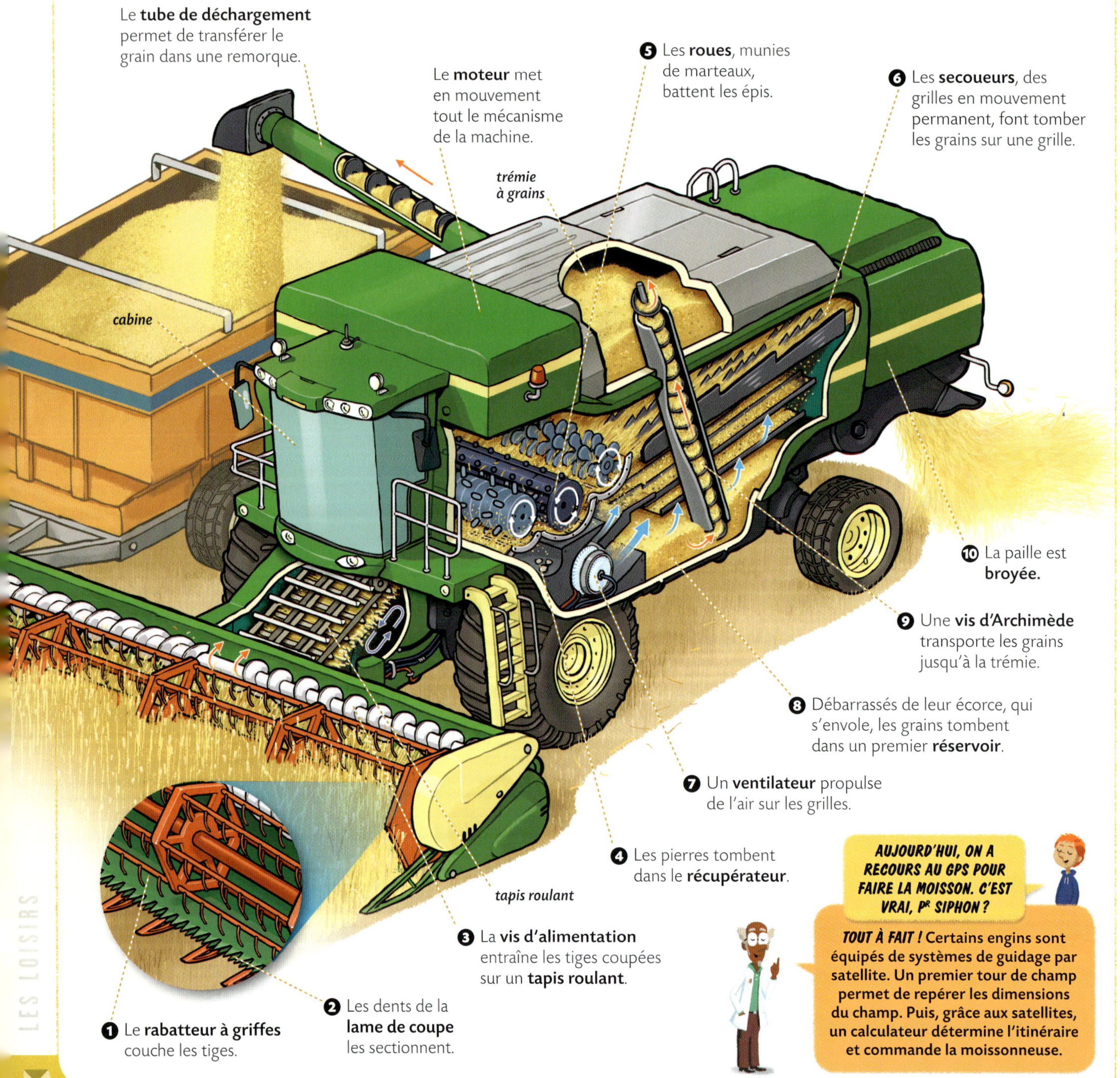

AUJOURD'HUI, ON A RECOURS AU GPS POUR FAIRE LA MOISSON. C'EST VRAI, Pr SIPHON ?

TOUT À FAIT ! Certains engins sont équipés de systèmes de guidage par satellite. Un premier tour de champ permet de repérer les dimensions du champ. Puis, grâce aux satellites, un calculateur détermine l'itinéraire et commande la moissonneuse.

La culture hors-sol

Comment les tomates peuvent-elles pousser sans terre, Pr Siphon ?

En fait, elles reçoivent tous les éléments nécessaires, Théo ! Les serres, automatisées, sont des usines de production agroalimentaire. Tout est calculé, mesuré, optimisé pour obtenir des tomates de qualité.

Les **chaudières** chauffent la serre, selon l'ensoleillement, pour maintenir une température constante.

Un **ordinateur** règle la distribution des éléments nutritifs, le chauffage, la composition de l'air…

Il communique aux **armoires de contrôle**, disposées dans la serre, les ordres de lancement et d'arrêt des ventilateurs, des robinets…

Au sol, des **films de plastique blanc** diffusent la lumière.

Les **tubes de chauffage** sont aussi des rails qui guident les wagonnets dédiés à la cueillette.

Une **ruche** est installée dans la serre pour que les bourdons assurent la pollinisation des plants.

Un **goutte-à-goutte** arrive à chacun des plants qui reçoit juste la quantité d'éléments nutritifs pour son développement.

EXPÉRIENCE

Pas besoin de terre pour faire pousser du cresson ! Il suffit de déposer les graines dans du coton mouillé, d'arroser un peu et de placer le pot dans un endroit chaud et lumineux. En quelques jours, les jeunes pousses apparaissent !

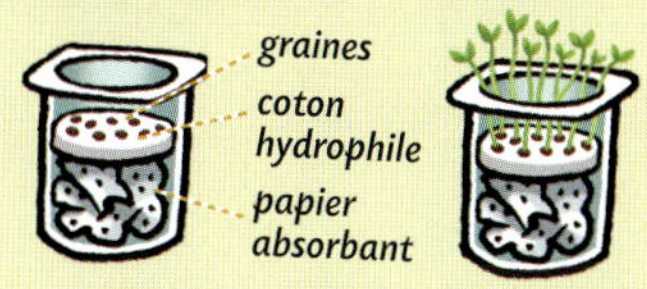

LE + DU PR SIPHON

Dans une serre, sous une cloche en verre comme dans une véranda, il fait chaud parce que l'air chauffé par le soleil est emprisonné et protégé du vent, mais aussi parce que le verre limite les pertes par rayonnement : c'est l'effet de serre.

SI J'AI BIEN COMPRIS, LA CHAUDIÈRE NE SERT PAS QU'À CHAUFFER ?

TOUT À FAIT, JULIA. ELLE PRODUIT AUSSI DU GAZ CARBONIQUE.
Ce gaz est diffusé dans la serre car il est indispensable à la croissance des tomates. Des réactions chimiques ont lieu dans leurs feuilles en présence de lumière : elles transforment le gaz carbonique en oxygène et produisent la matière organique. C'est la photosynthèse !

Le robot trayeur

87 3

C'est génial, un robot qui trait les vaches tout seul ! Mais comment fait-il ?

Piloté par un puissant ordinateur, un robot identifie chaque vache et s'adapte à sa morphologie. Grâce aux données en mémoire, il configure le bras mobile portant les gobelets trayeurs pour qu'ils se positionnent sous le pis.

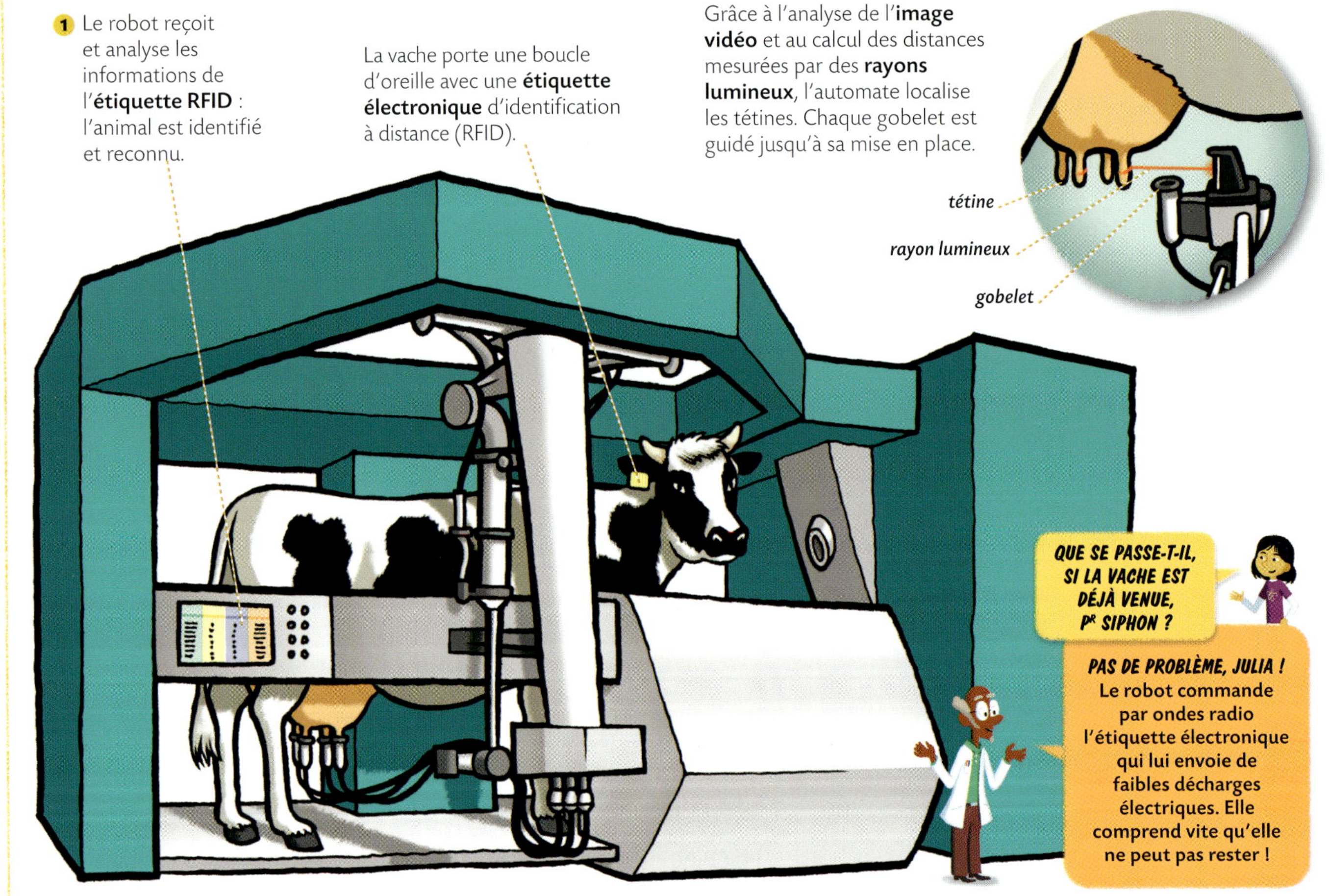

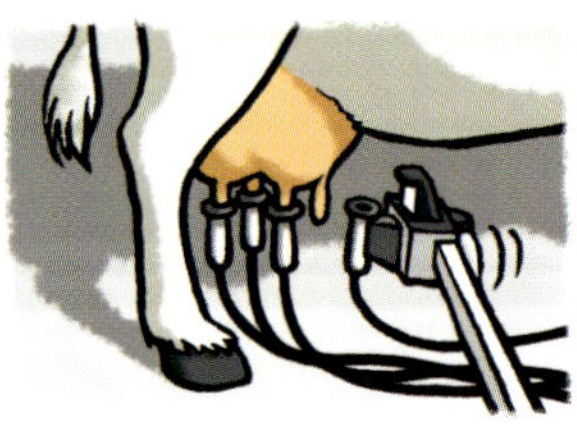

2 La vache s'installe. Ses tétines sont lavées, le **bras mobile** portant les gobelets se met en place. La traite commence.

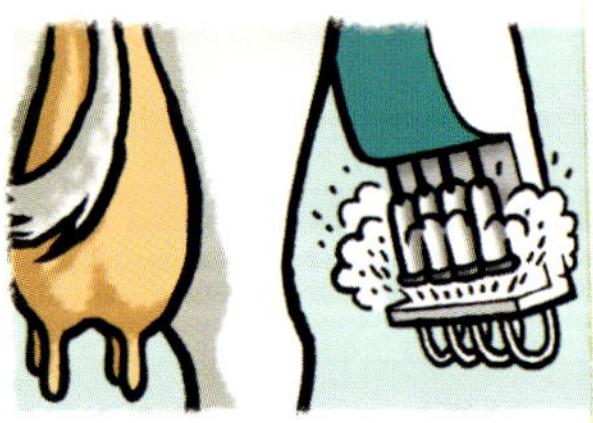

3 Lorsque le **débit** devient faible, le robot stoppe la traite. Tétines et gobelets sont à nouveau lavés. Le robot est prêt pour un nouveau cycle.

4 Des **compléments alimentaires**, calculés selon son âge, son poids et sa production de lait, lui sont donnés.

5 Le **lait** est analysé, refroidi et stocké dans une citerne à 4 °C, puis il est vite transporté à la laiterie.

QUESTION de PRINCIPE

87 L'identification par radiofréquences

69

L'identification à distance **est un système composé d'un lecteur relié à un ordinateur et d'étiquettes. Une étiquette RFID est un module électronique imprimé sur un support souple ou incorporé à une carte. Elle est composée d'une puce et d'une antenne.**

1 Le **lecteur** intégré dans la borne émet des **ondes radio**.

2 Plongée dans ce champ d'ondes, la **carte** réagit : son antenne génère de l'énergie électrique. La carte est alors télé-alimentée et la **puce** activée.

3 Grâce à son **antenne**, la puce transmet au lecteur ses données d'identification.

4 Le lecteur transmet à un **ordinateur central** cette identification.

5 Si le client est reconnu, l'ordinateur central commande l'ouverture du **portillon**.

Applications

Les utilisations de l'étiquette RFID sont nombreuses : suivi des colis ou des bagages, protection des transferts de fonds, contrôle de l'accès des véhicules ou des usagers, identification des personnes…

chronométrage
Grâce à l'étiquette fixée sur sa chaussure ou son dossard, chaque coureur est identifié au passage des lignes de départ et d'arrivée, et ainsi chronométré.

télésurveillance
Pendant son transport, un colis de marchandises précieuses peut être suivi en temps réel. L'étiquette émet en permanence un code qui permet de le localiser et de détecter tout déplacement anormal.

tatouage
Grâce à l'étiquette implantée sous la peau de son animal, un maître peut retrouver plus facilement son chat. Pour les humains, cette étiquette permettrait par exemple d'accéder au dossier médical en cas d'accident.

Le télescope

62 63 89

Y a-t-il une différence entre un télescope et une lunette astronomique, Pr Colza ?

Oui, Julia. Quand on observe le ciel avec une lunette, c'est comme si on le regardait avec deux loupes. Quand on l'observe avec un télescope, c'est comme si on le regardait avec un miroir creux.

1 télescope

Comme la Terre tourne, le ciel change. Afin d'observer une planète, le télescope la suit automatiquement.

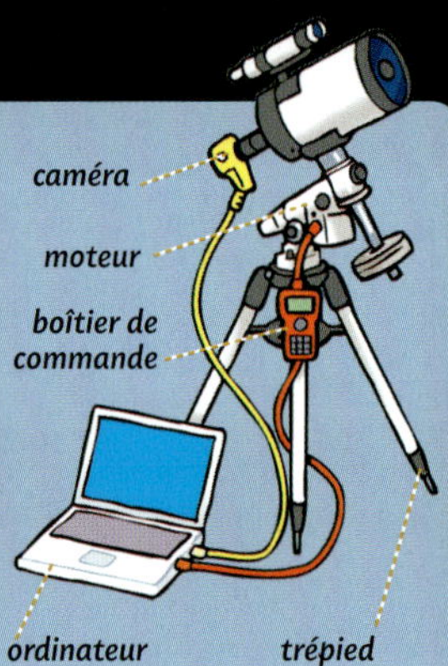

6 La **caméra** transmet à l'ordinateur l'image de la planète observée.

5 L'**ordinateur** analyse le déplacement de l'astre visé et commande le moteur de la monture afin de recentrer le télescope sur sa cible.

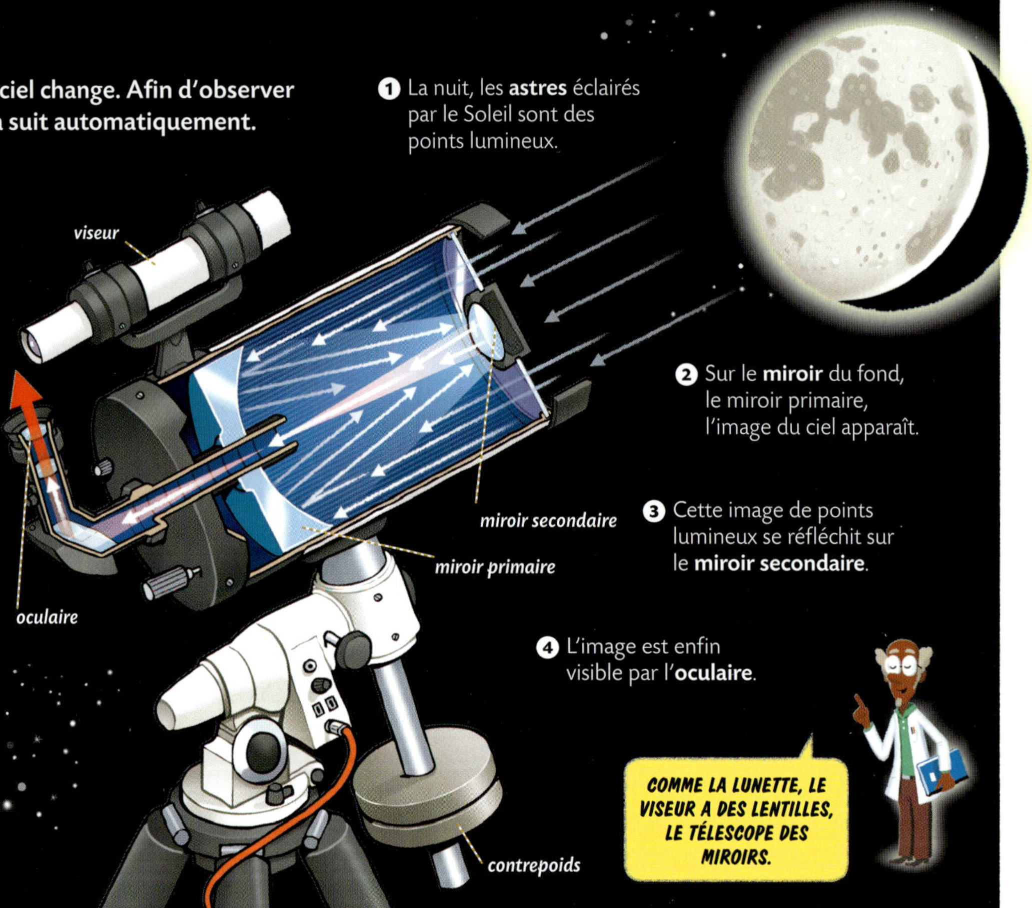

1 La nuit, les **astres** éclairés par le Soleil sont des points lumineux.

2 Sur le **miroir** du fond, le miroir primaire, l'image du ciel apparaît.

3 Cette image de points lumineux se réfléchit sur le **miroir secondaire**.

4 L'image est enfin visible par l'**oculaire**.

2 télescope spatial

Stationné en orbite, il permet d'obtenir des images sans les défauts dus à l'atmosphère : obscurcissement et absorption de certaines lumières.

Les **images numériques** sont transmises à un satellite, puis à une antenne terrestre, enfin aux astronomes.

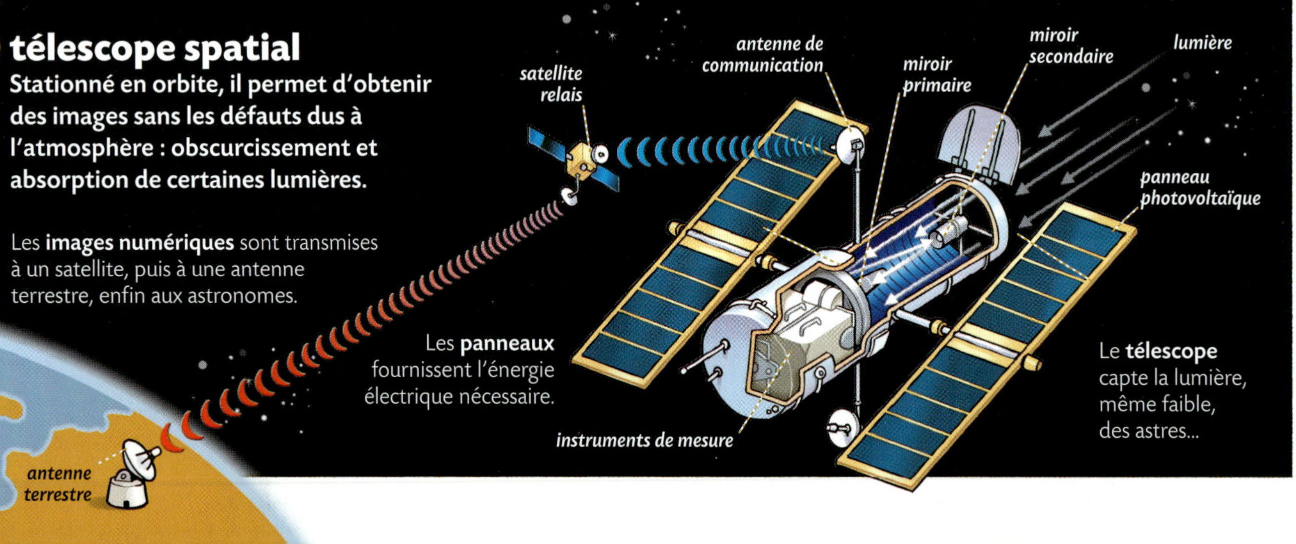

Les **panneaux** fournissent l'énergie électrique nécessaire.

Le **télescope** capte la lumière, même faible, des astres...

QUESTION de PRINCIPE

89 Lentilles, prismes et miroirs

62 63 88

***Les jumelles, les lunettes astronomiques*, les appareils photo… sont des instruments optiques. Comme l'œil, ils contiennent des lentilles qui forment les images des objets réels, mais permettent de changer leur taille ou de les rendre nettes. Des prismes ou des miroirs sont parfois utiles pour modifier le chemin de la lumière.**

Dans un milieu transparent et homogène (air, eau, verre…), la lumière se propage de façon rectiligne. Lorsqu'elle passe par exemple de l'air au verre, elle est déviée : c'est la réfraction.

Une **lentille convergente**, bombée, concentre les rayons lumineux.

Une **lentille divergente**, creuse, disperse les rayons lumineux.

Un **prisme** a généralement une base triangulaire. Lorsque la lumière rencontre l'une de ses faces, elle est déviée.

En passant dans le prisme à angle droit, le **faisceau lumineux** est totalement réfléchi.

Un **miroir** est un objet opaque réfléchissant qui renvoie la lumière qu'il reçoit.

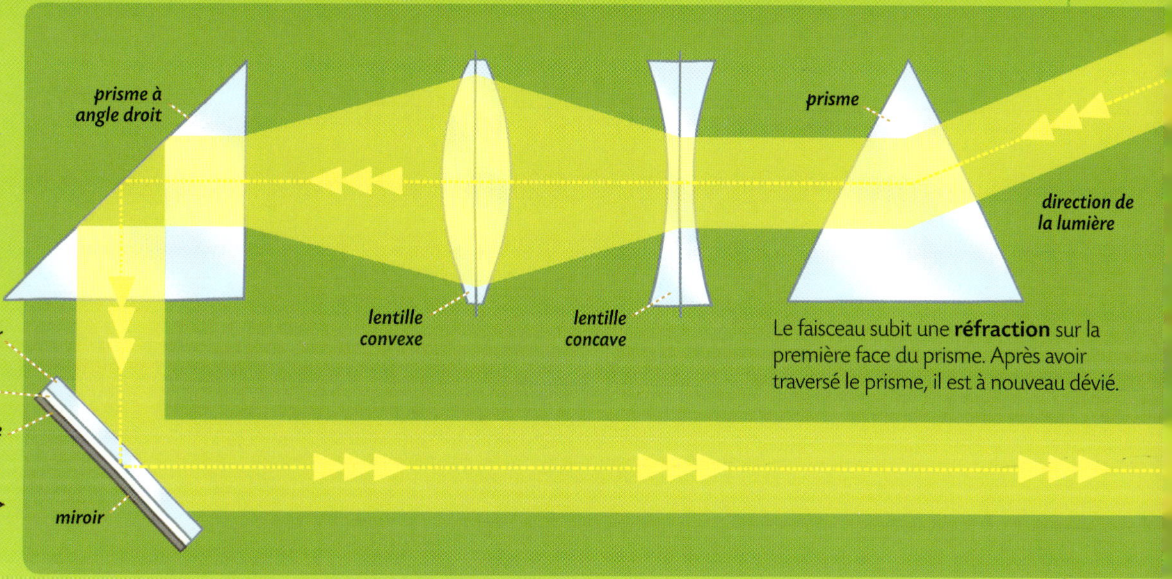

Le faisceau subit une **réfraction** sur la première face du prisme. Après avoir traversé le prisme, il est à nouveau dévié.

Dans la **loupe**, les rayons lumineux que la coccinelle renvoie traversent la lentille convergente qui les dévie. L'œil les reçoit comme s'ils venaient directement d'une coccinelle plus grande.

La **lunette astronomique** est constituée de deux lentilles : un objectif et un oculaire. L'**objectif** forme une image renversée. Grâce à l'**oculaire**, l'image d'un objet lointain est agrandie.

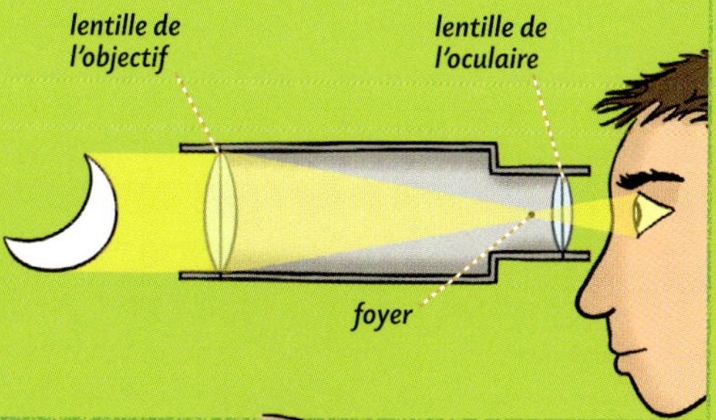

Applications

On trouve des lentilles dans les lampes, les projecteurs ou les phares. On en trouve aussi, associées avec d'autres lentilles, des prismes et des miroirs, dans les lunettes astronomiques, les microscopes, les appareils photo, les vidéoprojecteurs, les jumelles…

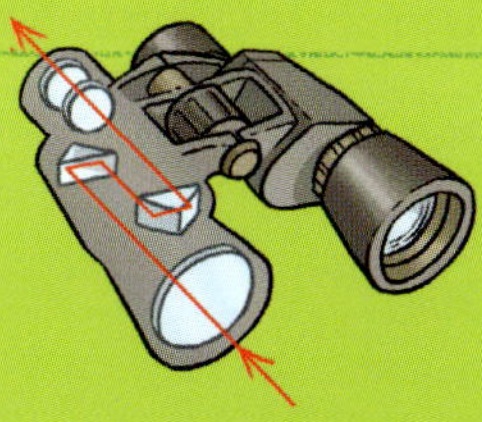

jumelles
Une paire de jumelles est composée de deux tubes optiques équipés de **deux lentilles**. Les **prismes** permettent de réduire la longueur des tubes optiques.

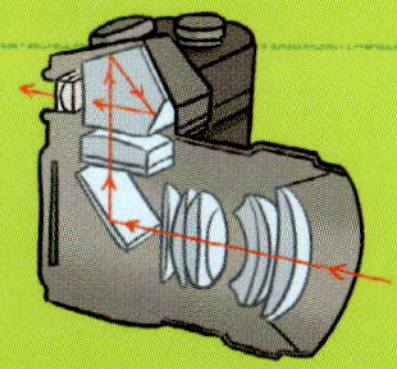

appareil photo reflex
Les lentilles de l'objectif concentrent la lumière sur le capteur numérique. Les **prismes** et les **miroirs** renvoient la lumière sur l'oculaire.

phare de mer
Il est doté de **lentilles de Fresnel**, plus fines et donc moins lourdes, dont les stries dirigent la lumière en une ligne droite. Le faisceau est visible très loin.

chapitre 4

TRAN

LES SPORTS

90 Le vélo tout-terrain

***Un vélo tout-terrain* est-il si différent d'un vélo de course, Pr Siphon ?**

***Les guidons et les pneus sont différents*, les cadres également, pour qu'ils soient confortables et performants sur le goudron ou sur la terre. Mais tous ces vélos ont un point commun : tant qu'ils roulent, ils ne tombent pas !**

Le **dérailleur** permet de changer de vitesse en choisissant des roues dentées plus ou moins grandes.

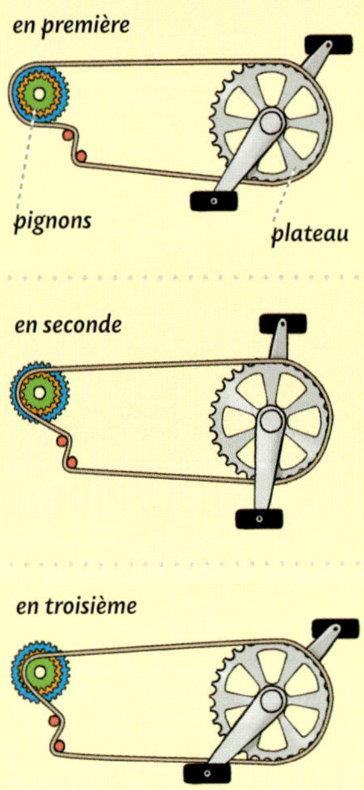

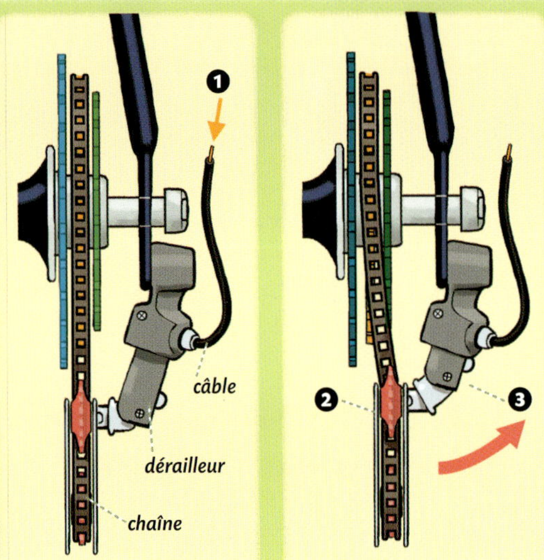

Le **changement de vitesse** correspond à la modification du nombre de tours de la roue arrière et donc de la distance parcourue à chaque tour de pédale. C'est avec le plus petit pignon que la vitesse est la plus grande !

1. Le **câble** transmet la commande de changement de vitesse au dérailleur.
2. Le **dérailleur** modifie sa position et déplace la chaîne sur la roue dentée correspondant à la vitesse choisie.
3. Comme la **chaîne** est de longueur constante, le dérailleur tend la chaîne pour qu'elle reste au contact des dents des roues.

Les facettes du **catadioptre** renvoient la lumière.

Le système de la **roue libre** sur le moyeu permet de ne pas pédaler en descente.

Lorsque le plateau fait un tour, le **pignon** en fait plusieurs. La roue du vélo fait donc plusieurs tours à chaque tour de pédale.

UN VÉLO ÉLECTRIQUE, C'EST COMME UN VÉLOMOTEUR ?

PAS DU TOUT ! Si le vélomoteur est équipé d'un moteur qui tourne constamment, le vélo électrique est un vélo à pédalage assisté : installé dans l'axe de la roue arrière et alimenté par une batterie, le moteur ne se met en marche que si le cycliste pédale !

Lorsque la **dynamo** est en contact avec le pneu, la bobine de fil électrique tourne dans un aimant. Cela produit de l'électricité.

Le **compteur** donne au cycliste sa vitesse et son kilométrage.

L'inclinaison du tube de la **selle** est calculée pour que le poids du cycliste soit bien réparti sur les deux roues.

Le **gel** de la selle amortit les vibrations.

À chaque tour de la roue, l'**aimant** passe devant le **capteur** qui envoie une impulsion au **compteur**. Le nombre de tours donne la vitesse et la distance parcourue.

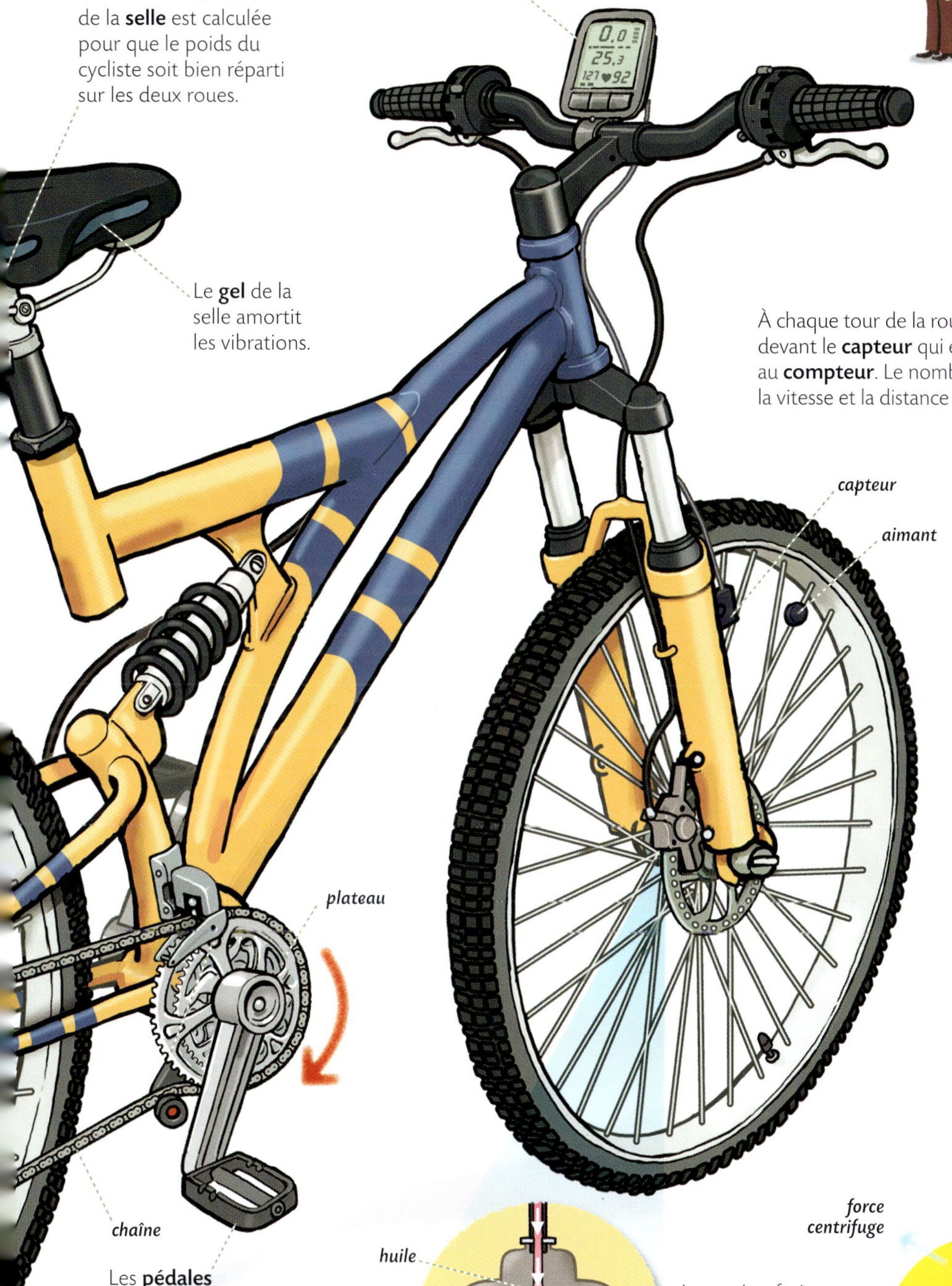

Les **pneus** et les ressorts de la **fourche télescopique** amortissent les irrégularités de la route.

Les **pédales** entraînent le plateau.

Les maillons de la **chaîne** se logent dans les dents des deux roues.

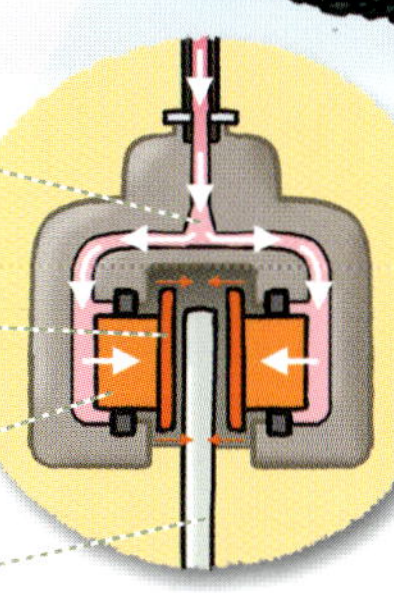

Lorsqu'on freine, l'huile pousse les pistons et les **plaquettes** qui serrent le **disque**. Le vélo s'arrête.

QUESTION de PRINCIPE

L'équilibre en mouvement

Dès qu'il roule, le vélo tient en équilibre grâce à la combinaison de l'effet gyroscopique et de l'effet centrifuge.

Tout objet qui tourne sur lui-même tend à se déplacer en gardant son orientation. Cet **effet gyroscopique** contribue au maintien du vélo dans sa position droite. Comme une toupie qui tourne !

Dans un virage, le vélo subit l'effet de la **force centrifuge** qui tend à le propulser vers l'extérieur du virage. Le cycliste est contraint de se pencher pour compenser cette force par son poids.

La voiture

Quand on regarde sous le capot de la voiture, **on n'y comprend rien, Pr Colza !**

La voiture est une machine complexe, Théo ! **Il y a des fils électriques, des mécanismes qui transmettent les mouvements du moteur ou du volant, des tuyaux qui transportent l'essence ou les gaz d'échappement…**

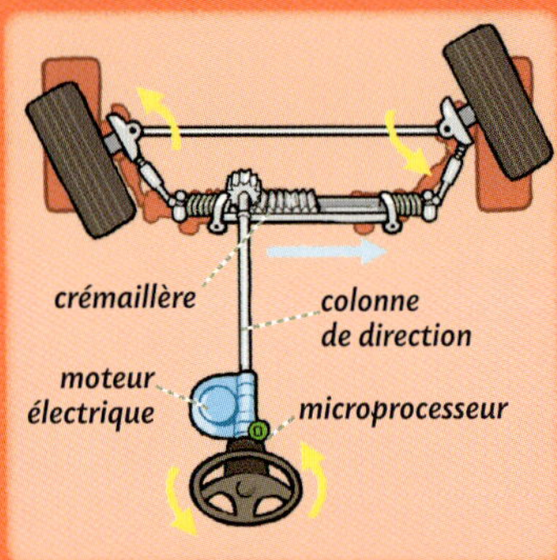

Avec la direction assistée, lorsqu'on tourne le volant, un microprocesseur commande un petit moteur électrique. Les dents de la colonne de direction s'engrènent sur la crémaillère. La voiture tourne.

La boîte de vitesse fonctionne comme un dérailleur. Selon les engrenages associés, les roues tournent plus ou moins vite avec plus ou moins de puissance.

Pour changer de vitesse, on enfonce la pédale d'**embrayage** : le moteur continue de tourner mais n'entraîne plus les roues. Dès que la pédale est relevée, la transmission est assurée.

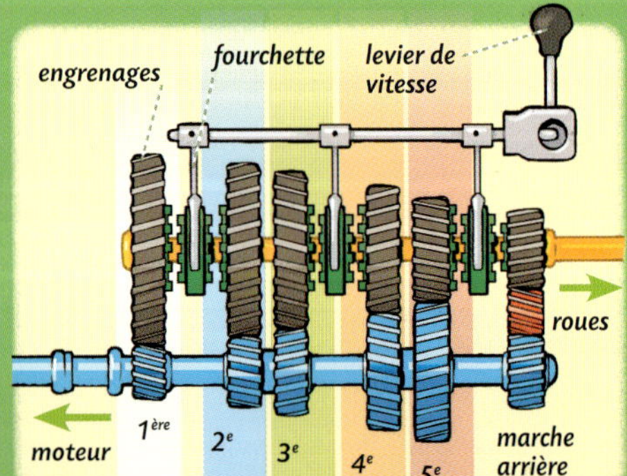

❶ La **clé**, la carte magnétique ou le bouton de démarrage mettent en service le circuit électrique.

❷ La **batterie** alimente le démarreur et produit les étincelles des bougies.

❸ Le **démarreur**, un moteur électrique, entraîne les tout premiers mouvements du moteur.

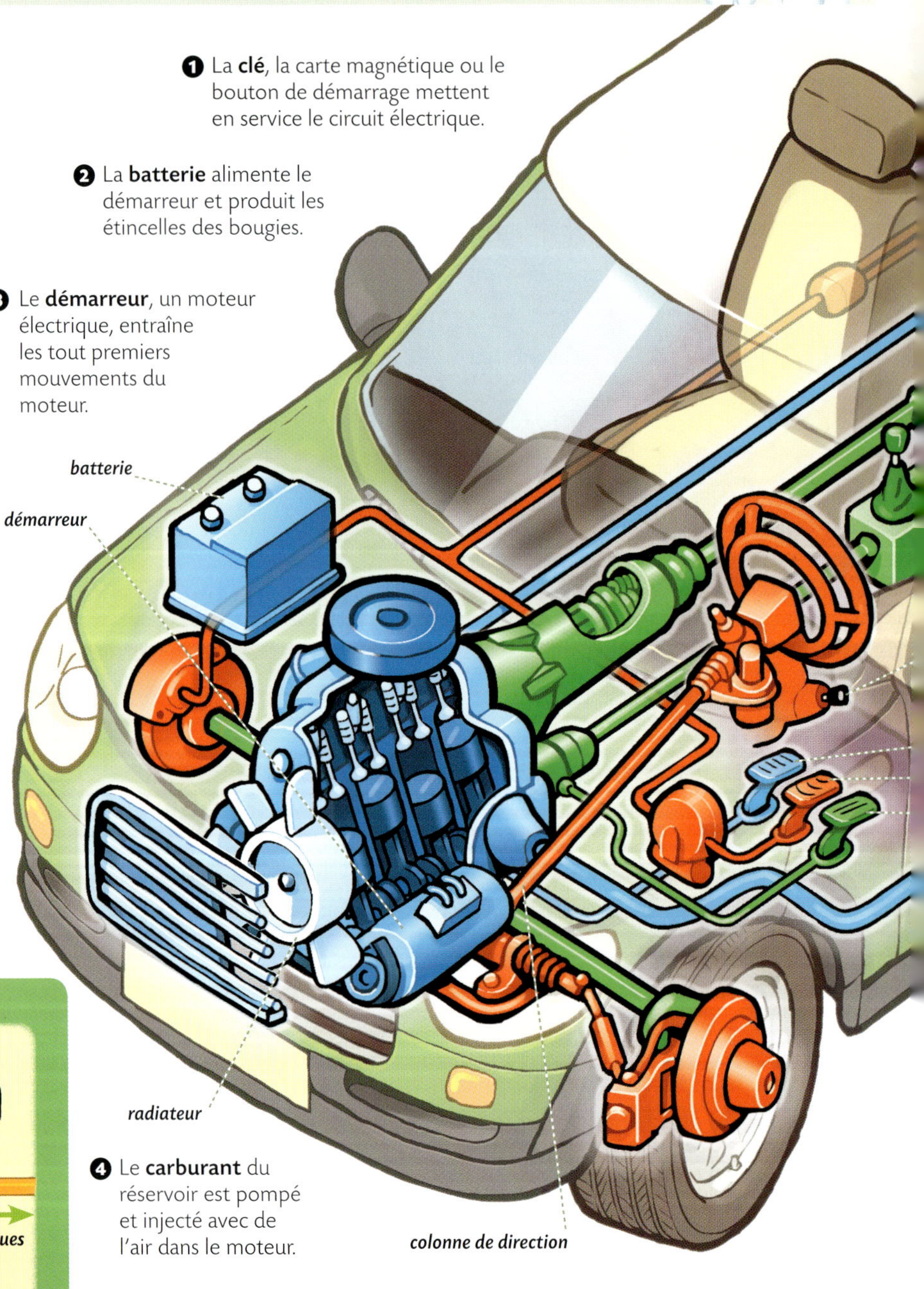

❹ Le **carburant** du réservoir est pompé et injecté avec de l'air dans le moteur.

Le bloc moteur est refroidi par un circuit d'eau. La chaleur est dissipée grâce au **radiateur.**

❺ Le **moteur** fournit l'énergie mécanique pour propulser le véhicule.

GRÂCE AU POT CATALYTIQUE, QUI ACCÉLÈRE LES RÉACTIONS CHIMIQUES, LES GAZ D'ÉCHAPPEMENT SONT RENDUS MOINS TOXIQUES.

6 Les gaz d'échappement sont traités dans le **pot d'échappement** puis évacués.

La **suspension** amortit les irrégularités de la route.

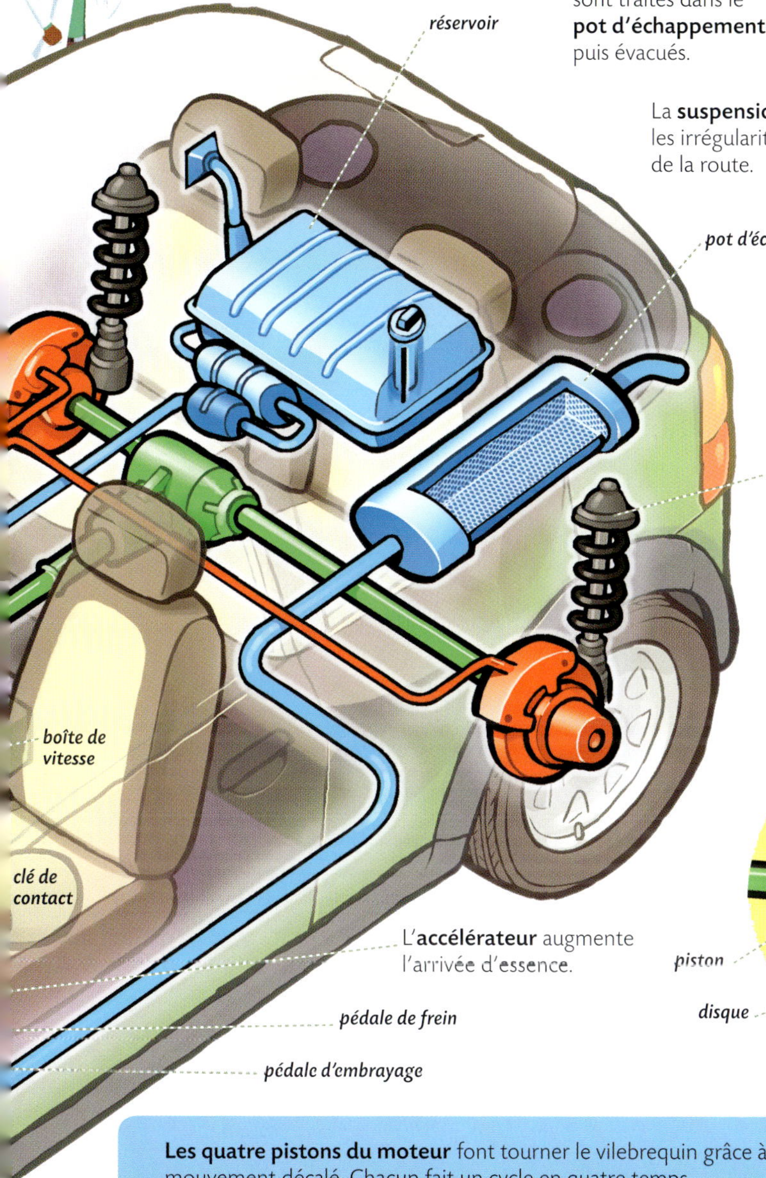

L'**accélérateur** augmente l'arrivée d'essence.

Dans un virage, les deux roues motrices ne tournent pas à la même vitesse. **Le différentiel** résout ce problème et répartit l'énergie sur les deux roues.

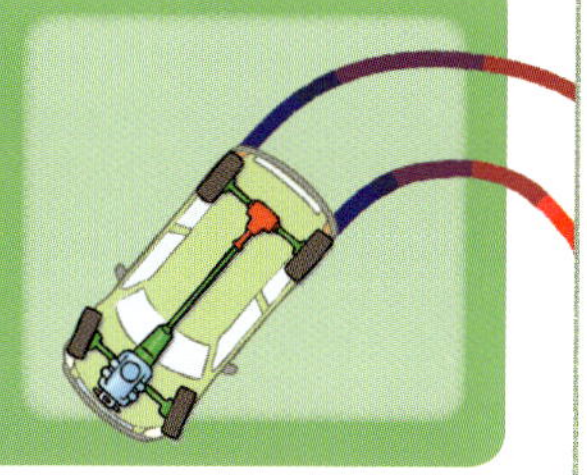

L'ABS est un freinage assisté électroniquement qui évite le blocage des roues et donc les dérapages.

Un microprocesseur est constamment informé de la vitesse de chaque roue par des capteurs. À la moindre action sur la pédale de frein, il ajuste les commandes des freins à disque.

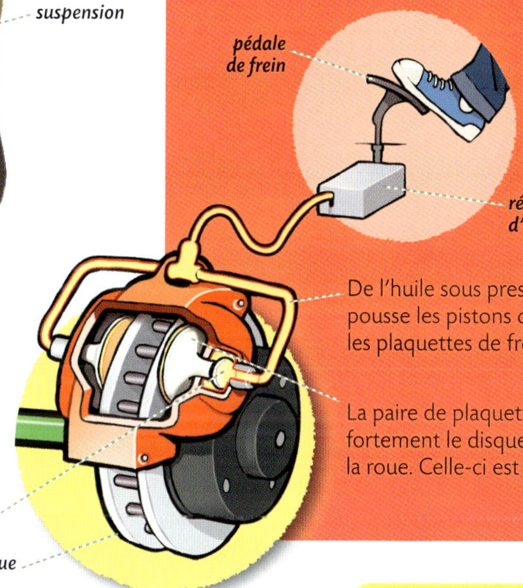

De l'huile sous pression pousse les pistons qui portent les plaquettes de frein.

La paire de plaquettes serre fortement le disque fixé sur la roue. Celle-ci est bloquée.

LA BIELLE TRANSMET LE MOUVEMENT DU PISTON AU VILEBREQUIN QUI FAIT TOURNER LES ROUES !

Les quatre pistons du moteur font tourner le vilebrequin grâce à leur mouvement décalé. Chacun fait un cycle en quatre temps.

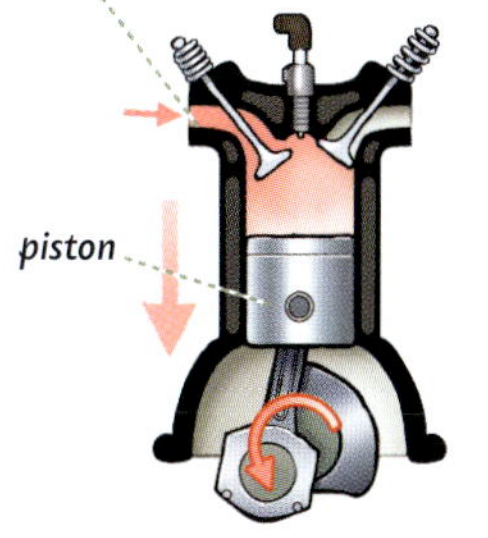

1 En descendant, le piston aspire le mélange air-carburant.

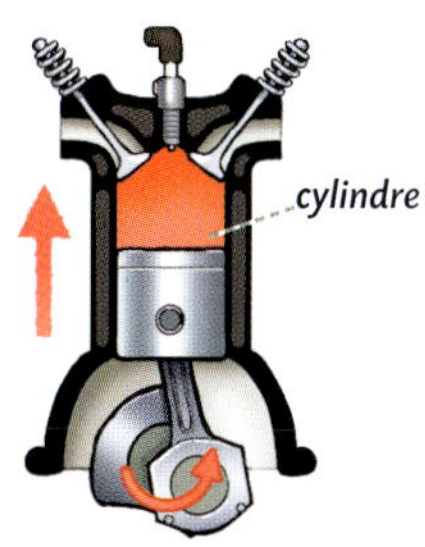

2 En remontant, il comprime le mélange dans le cylindre.

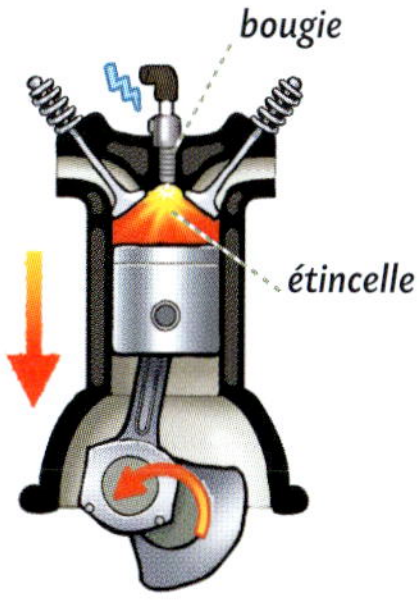

3 La bougie fait exploser le mélange. Le piston redescend.

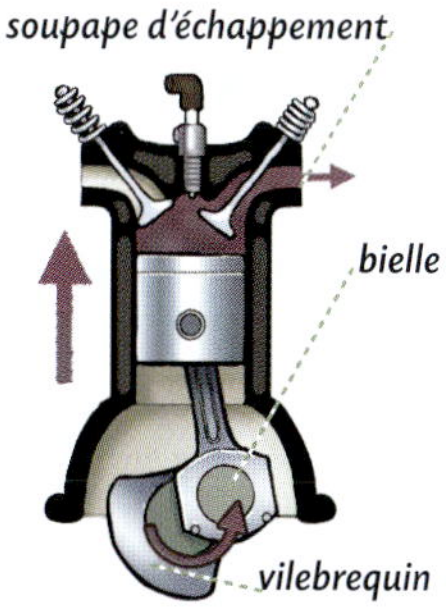

4 En remontant, il pousse les gaz brûlés vers le circuit d'échappement.

L'airbag et le détecteur d'obstacles

2 14 20

Qu'est-ce qui déclenche les airbags, Pr Siphon ?

Ce sont des capteurs, Théo ! Les voitures sont de plus en plus intelligentes. De nombreux capteurs et calculateurs surveillent la conduite et réagissent instantanément pour protéger les passagers.

1 airbag

Lors d'un choc, la ceinture de sécurité se tend et les airbags frontaux ou latéraux se gonflent.

Le gaz produit par une réaction chimique pousse le **piston**, qui tend la boucle de la ceinture.

1 Le **capteur électronique** détecte une décélération très violente.

2 Le **premier prétensionneur** est mis à feu. La ceinture se tend sur les hanches.

3 Le **second prétensionneur** ajuste la ceinture en haut du thorax.

4 Les **airbags** sont mis à feu.

La mise à feu déclenche une **réaction chimique** qui produit instantanément du gaz. Le gaz libéré gonfle le « coussin ».

2 détecteur d'obstacles

Grâce au module électronique qui surveille ce qui se passe devant ou derrière le véhicule, les chocs sont évités.

1 La voiture capte les **faisceaux laser** renvoyés par la voiture qui précède.

2 Le **module de détection** calcule la distance de l'obstacle. Il détermine le risque de collision en fonction de la vitesse.

3 Si le conducteur ne réagit pas, le **freinage** est déclenché automatiquement.

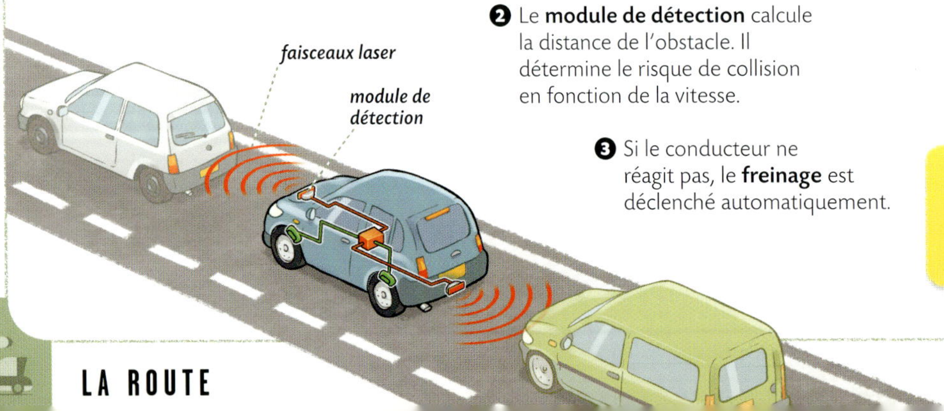

AUTRES DISPOSITIFS DE SÉCURITÉ...

1 pneu anti-crevaison

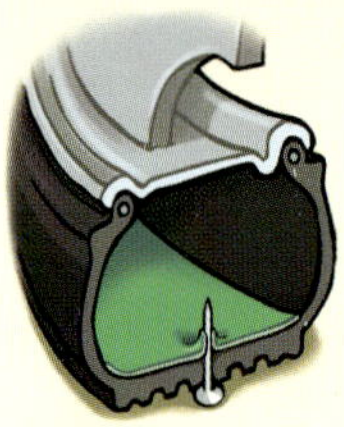

L'intérieur du pneu est recouvert d'une substance particulière. En cas de crevaison, elle enrobe le clou et assure l'étanchéité. C'est un pneu auto-colmatant.

2 pare-brise feuilleté

Composé de deux feuilles de verre séparées par un film en matière plastique élastique, ce pare-brise ne se brise pas en mille morceaux.

3 éthylotest anti-démarrage

Cet appareil analysera bientôt les substances de l'haleine. La voiture ne peut être mise en route que si rien d'anormal n'est détecté et si la ceinture est bouclée.

GRÂCE À DES CAMÉRAS, LE CONDUCTEUR VOIT AUSSI L'ESPACE À L'ARRIÈRE DE SA VOITURE.

La voiture hybride

91 27

Pourquoi un véhicule hybride **a-t-il deux moteurs, Pr Colza ?**

Pour économiser le carburant **et limiter les gaz d'échappement ! L'idée est simple : faire avancer la voiture grâce au moteur électrique lorsque le moteur à essence n'est pas utile !**

Un ordinateur commande l'un ou l'autre moteur, ou les deux, selon les besoins de la conduite.

La **batterie** se recharge lorsque le moteur thermique fonctionne ou lors des ralentissements et des freinages. On peut la recharger aussi sur le secteur.

Lorsque le moteur thermique tourne, l'**alternateur** produit de l'électricité qui, selon le cas, recharge la batterie ou fournit l'énergie au moteur électrique.

L'**ordinateur** répartit la puissance des moteurs du véhicule selon les besoins.

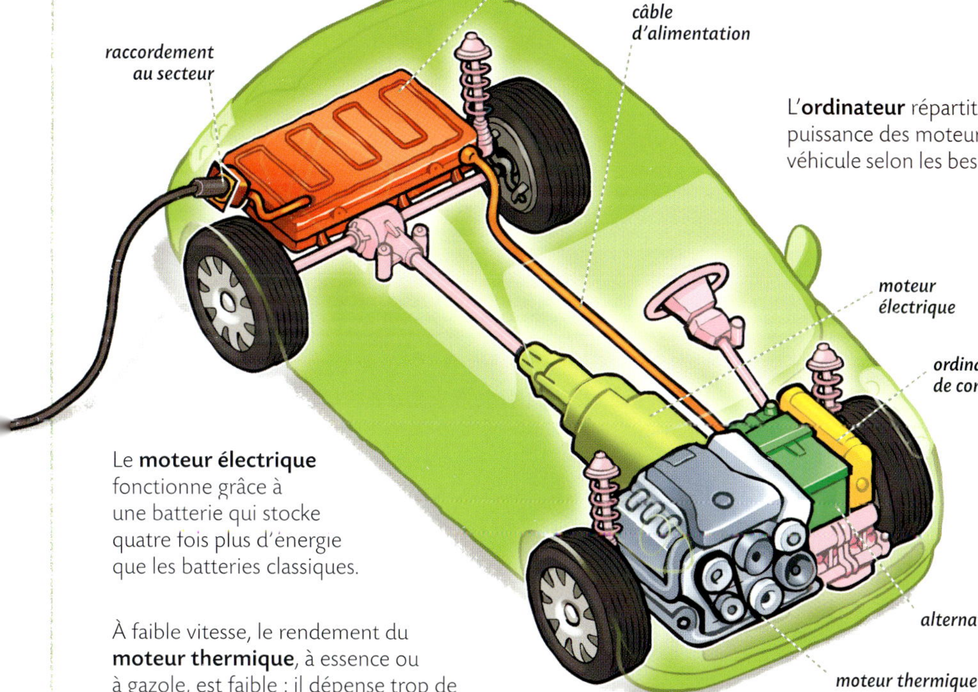

Le **moteur électrique** fonctionne grâce à une batterie qui stocke quatre fois plus d'énergie que les batteries classiques.

À faible vitesse, le rendement du **moteur thermique**, à essence ou à gazole, est faible : il dépense trop de carburant. Il est alors coupé automatiquement.

AUTREFOIS

En 1899, cette voiture au profil d'une fusée, baptisée la « Jamais contente » et propulsée grâce à l'énergie d'une batterie, atteint la vitesse record de 105 km/h.

ET DEMAIN ?

Puisqu'un moteur électrique est constitué de bobinages qui tournent les uns par rapport aux autres, il peut être logé dans chaque roue. Quatre moteurs-roues propulseront le véhicule.

1 Au **démarrage**, le moteur électrique est suffisant pour propulser seul la voiture.

2 Au-delà de **30 km/h**, le moteur à essence démarre afin d'apporter sa puissance.

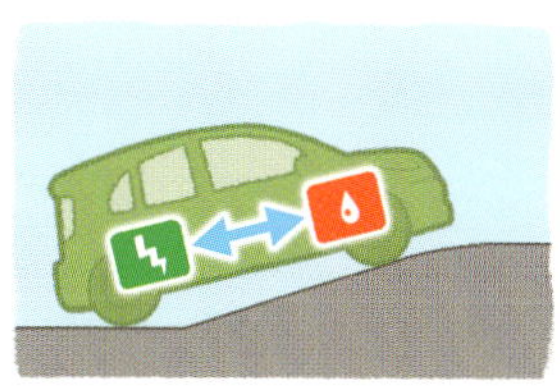

3 Pour gravir une **côte** ou effectuer un **dépassement**, les deux moteurs se complètent.

4 Lors des **freinages** ou des **ralentissements**, l'énergie cinétique est convertie en énergie électrique : les batteries se rechargent.

Le GPS ou guidage par satellite

Comment ce système de guidage connaît-il à tout instant notre localisation ?

La console **GPS est une machine à calculer : elle mesure constamment la distance qui sépare la voiture de quatre satellites. Elle est localisée avec précision grâce au calcul de ces mesures !**

Pour chaque système

de localisation, une trentaine de satellites peuvent être interrogés selon l'endroit où la console se trouve.

IL Y A TROIS GRANDS SYSTÈMES : L'AMÉRICAIN GPS, L'EUROPÉEN GALILÉO ET LE RUSSE GLONASS.

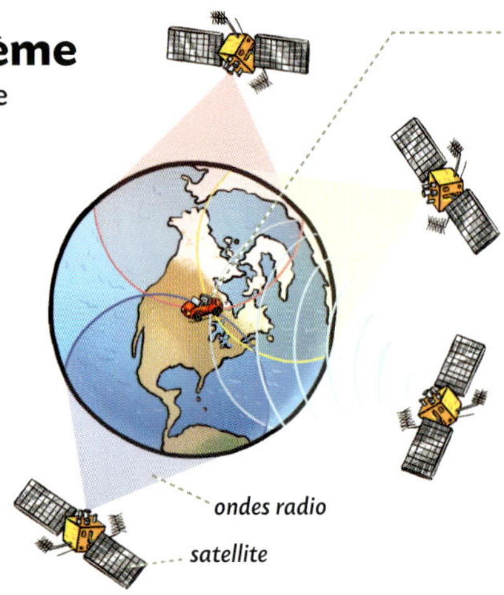

❶ La **console GPS** est mise en service. Elle est à l'écoute des ondes émises par les satellites.

❷ Chaque **satellite** transmet mille fois par seconde sa position exacte par rapport à la Terre ainsi que l'heure précise d'émission du message.

❸ La **console** calcule le temps mis par ces **ondes radio** pour lui parvenir. Cette durée traduit la distance qui sépare la voiture des satellites.

❹ La distance du premier satellite détermine un **cercle** sur la Terre. L'intersection des cercles de trois satellites indique une **localisation précise**.

❺ La distance du quatrième satellite permet de **valider** la localisation.

❻ En quelques secondes, la voiture est ainsi **localisée**.

❼ La console associe le point déterminé aux **cartes géographiques** qu'il a en mémoire.

❽ La carte s'affiche à l'**écran**.

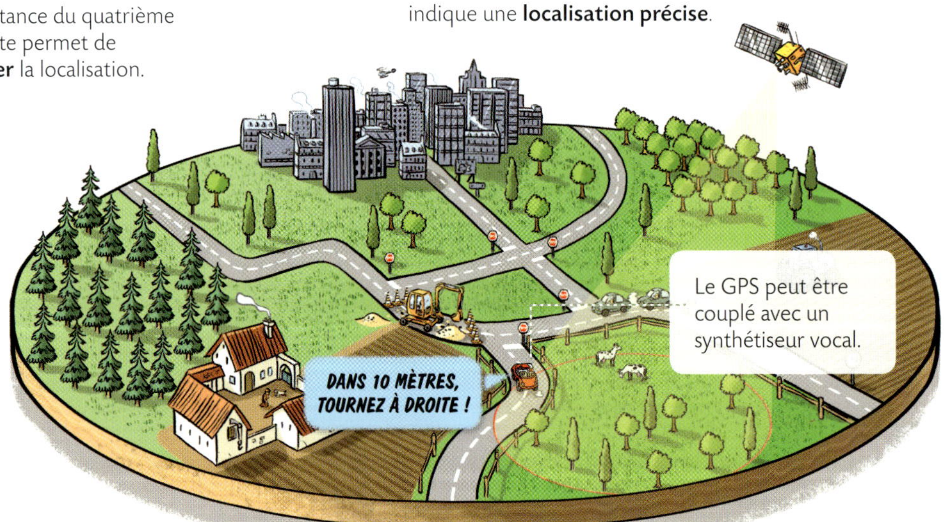

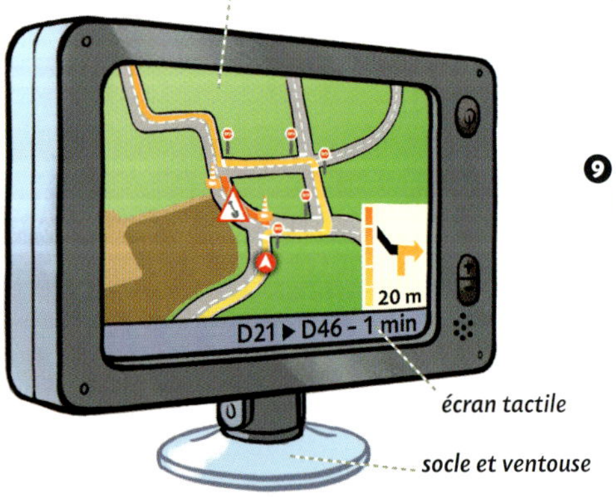

❾ Grâce à des **logiciels spécialisés**, la console propose un itinéraire qui tient compte des informations reçues sur le trafic routier.

❿ Le **cycle** reprend. Le GPS suit le déplacement de la voiture.

LE GPS DES NAVIGATEURS, SUR LES OCÉANS, EST IDENTIQUE ?

BIEN SÛR ! **La localisation terrestre, aérienne ou maritime fonctionne de la même façon. Les randonneurs peuvent aussi s'en servir !**

Le radar

105 31

Que se passe-t-il lorsqu'un radar flashe une voiture, Pr Colza ?

Le radar mesure la vitesse de tous les véhicules. En cas d'excès de vitesse, la photo est prise instantanément, puis elle est traitée à distance et adressée automatiquement au chauffeur.

Un radar est un cinémomètre : il mesure la vitesse des véhicules grâce aux ondes renvoyées par leur carrosserie.

Une **alarme** donne l'alerte en cas de détérioration du radar.

Comme la voiture se déplace, la **fréquence** de l'**onde renvoyée** est différente de celle de l'onde émise.

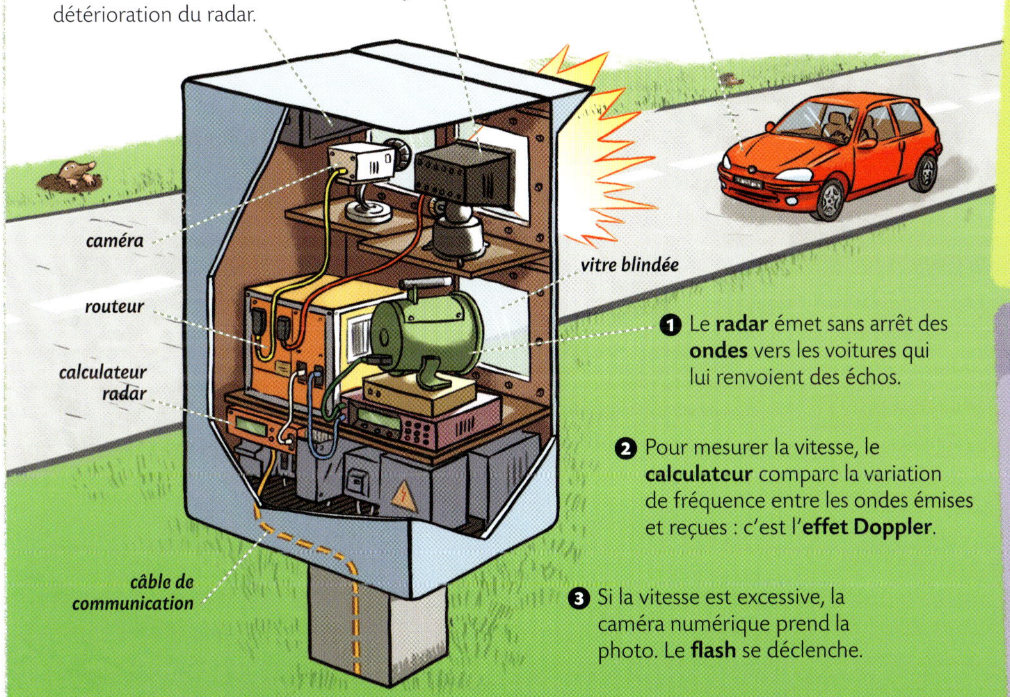

❶ Le **radar** émet sans arrêt des **ondes** vers les voitures qui lui renvoient des échos.

❷ Pour mesurer la vitesse, le **calculateur** compare la variation de fréquence entre les ondes émises et reçues : c'est l'**effet Doppler**.

❸ Si la vitesse est excessive, la caméra numérique prend la photo. Le **flash** se déclenche.

Un **ordinateur** contrôle le fonctionnement du radar.

❹ Le **routeur** transmet instantanément l'image au centre de contrôle, à plusieurs centaines de kilomètres.

LE + DU PR SIPHON

Quels que soient la forme et le matériau de leur carrosserie, les voitures renvoient les ondes des radars. Contrairement aux avions furtifs qui sont indétectables !

AUTREMENT

Les jumelles télémétriques, aussi, mesurent la vitesse des véhicules. Elles envoient une impulsion laser sur la voiture. Un chronomètre enregistre le temps que met l'impulsion à faire l'aller-retour. Un calculateur en déduit la distance, puis la vitesse.

❶ Au **centre de traitement**, les images sont reçues sous forme de fichiers. Les photos portent la date, l'heure et la vitesse.

❷ Un **logiciel d'analyse d'image** distingue les zones blanches et noires des chiffres et des lettres de la plaque minéralogique.

❸ La consultation du **fichier central** permet d'associer au numéro d'immatriculation, les coordonnées du propriétaire.

❹ La **contravention** est aussitôt imprimée et adressée au conducteur qui se voit automatiquement retirer des points sur son permis.

La régulation du trafic routier

94 3

Les feux changent régulièrement de couleur. C'est ainsi que ça marche, le trafic ?

Pas en ville ! Le trafic est trop important ! Les centaines de feux sont en fait reliés à un ordinateur qui orchestre le déplacement des milliers de véhicules en déterminant les priorités de passage.

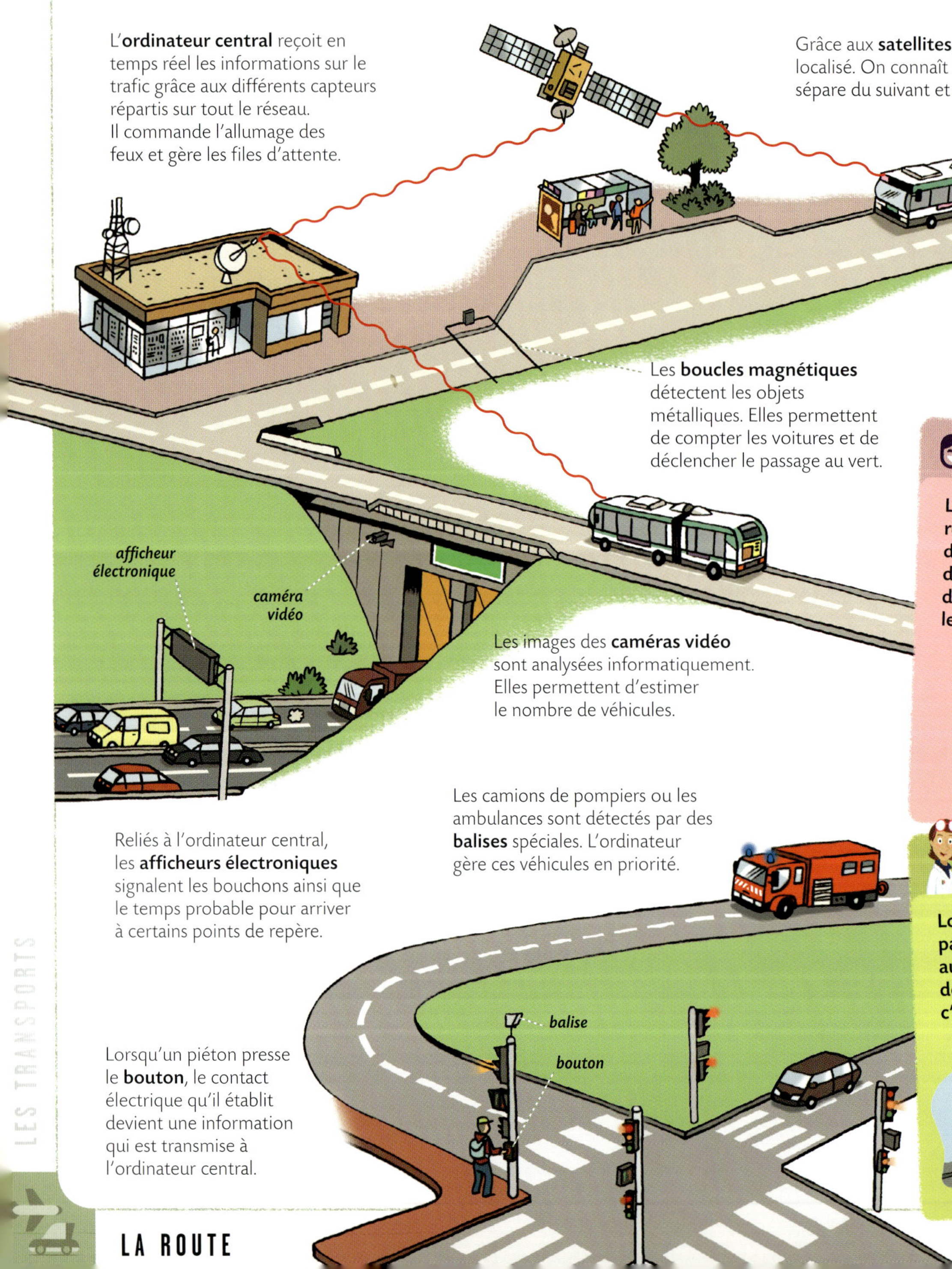

L'**ordinateur central** reçoit en temps réel les informations sur le trafic grâce aux différents capteurs répartis sur tout le réseau. Il commande l'allumage des feux et gère les files d'attente.

Grâce aux **satellites**, chaque bus est localisé. On connaît la distance qui le sépare du suivant et du précédent.

Cette information est communiquée au chauffeur et au centre de gestion du transport collectif, puis affichée dans les **abribus**.

Les **boucles magnétiques** détectent les objets métalliques. Elles permettent de compter les voitures et de déclencher le passage au vert.

Les images des **caméras vidéo** sont analysées informatiquement. Elles permettent d'estimer le nombre de véhicules.

Les camions de pompiers ou les ambulances sont détectés par des **balises** spéciales. L'ordinateur gère ces véhicules en priorité.

Reliés à l'ordinateur central, les **afficheurs électroniques** signalent les bouchons ainsi que le temps probable pour arriver à certains points de repère.

Lorsqu'un piéton presse le **bouton**, le contact électrique qu'il établit devient une information qui est transmise à l'ordinateur central.

ANECDOTE

La régulation du trafic routier améliore la sécurité des usagers. Elle permet de diminuer également les arrêts des voitures et donc de limiter les gaz d'échappement.

LE + DU Pr COLZA

Lorsque, sur une voie, le passage successif des feux au vert s'effectue à la vitesse de la voiture, on dit que c'est une « onde verte ».

La station-service

Tous ces carburants, ça doit être extrêmement polluant, Pr Colza ?

Tu as raison, Julia ! Désormais, pour préserver l'environnement, l'eau de ruissellement est traitée, et surtout on récupère toutes les vapeurs lors des remplissages des cuves et des réservoirs à essence.

La station est équipée de plusieurs dispositifs de récupération des vapeurs de l'essence qui se volatilise lors des transferts.

La **pompe à essence** est reliée au pupitre du pompiste ou à une console de paiement automatique.

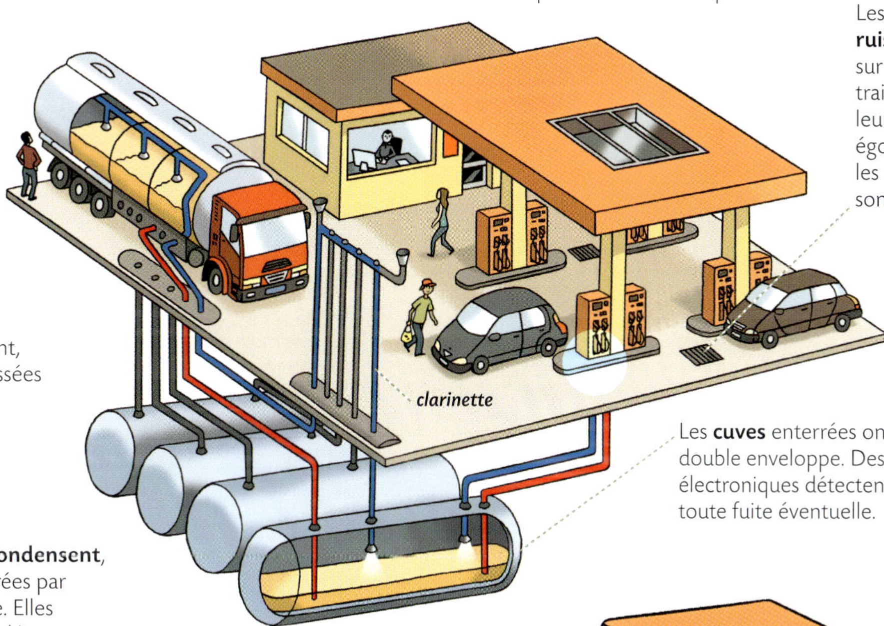

❶ Le camion citerne décharge le carburant dans les **cuves** de la station.

❷ Au fur et à mesure que l'on remplit les cuves de carburant, les vapeurs sont chassées dans les **colonnes** de la « clarinette ».

❸ Les **vapeurs se condensent**, puis sont récupérées par le camion-citerne. Elles sont ensuite recyclées.

Les **eaux de ruissellement** sur la piste sont traitées avant leur rejet dans les égouts tandis que les restes d'essence sont récupérés.

Les **cuves** enterrées ont une double enveloppe. Des capteurs électroniques détectent toute fuite éventuelle.

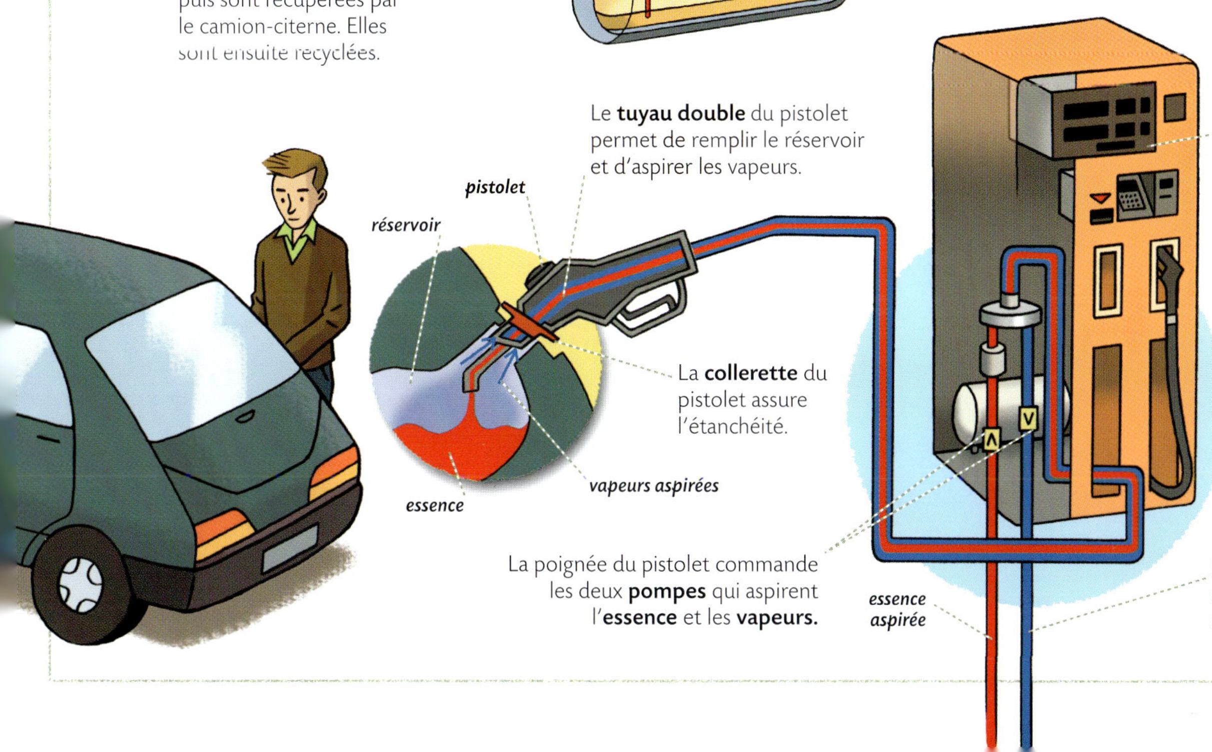

Le **tuyau double** du pistolet permet de remplir le réservoir et d'aspirer les vapeurs.

La **collerette** du pistolet assure l'étanchéité.

Dès que le pistolet est ôté de son support, le **compteur** se remet à zéro.

La poignée du pistolet commande les deux **pompes** qui aspirent l'**essence** et les **vapeurs.**

Les **vapeurs** sont envoyées dans une cuve de la station.

98 Le train

Comment les trains d'aujourd'hui peuvent-ils aller aussi vite, Pr Colza ?

Grâce à la puissance des moteurs électriques ! Mais pour transporter les passagers à plus de 350 km/h en toute sécurité, la forme aérodynamique du train ainsi que le tracé des voies jouent aussi un rôle important.

L'automotrice à grande vitesse (AGV)

d'Alstom est une nouvelle génération de trains caractérisée notamment par la répartition des moteurs sur toute la rame.

Le **pantographe** capte le courant électrique de la caténaire, le fil aérien.

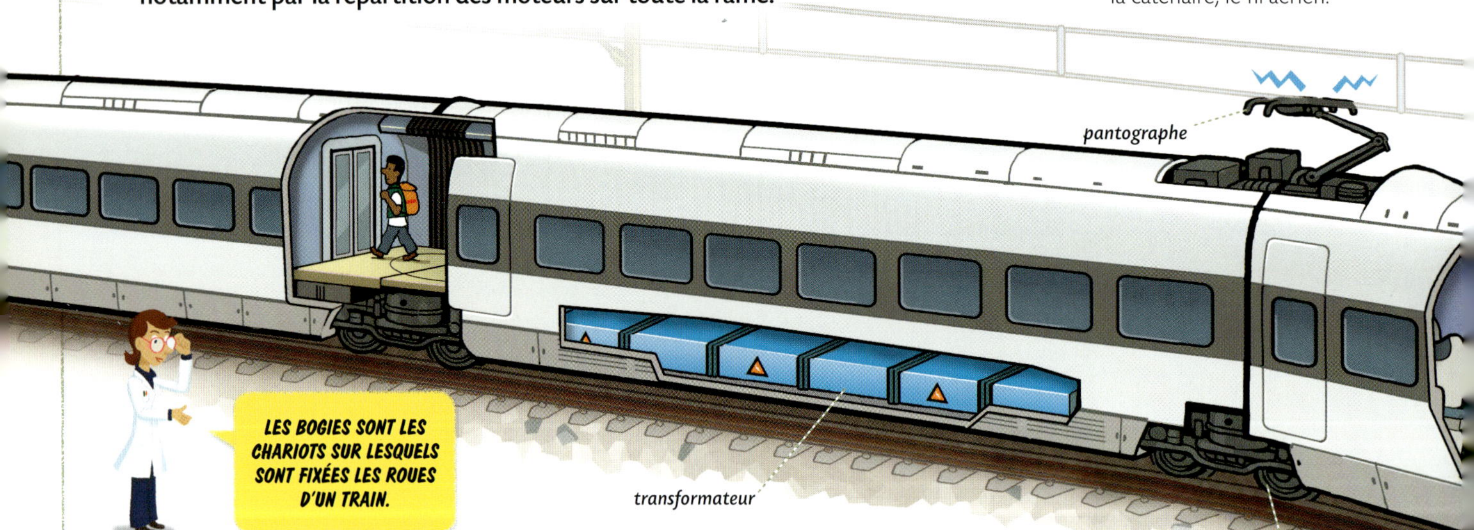

Les **bogies** (porteurs et moteurs) sont placés entre les voitures et non dessous, comme dans les rames classiques, ce qui limite les risques de renversement du train, en cas de déraillement.

Pour alimenter les moteurs, le **transformateur** abaisse la tension du courant électrique.

Les **freins** sont principalement électriques : lorsque les moteurs des bogies ne sont pas alimentés, le train ralentit. En cas de besoin, on utilise aussi les freins des bogies porteurs.

bogie

AUTRES TRAINS

automotrice diesel

Lorsque le réseau ferroviaire n'est pas électrifié, la locomotive produit elle-même l'électricité. Le moteur diesel, alimenté en gazole, fait tourner un **alternateur**. L'électricité qu'il produit fait tourner les moteurs électriques qui entraînent les roues.

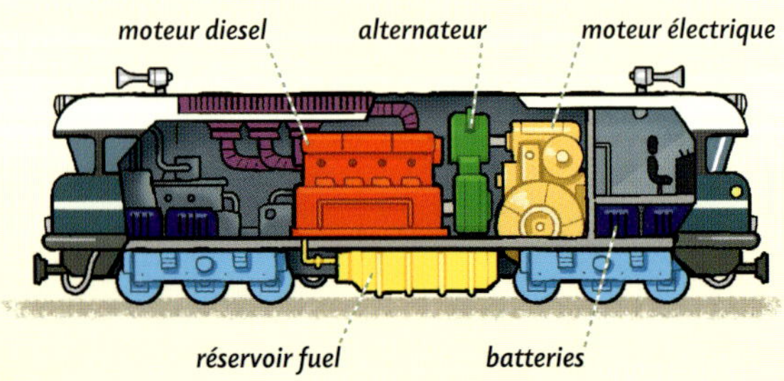

train à lévitation magnétique

Ce train sans roues est très rapide car il n'est pas freiné par les frottements sur les rails. Il avance grâce à l'attraction et à la répulsion des **électroaimants** intégrés à la voie et au train.

Les électroaimants de la voie passent alternativement du nord au sud. Ils attirent et repoussent les aimants du train, ce qui entraîne son déplacement.

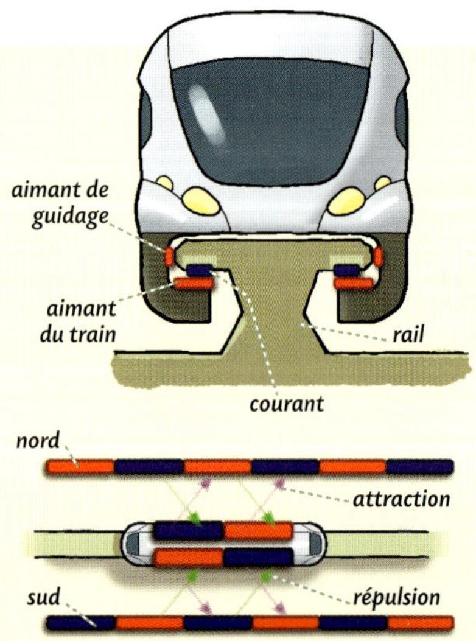

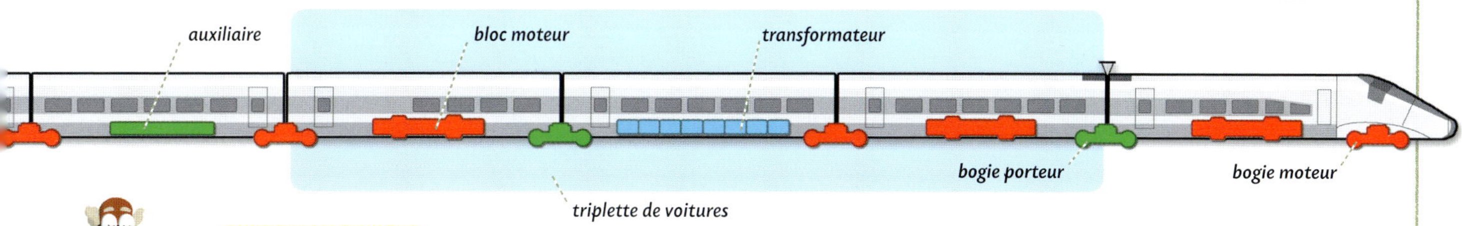

Plutôt que d'être concentrés sur les motrices de tête et de queue, les moteurs de l'AGV sont répartis sur toute la rame. Ce sont les **bogies moteurs**.

La rame est constituée de **triplettes de voitures** : deux voitures dotées d'un bloc moteur encadrent une troisième équipée d'un transformateur.

L'énergie récupérée lors du freinage électrique est renvoyée dans la **caténaire** pour alimenter d'autres trains.

L'**ordinateur de bord** contrôle le fonctionnement du train.

Une **antenne GPS** permet de localiser le train à chaque instant.

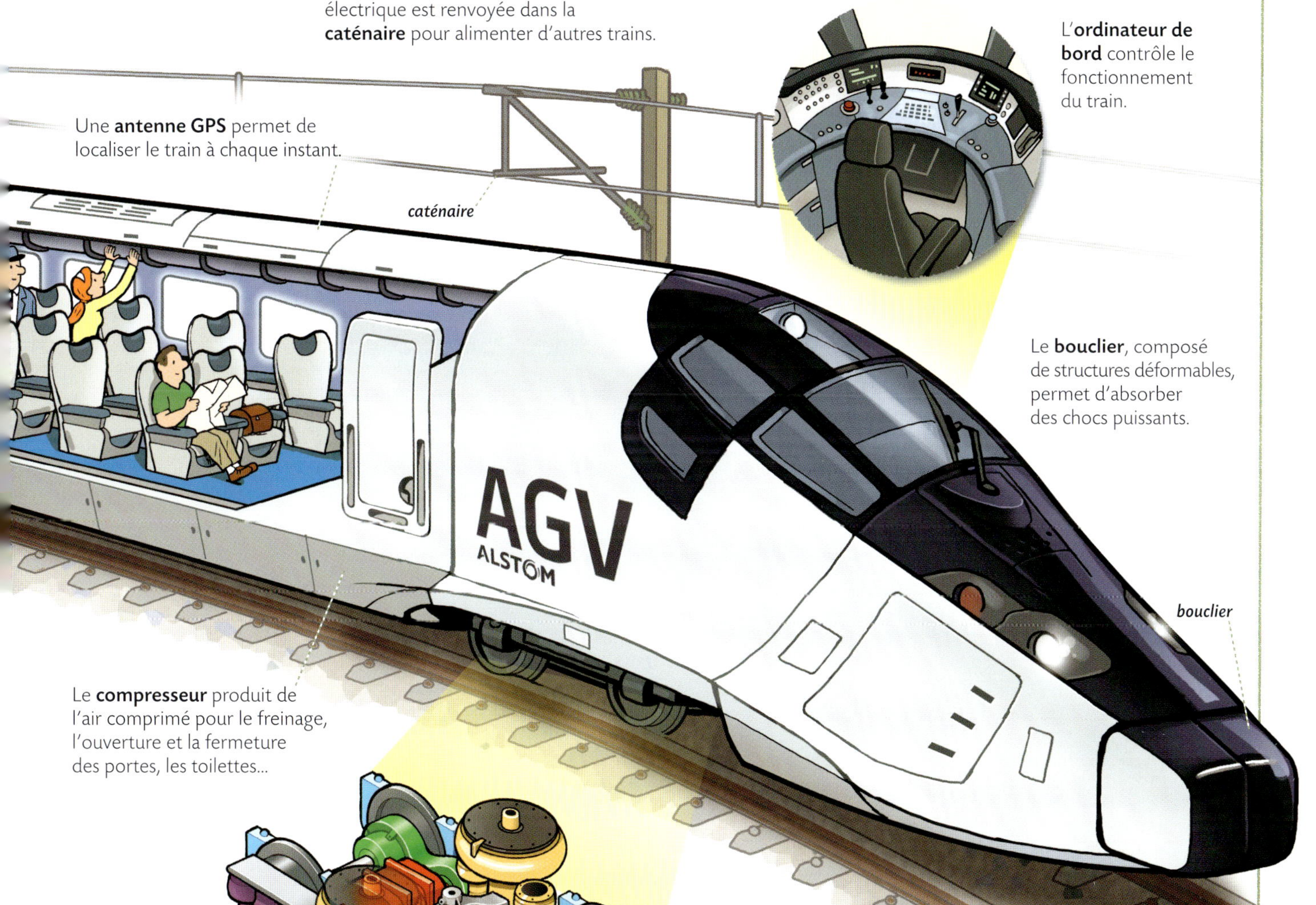

Le **bouclier**, composé de structures déformables, permet d'absorber des chocs puissants.

Le **compresseur** produit de l'air comprimé pour le freinage, l'ouverture et la fermeture des portes, les toilettes...

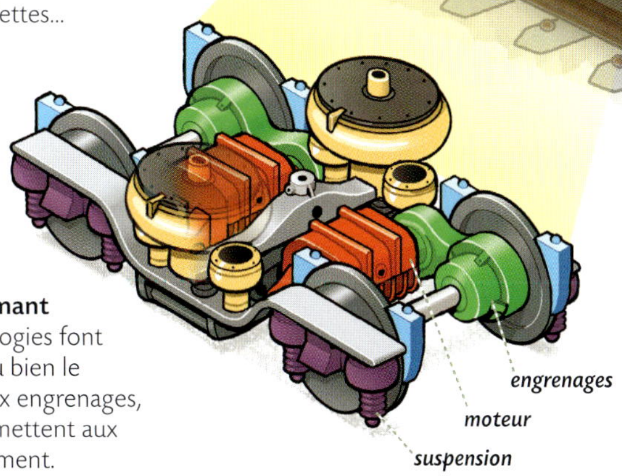

Le **profil aérodynamique** facilite la pénétration dans l'air.

Les **moteurs à aimant permanent** des bogies font avancer le train ou bien le freinent. Grâce aux engrenages, les moteurs transmettent aux roues leur mouvement.

Des **capteurs**, dans le nez du train, détectent les informations indiquant la vitesse maximale autorisée sur la portion de voie.

Voies et aiguillages

96 3

Comment peut-on faire rouler plusieurs trains sur la même voie, Pr Colza !

Ce sont des problèmes complexes, Julia ! Il faut veiller à orchestrer le trafic, à espacer les trains et à informer les conducteurs grâce aux feux et aux aiguillages.

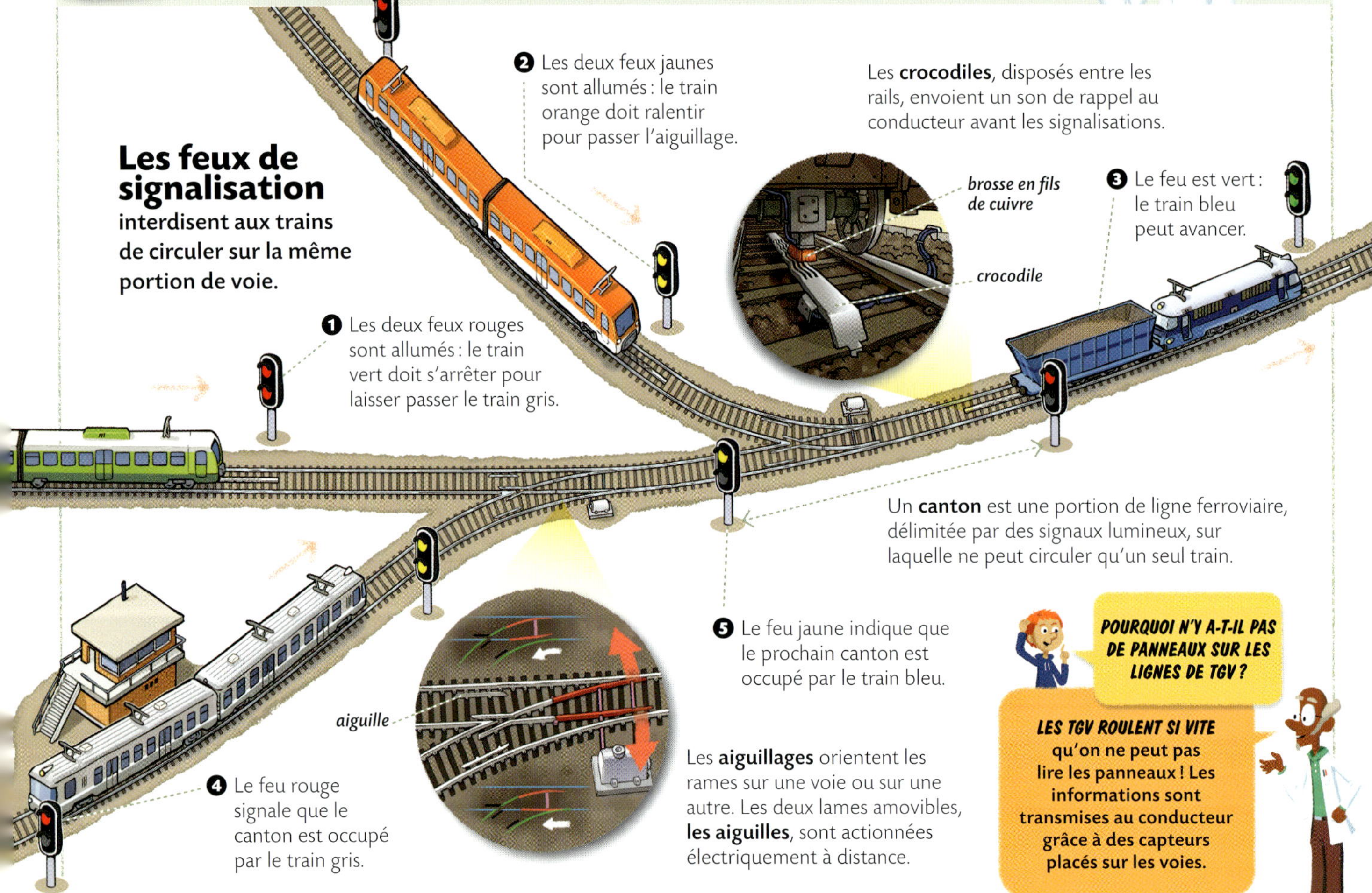

Les feux de signalisation

interdisent aux trains de circuler sur la même portion de voie.

❶ Les deux feux rouges sont allumés : le train vert doit s'arrêter pour laisser passer le train gris.

❷ Les deux feux jaunes sont allumés : le train orange doit ralentir pour passer l'aiguillage.

Les **crocodiles**, disposés entre les rails, envoient un son de rappel au conducteur avant les signalisations.

❸ Le feu est vert : le train bleu peut avancer.

Un **canton** est une portion de ligne ferroviaire, délimitée par des signaux lumineux, sur laquelle ne peut circuler qu'un seul train.

❹ Le feu rouge signale que le canton est occupé par le train gris.

❺ Le feu jaune indique que le prochain canton est occupé par le train bleu.

Les **aiguillages** orientent les rames sur une voie ou sur une autre. Les deux lames amovibles, **les aiguilles**, sont actionnées électriquement à distance.

POURQUOI N'Y A-T-IL PAS DE PANNEAUX SUR LES LIGNES DE TGV ?

LES TGV ROULENT SI VITE qu'on ne peut pas lire les panneaux ! Les informations sont transmises au conducteur grâce à des capteurs placés sur les voies.

LE + DU Pr SIPHON

Des ordinateurs assistent les aiguilleurs pour déclencher les feux et les aiguillages selon les priorités des trains et l'importance du trafic.

AUTREMENT

Les tramways sont équipés de capteurs qui signalent leur passage le long des voies. Les informations sont intégrées à la gestion des feux du trafic routier.

LE + DU Pr COLZA

Sur les voies, des panneaux indiquent les vitesses à respecter, les arrêts des trains en gare, les actions à effectuer, comme lever ou abaisser les pantographes.

Les horaires vocaux

La personne qui m'a répondu **au téléphone connaît les horaires par cœur ?**

La voix est trompeuse, Théo ! **Ce n'est pas une personne qui t'a répondu, mais une machine capable de comprendre tes questions et de trouver immédiatement les réponses !**

❶ Le voyageur pose sa **question** : « Quel est le prochain train de Paris à Londres ? »

❷ La question est transformée en **signal numérique.**

❸ L'**ordinateur** découpe le signal cent fois par seconde. Chaque morceau est une image numérique.

❹ Il associe les morceaux pour **reconstituer** des mots possibles.

❺ L'ordinateur compare les images numériques des mots reconstitués avec ceux de son **dictionnaire**.

❻ S'il n'est pas sûr de lui, l'ordinateur demande s'il s'agit bien de Londres grâce à des **questions toutes prêtes**...

❼ À partir des mots essentiels « de », « Paris », « à », « Londres » et « prochain », il interroge la **base de données** des horaires.

SI L'ORDINATEUR ENTEND MERCI OU AU REVOIR, IL SALUE ÉGALEMENT, PUIS INTERROMPT L'APPEL.

❽ Le **logiciel** assemble alors les morceaux de réponses disponibles. Il y insère les informations horaires.

❾ Un **synthétiseur vocal** transforme cette phrase numérique en paroles. « Le prochain train de Paris à Londres est à 16 h 14. »

COMMENT L'ORDINATEUR COMPREND-IL LA QUESTION ?

IL NE COMPREND PAS le sens de la question, Julia. En revanche, grâce à un puissant logiciel, il reconnaît les paroles, détecte les mots-clés et prédit les autres mots importants.

AUTREMENT

Pour annoncer l'entrée du train en gare, on a aussi recours à un logiciel de synthèse vocale qui assemble les différents mots d'un enregistrement préalable.

LE ➕ DU Pr COLZA

Les logiciels d'apprentissage de langues affichent à l'écran l'image de la phrase correcte et celle de la phrase prononcée par l'élève. La comparaison permet de progresser.

101 Les bateaux à moteur

Ces bateaux ont tous un moteur. Ils avancent de la même façon, Pr Colza ?

Non, Théo. Leurs modes de propulsion sont très différents ! Selon les bateaux, le moteur met en mouvement une hélice, projette de l'eau ou crée un coussin d'air... Des solutions adaptées aux loisirs ou aux transports !

❶ jet-ski

Il est propulsé par l'eau pompée puis expulsée à très grande vitesse à l'arrière.

Le **guidon** modifie la position de la tuyère.

❷ L'eau, comprimée dans la **tuyère**, est expulsée.

❸ Le **jet d'eau**, orienté à gauche, pousse le jet-ski vers la droite, et inversement.

Un **moteur** fait tourner une puissante turbine.

❶ Grâce à l'**écope**, une ouverture dans la coque, l'eau est aspirée vers la turbine.

❷ aéroglisseur

Il est soulevé par l'air emprisonné sous sa jupe et propulsé par des hélices.

Les **gouvernails**, deux volets parallèles, permettent d'avancer et de tourner.

Le souffle de l'**hélice** propulse l'aéroglisseur : il glisse sur l'eau... ou sur la terre.

Grâce au coussin d'air sous la **jupe**, le bateau n'est pas freiné par la résistance de l'eau.

❸ hydroptère

Ce navire décolle ! Maintenu hors de l'eau, il n'est freiné ni par les vagues ni par l'eau.

Les ailes immergées, ou **foils**, ont un profil d'aile d'avion.

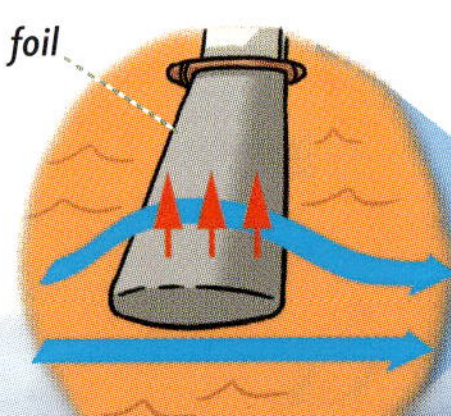

En raison du **profil des ailes**, l'eau se déplace plus vite au-dessus qu'en dessous. Cela crée une aspiration vers le haut : la coque se soulève.

Des **hydrojets** propulsent ce navire.

79 107

4 paquebot

Dans la salle des machines, les moteurs à gazole ou à fuel lourd actionnent l'hélice.

Les **gaz de combustion** sont évacués par les cheminées.

Les **pods orientables** remplacent le gouvernail. Ils facilitent les manœuvres.

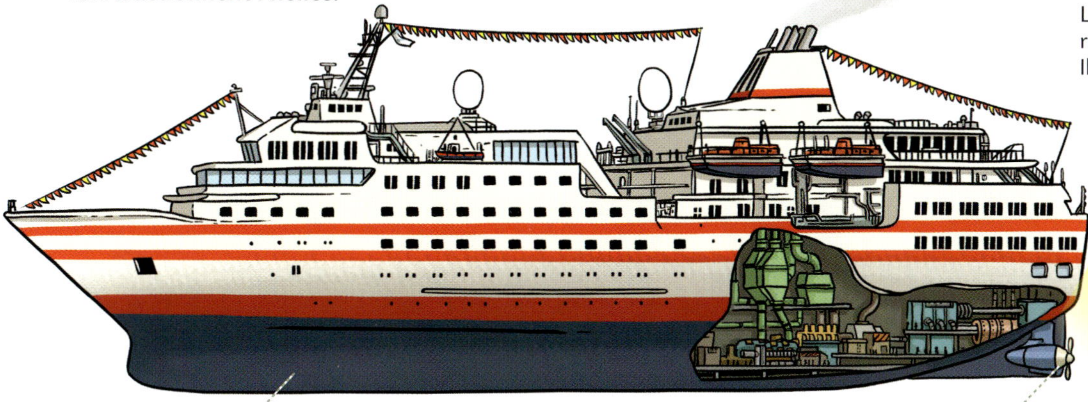

La **coque en acier** est profilée pour limiter la résistance de l'eau.

Malgré son poids de plusieurs centaines de tonnes, le paquebot flotte grâce à la **poussée d'Archimède.**

Les **hélices** propulsent le paquebot. Elles sont montées sur des pods orientables.

5 hors-bord

Le moteur à explosion, situé à l'arrière, actionne une ou plusieurs hélices qui propulsent le bateau.

L'**arbre** est mis en mouvement par le moteur.

Les **roues dentées** coniques font tourner l'hélice.

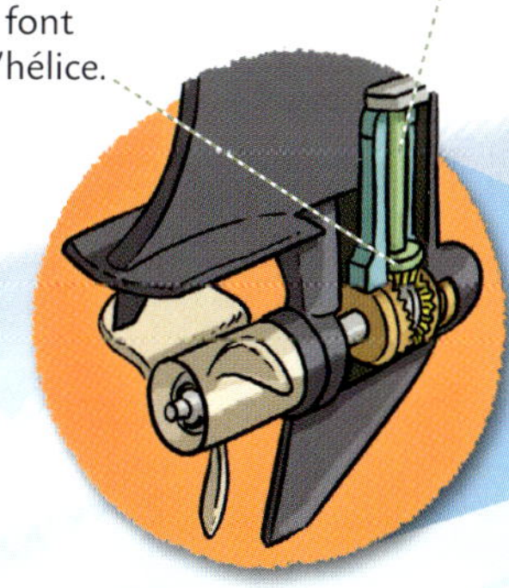

Les moteurs très puissants ont deux hélices qui tournent en **sens inverse** afin d'éviter au bateau de pencher d'un côté.

L'orientation du **moteur hors-bord**, et donc de l'hélice, permet de diriger le bateau.

QUESTION de PRINCIPE

L'hélice

L'hélice est une vis dont le profil est celui d'une aile d'avion. En tournant, elle crée une aspiration devant elle et une poussée derrière elle. Grâce à cette vis, les bateaux avancent dans l'eau comme les avions à hélice avancent dans l'air.

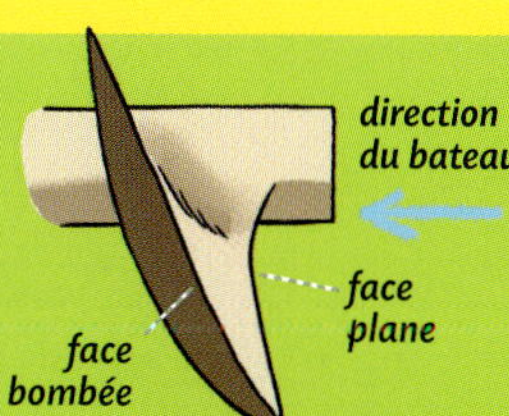

Chaque pale de l'hélice est inclinée et formée d'une **face plane** et d'une autre **bombée**.

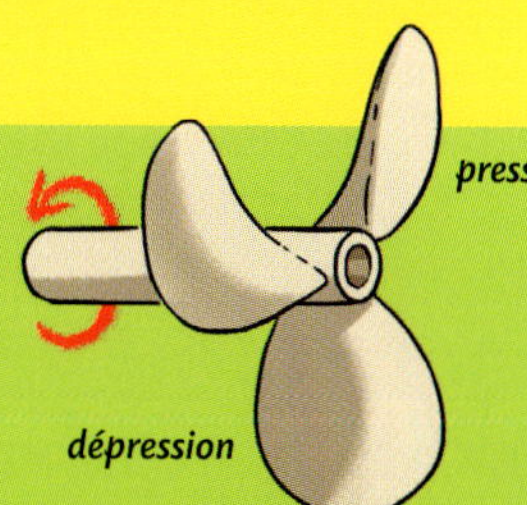

Lorsque l'hélice tourne, l'eau est **comprimée** et **ralentie** sur la surface plane. C'est l'inverse sur la face bombée.

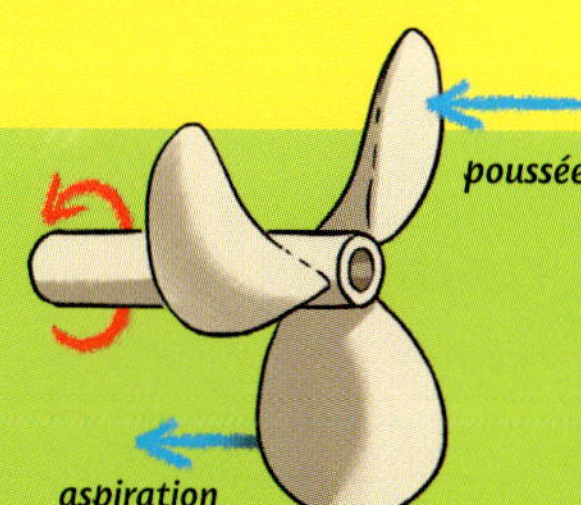

Cette différence de pression et de vitesse entraîne une **poussée** d'un côté et une **aspiration** de l'autre.

102 Le sous-marin nucléaire

Un sous-marin qui fait le tour du monde emporte-t-il toutes ses réserves ?

Juste le ravitaillement ! Le sous-marin produit son oxygène, son eau et son électricité. Il avance en effet grâce à un moteur électrique car sous l'eau, c'est-à-dire sans air, un moteur à explosion ne pourrait pas fonctionner !

❶ réacteur nucléaire

Dans le réacteur, les atomes d'uranium, bombardés par des neutrons, sont cassés en deux. Cette fission nucléaire dégage une grande quantité de chaleur qu'on utilise pour produire de l'électricité.

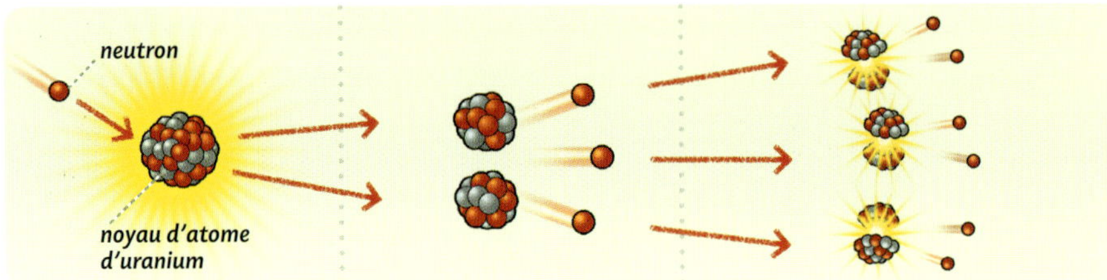

Un **neutron** frappe un atome d'uranium.

La **fission nucléaire** a lieu : le noyau de l'atome est cassé en deux, des neutrons sont libérés.

Les **neutrons** libres frappent de nouveaux atomes et les cassent aussi. Cette réaction en chaîne dégage énormément de chaleur.

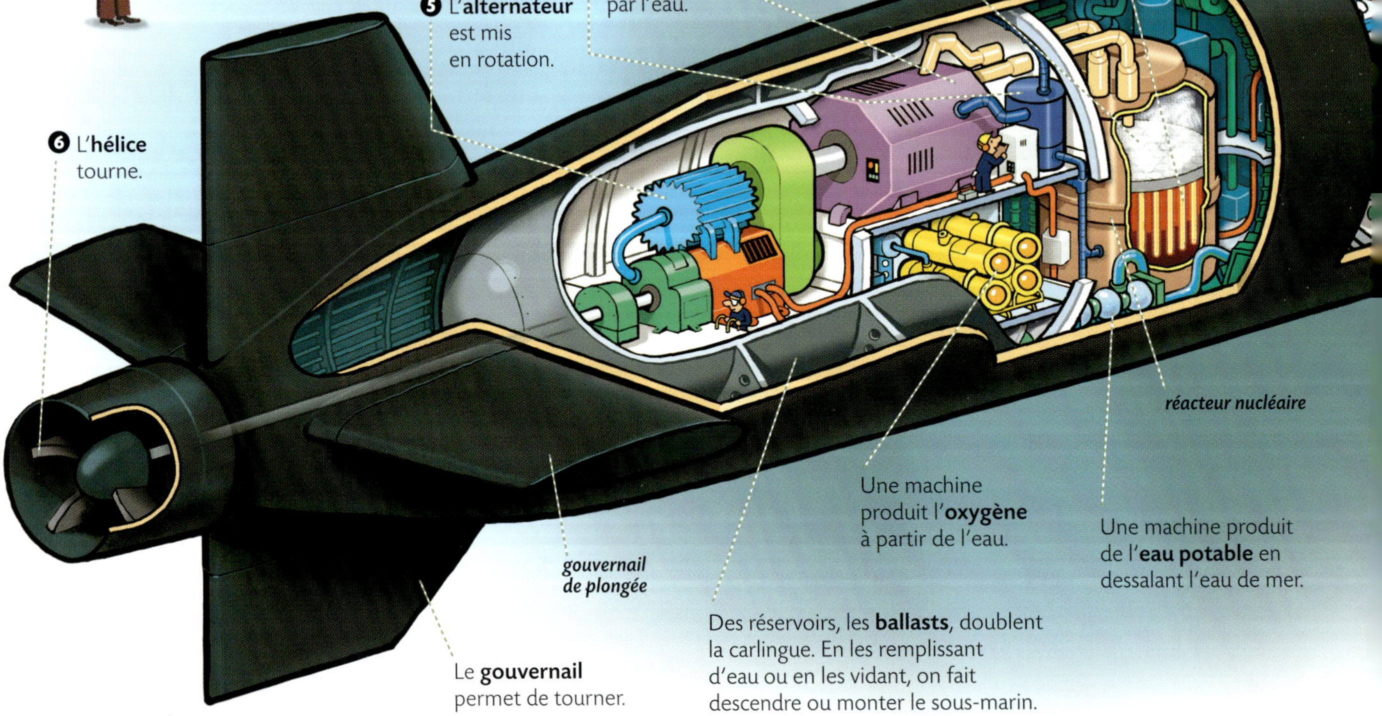

101 110 89

❷ périscope

En déviant la lumière, il permet de voir à la surface de l'eau.

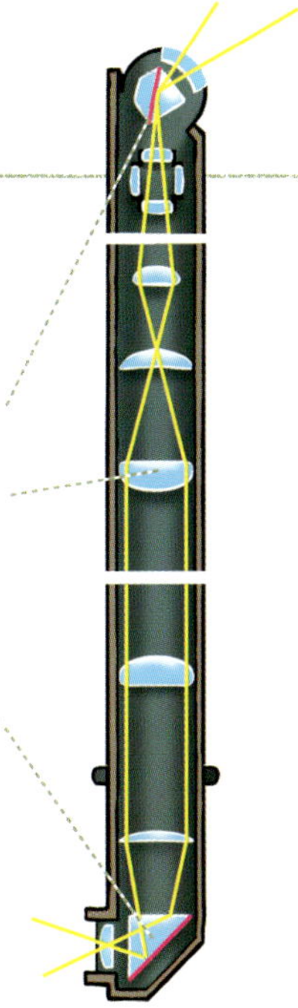

Les **lentilles** permettent de grossir, de réduire ou de rendre les images nettes.

Les deux **prismes** changent la direction des images.

Les **gouvernails de plongée** inclinent le sous-marin vers le haut ou vers le bas.

Les **snorkels** sont des arrivées d'air.

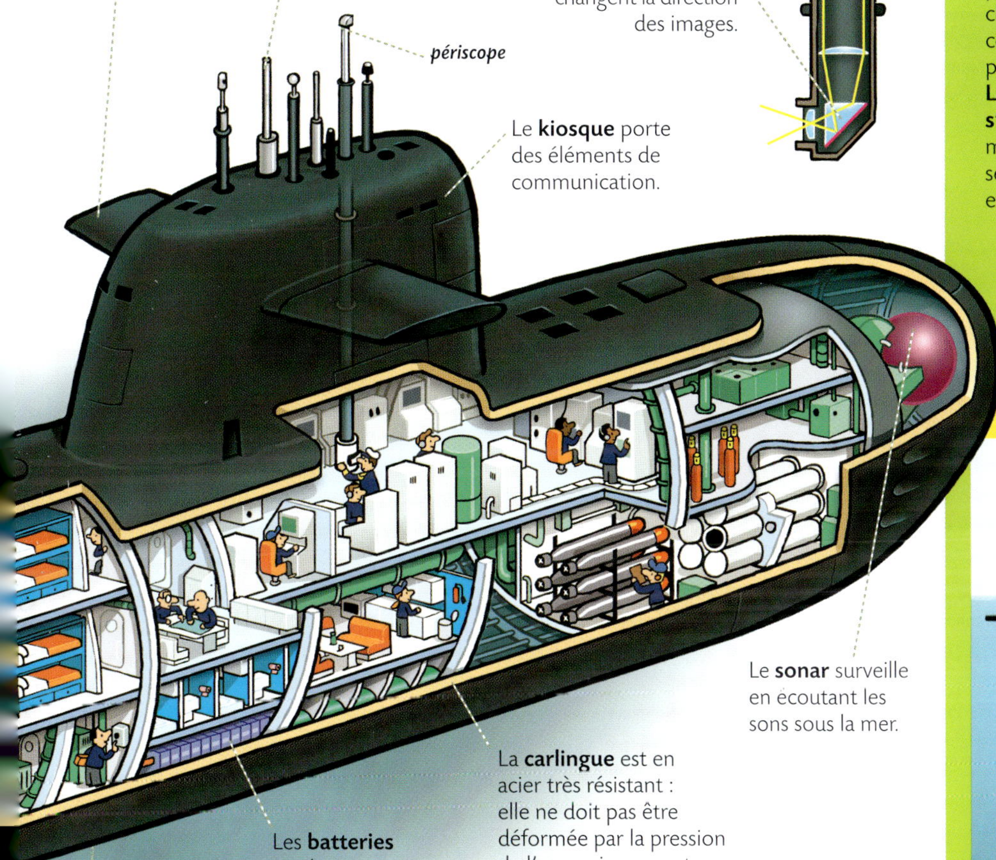

Le **kiosque** porte des éléments de communication.

Le **sonar** surveille en écoutant les sons sous la mer.

La **carlingue** est en acier très résistant : elle ne doit pas être déformée par la pression de l'eau qui augmente avec la profondeur.

Les **batteries** stockent l'électricité.

❸ sonar

Sans hublots, le sous-marin est aveugle au fond de l'eau. Pour se repérer, il utilise un sonar.

Le sous-marin émet des **sons** dans l'eau qui sont réfléchis par les obstacles.

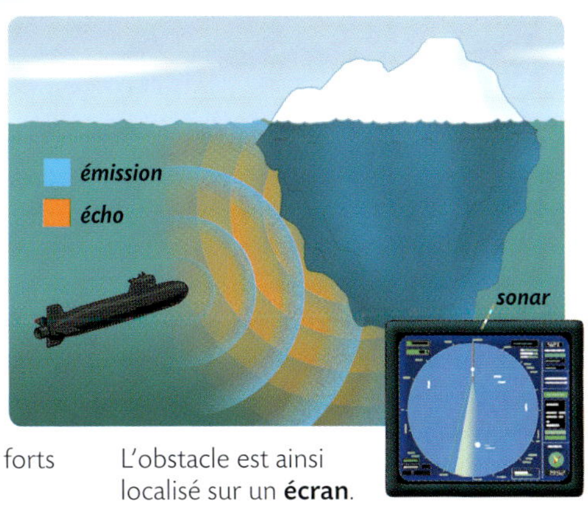

Ces **échos** sont plus ou moins forts selon la distance de l'obstacle.

L'obstacle est ainsi localisé sur un **écran**.

QUESTION de PRINCIPE

La poussée d'Archimède

« Tout corps plongé dans un fluide subit une force verticale, dirigée de bas en haut et égale au poids du volume de fluide déplacé. » C'est ce qu'on appelle la « poussée d'Archimède ».

Une péniche en béton chargée de plusieurs centaines de tonnes de charbon s'enfonce dans l'eau mais ne coule pas. Son poids est compensé par la poussée exercée par l'eau. **La poussée d'Archimède s'applique aussi à l'air**. Ainsi, une montgolfière monte et descend selon la différence entre son poids et la poussée exercée par l'air.

Application : les ballasts

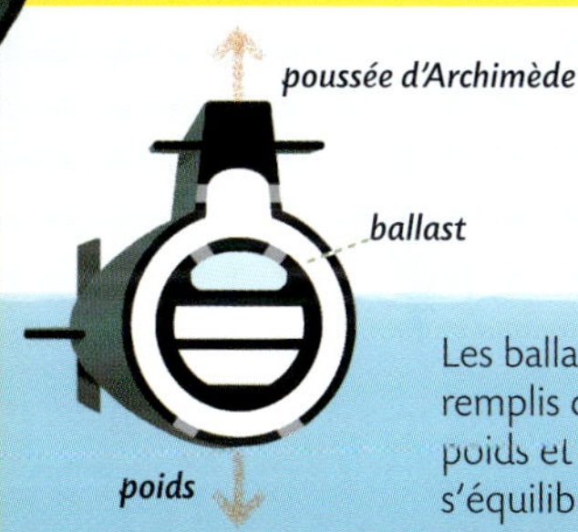

Les ballasts sont remplis d'air. Le poids et la poussée s'équilibrent : **le sous-marin flotte**.

On remplit les ballasts d'eau de mer : l'air est expulsé. Le poids du sous-marin devient supérieur à la poussée : **il s'enfonce**.

On chasse l'eau des ballasts avec de l'air comprimé. Le poids du sous-marin devient inférieur à la poussée : **il remonte**.

103 Le passeport biométrique

Que se passe-t-il **lorsque je présente mon passeport au poste de contrôle ?**

Tes données biométriques **(photo, empreintes), mémorisées sur une puce, sont lues à distance et s'affichent automatiquement sur l'écran du policier. Ainsi, il peut vérifier que tu es bien Théo !**

Les **pages vierges** sont tamponnées par les policiers des frontières.

Ce fil métallique est une **antenne** reliée à la puce. Lorsqu'elle capte les ondes émises par le lecteur du policier, elle transmet aussitôt les données en mémoire.

Les informations d'identité (nom, prénom, nationalité…) sont mémorisées dans la **puce**, ainsi que les données biométriques : la photo et les empreintes digitales.

La **couverture** en carton rigide porte la mention du pays.

La **photo** est réglementée : elle doit présenter un visage de face, avec une expression neutre.

Ces deux lignes peuvent être lues par un **lecteur optique** comme un code-barres.

La **partie électronique**, extra plate, est protégée par deux feuilles de plastique résistant.

Le passeport est imprimé sur un **papier spécial** avec des hologrammes.

GRÂCE À UN LECTEUR D'EMPREINTES DIGITALES !
Le passager pose son doigt sur un mini scanner. Aussitôt, le lecteur numérise l'empreinte du doigt. Grâce à un logiciel, cette image est comparée avec l'image en mémoire afin de détecter la moindre différence entre les deux empreintes.

LE + DU Pr COLZA

Les informations mémorisées dans la puce du passeport sont cryptées, c'est-à-dire qu'elles ne peuvent être lues ou décodées que grâce à une clé numérique, comme dans la transmission des numéros bancaires par Internet.

Les contrôles de sécurité

55 64

Comment détecte-t-on des objets dangereux lors des contrôles de sécurité ?

On utilise deux appareils : le portique détecte le moindre objet métallique ; et le tunnel rend transparents les bagages. Ainsi, les objets dangereux sont repérés par leurs matériaux ou par leur forme.

1 portique de sécurité

Le portique détecte tous les objets métalliques.

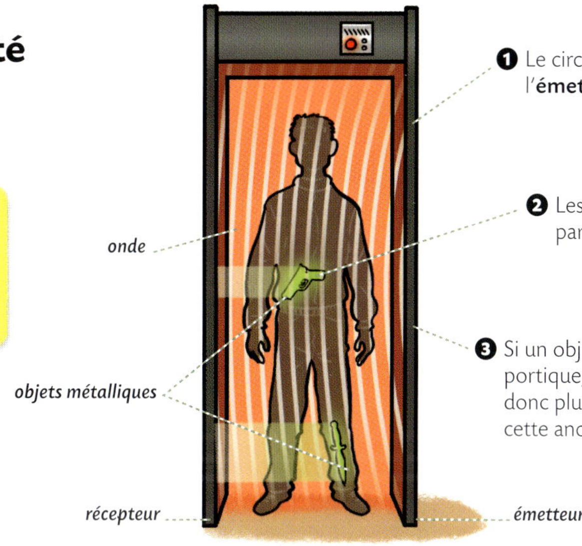

1 Le circuit électronique de l'**émetteur** génère des ondes.

2 Les **ondes** sont arrêtées par les objets métalliques.

3 Si un objet métallique traverse le portique, le **récepteur** ne les reçoit donc plus. Le portique signale cette anomalie en sonnant.

2 tunnel de contrôle des bagages

Il permet de voir à l'écran le contenu des bagages grâce aux rayons X.

1 Le **scanner** à rayons X est équipé de quatre caméras qui balayent le bagage. Les angles de vue sont complémentaires.

Les **rayons X** traversent plus facilement les matériaux mous et légers que les matériaux durs et denses. Ils sont arrêtés par les métaux.

2 L'**ordinateur** reconstitue les images en trois dimensions de tous les objets.

3 Selon la composition et la densité des matériaux, les objets apparaissent à l'**écran** avec des couleurs différentes.

4 Ces images sont comparées avec celles d'un **catalogue** d'objets et de substances suspects.

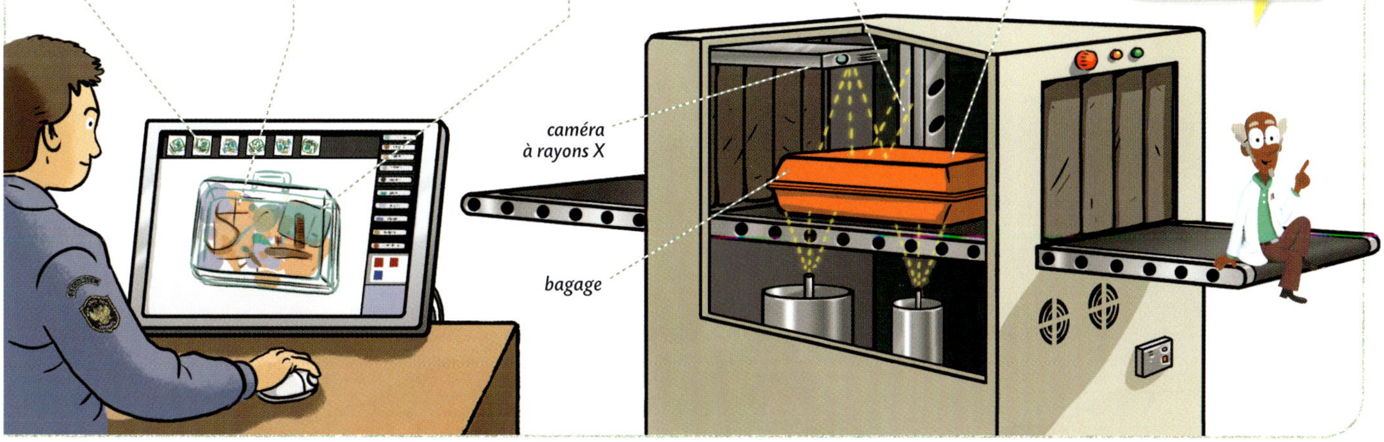

105 Le radar de surveillance

31 87 127

Les radars des aéroports fonctionnent-ils comme les radars routiers, Pr Siphon ?

Tout à fait, Théo. C'est le même principe : les radars détectent l'écho des ondes qu'ils envoient. Toutefois, ils servent davantage à localiser les avions dans le ciel qu'à contrôler leur vitesse !

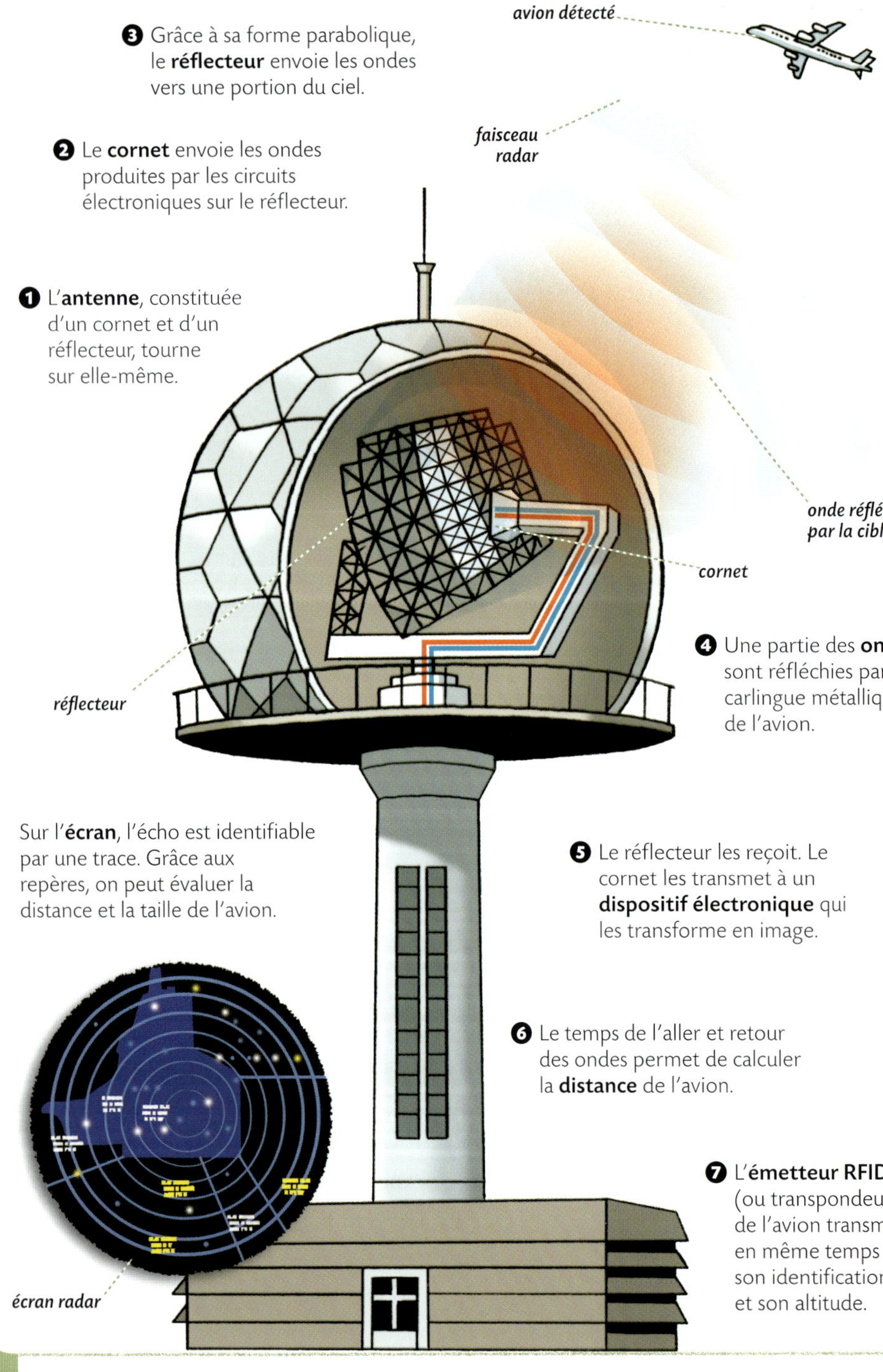

❶ L'**antenne**, constituée d'un cornet et d'un réflecteur, tourne sur elle-même.

❷ Le **cornet** envoie les ondes produites par les circuits électroniques sur le réflecteur.

❸ Grâce à sa forme parabolique, le **réflecteur** envoie les ondes vers une portion du ciel.

❹ Une partie des **ondes** sont réfléchies par la carlingue métallique de l'avion.

❺ Le réflecteur les reçoit. Le cornet les transmet à un **dispositif électronique** qui les transforme en image.

❻ Le temps de l'aller et retour des ondes permet de calculer la **distance** de l'avion.

❼ L'**émetteur RFID** (ou transpondeur) de l'avion transmet en même temps son identification et son altitude.

Sur l'**écran**, l'écho est identifiable par une trace. Grâce aux repères, on peut évaluer la distance et la taille de l'avion.

LE + DU Pr SIPHON

Désormais, grâce aux étiquettes RFID des avions, on connaît instantanément l'état du trafic. La navigation peut être gérée automatiquement et en toute sécurité.

AUTREMENT

En raison de leur carlingue anguleuse et du revêtement de leur surface, les avions militaires furtifs ne renvoient pas les ondes vers le radar qui les émet. Ils ne peuvent pas être détectés.

QUELLE EST LA DIFFÉRENCE ENTRE UN RADAR ET UN SONAR ?

LE PRINCIPE EST LE MÊME, seulement le radar écoute des ondes radio tandis que le sonar écoute des ondes sonores.

L'aéroport

94 31

C'est un ordinateur qui orchestre tous ces vols, Pr Colza ?

Des ordinateurs, plutôt, car le trafic est international ! Le contrôle de l'espace aérien est divisé en plusieurs niveaux et régions. Ainsi, chaque avion est guidé au cours de son vol par des radars et des contrôleurs aériens.

L'aéroport comporte plusieurs zones : les pistes de décollage et d'atterrissage, les zones de manœuvres, l'aérogare et la tour de contrôle.

Grâce à un **logiciel**, tous les mouvements au sol s'affichent en temps réel sur un écran.

❸ Au cours du vol, l'avion est **guidé** par les centres régionaux et se repère grâce à des **balises radio terrestres**.

❷ Après autorisation, l'**ordre de décollage** est donné par la tour de contrôle.

❶ L'avion adresse son **plan de vol** au centre européen de contrôle.

Une **station météo** indique en permanence les prévisions du temps, la force et l'orientation du vent, la température de l'air et au sol.

Les **contrôleurs** voient l'ensemble des pistes et surveillent tous les déplacements. Ils sont informés en permanence des vols en cours.

L'**aérogare** est le lieu de transit des passagers. Leur accès est limité dans les zones d'embarquement et de débarquement.

Les avions sont **stationnés** pour l'embarquement et le débarquement des passagers.

Tous les **véhicules** sont localisés grâce au GPS et leurs zones de circulation sont délimitées.

1 À l'approche de l'aéroport, l'avion est guidé par le **centre de contrôle spécialisé**. L'avion descend et quitte son couloir de vol.

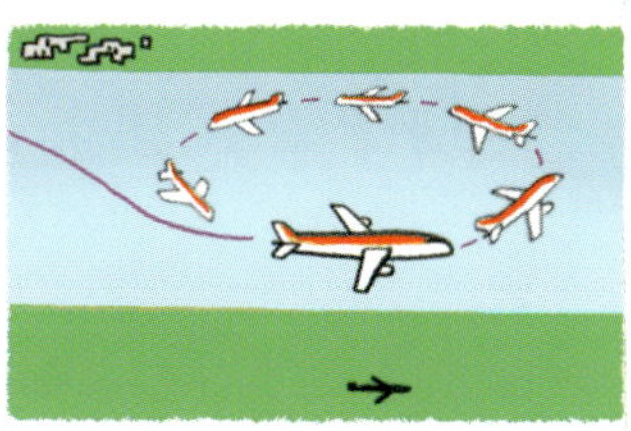

2 Il est placé dans le **circuit d'attente**. Comme les autres avions, il fait de grandes boucles à une altitude fixée par la tour de contrôle.

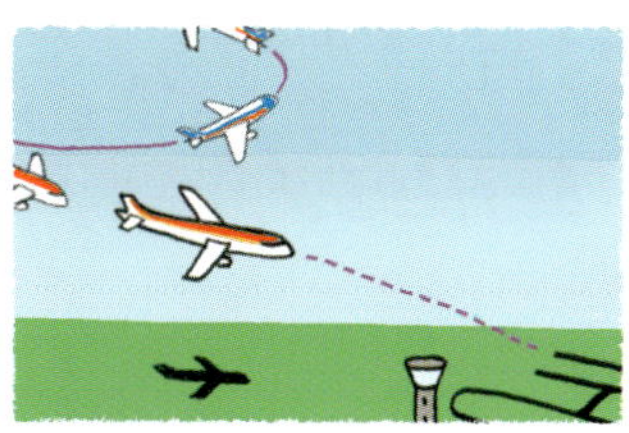

3 Il descend d'un niveau au fil des atterrissages. Au premier niveau, l'autorisation d'atterrissage lui est donnée par la **tour de contrôle**.

4 Des **balises** terrestres informent le pilote par ondes radio de la distance à la piste et de l'alignement de l'avion. Celui-ci atterrit.

107 L'avion et le planeur

Comment des engins qui pèsent plusieurs centaines de tonnes peuvent-ils voler ?

Grâce à leurs ailes, qui les portent et compensent leur poids. Pour avancer, les avions utilisent un moteur et les planeurs, les courants d'air. Pour tourner, ils modifient leur prise au vent et leur équilibre.

❶ avion à réaction

Ces avions sont propulsés par des turboréacteurs.

POUR FREINER LORS DE L'ATTERRISSAGE, ON FAIT TOURNER LA TURBINE DU RÉACTEUR À L'ENVERS.

Grâce aux **ailerons** des ailes et aux **gouvernes** de profondeur et de direction, l'avion peut se diriger.

Les **ailes** portent l'avion.

Le **stabilisateur** arrière et la **dérive** équilibrent l'avion.

Les ailes sont aussi des **réservoirs** de carburant.

Grâce à leur poussée, les **turboréacteurs** propulsent l'avion.

L'**inclinaison des ailerons** modifie le profil de l'aile. Lorsqu'ils sont remontés, ils contribuent au freinage de l'avion.

Le **train d'atterrissage** se replie juste après le décollage.

Le turboréacteur

❶ L'air est aspiré par les ailettes de la **turbine** et comprimé par le compresseur. Sa température augmente.

❷ Dans la **chambre de combustion**, l'air comprimé est mélangé avec du kérosène. Ce mélange explosif brûle.

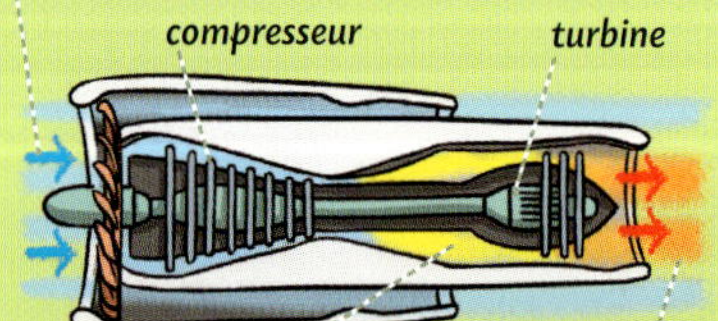

❸ Les gaz produits en grande quantité sont éjectés à grande vitesse ; c'est la **poussée** principale du réacteur.

❹ Une partie de l'air aspiré par la turbine s'ajoute aux **gaz d'échappement**, augmentant ainsi la poussée du réacteur.

101 108 111

En agissant sur les gouvernes, le pilote fait tourner l'avion selon trois axes.

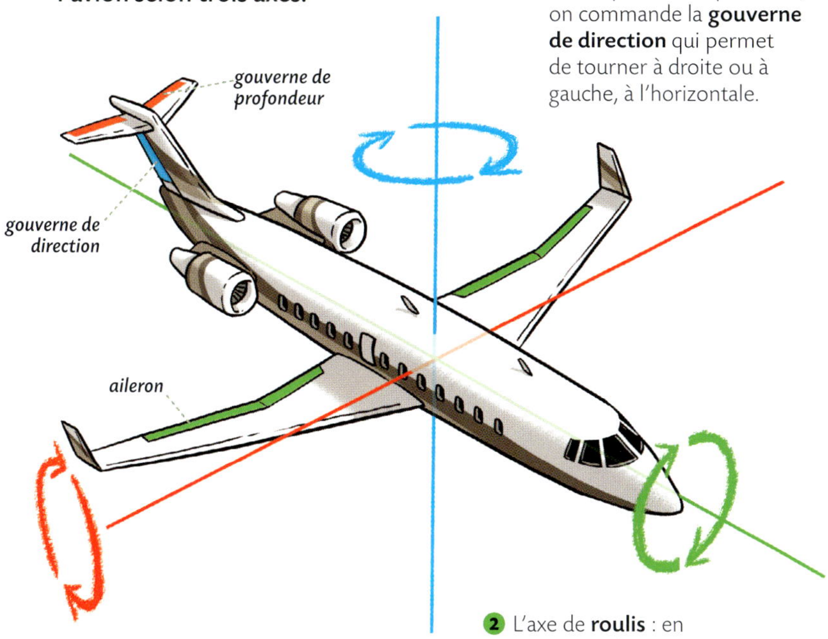

1 L'axe de **lacet** : en appuyant sur les pédales du palonnier, on commande la **gouverne de direction** qui permet de tourner à droite ou à gauche, à l'horizontale.

2 L'axe de **roulis** : en actionnant le manche à gauche ou à droite, on agit sur les **ailerons** qui permettent d'incliner l'avion.

3 L'axe de **tangage** : en tirant ou en poussant le manche, on commande les **gouvernes de profondeur** qui permettent de monter ou descendre.

2 planeur

Dépourvu de moteur, le planeur est porté en altitude par un avion puis lâché au gré des mouvements d'air.

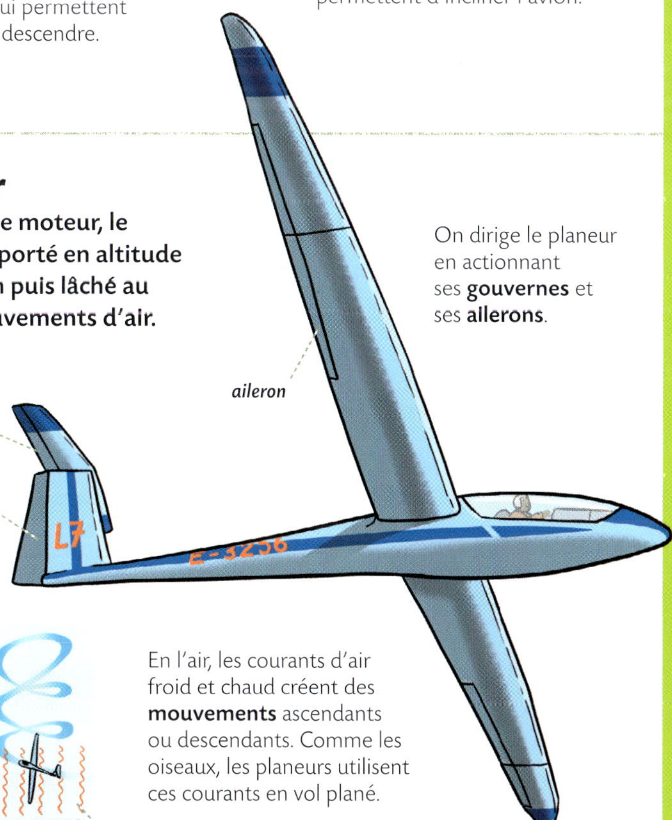

On dirige le planeur en actionnant ses **gouvernes** et ses **ailerons**.

En l'air, les courants d'air froid et chaud créent des **mouvements** ascendants ou descendants. Comme les oiseaux, les planeurs utilisent ces courants en vol plané.

QUESTION de PRINCIPE

L'aérodynamique

L'avion subit les effets de l'air : la traînée s'oppose à son déplacement et la portance le maintient en l'air.

Au niveau du **bord d'attaque** de l'aile, le flux d'air est scindé en deux. En raison du profil de l'aile, l'air circule plus vite sur l'aile que sous l'aile.

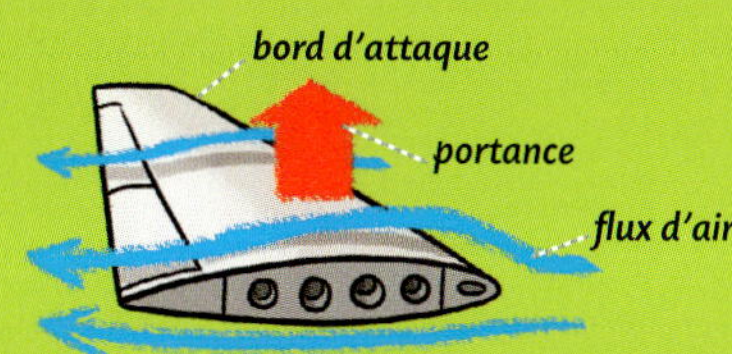

Il en résulte une **différence de pression** entre les deux faces de l'aile : la pression est plus forte en dessous qu'au-dessus, ce qui a pour effet d'aspirer l'aile vers le haut. C'est ce qu'on appelle la **portance**.

De même, lorsqu'on souffle sur une feuille de papier, elle se soulève. Le courant d'air crée une aspiration sur le dessus : la portance !

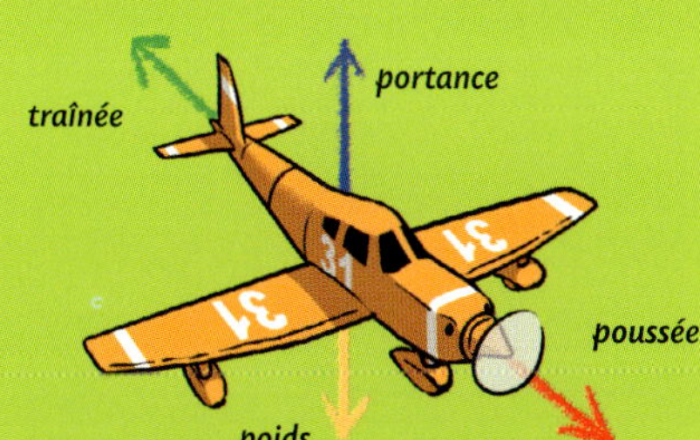

Pour voler, le moteur doit produire une force plus grande que la traînée et la portance doit être supérieure au poids.

108 Le cockpit de l'avion de ligne

105 20

À quoi servent tous les cadrans et boutons du cockpit, Pr Colza ?

Ce sont des systèmes de visualisation électronique ! Les instruments sont en double pour que le pilote et le copilote aient toutes les informations du vol et puissent piloter l'avion conjointement.

L'ordinateur

de vol assiste les pilotes. Il calcule et contrôle la vitesse, la consommation et le suivi du plan de vol.

Le **panneau supérieur** est constitué des différents blocs de commande : allumage des phares, pressurisation de la cabine...

La vitesse, le cap et l'altitude sont contrôlés par le **pilote automatique**.

LES DONNÉES DU VOL SONT ENREGISTRÉES DANS LA BOÎTE NOIRE. EN CAS DE CRASH, ELLES PERMETTENT D'EN DÉTECTER LES CAUSES.

manche

Le **pylône central** porte les manettes de commande des gaz et des aérofreins.

L'**écran technique** indique le niveau d'huile, la consommation de kérosène...

écran de vol

vitesse *altimètre*

ligne d'horizon

Sur l'**écran de vol**, le pilote repère la vitesse de son avion, situe son altitude et sa direction.

écran de navigation

avion en approche

turbulence *position de l'avion*

Sur l'**écran radar de navigation**, sont visualisés les avions proches, les aéroports, les masses nuageuses.

écran de contrôle des moteurs

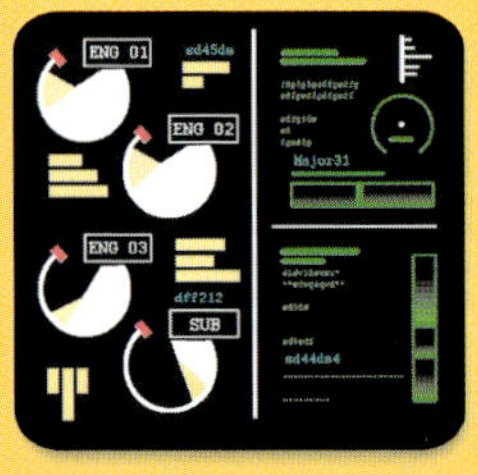

L'**écran de contrôle** indique le régime de chaque moteur et sa température.

ordinateur de vol

Le pilote entre dans l'**ordinateur** les données du vol. Celui-ci calcule et contrôle la vitesse, la consommation et le suivi du plan de vol.

109 Le siège éjectable

112

Comment le siège des avions de chasse est-il éjecté, Pr Siphon ?

Il est mis à feu comme un canon ! En moins de deux secondes, il expulse le pilote de l'avion et déclenche l'ouverture du parachute. Il fournit l'oxygène et un kit de survie pour l'atterrissage.

L'éjection doit projeter le pilote hors de la trajectoire de l'avion mais avec une accélération supportable pour le corps.

Le siège est fixé sur un **tube télescopique** qui lui sert de guide.

La mise à feu de la cartouche principale du **canon d'éjection** provoque la mise à feu des cartouches auxiliaires.

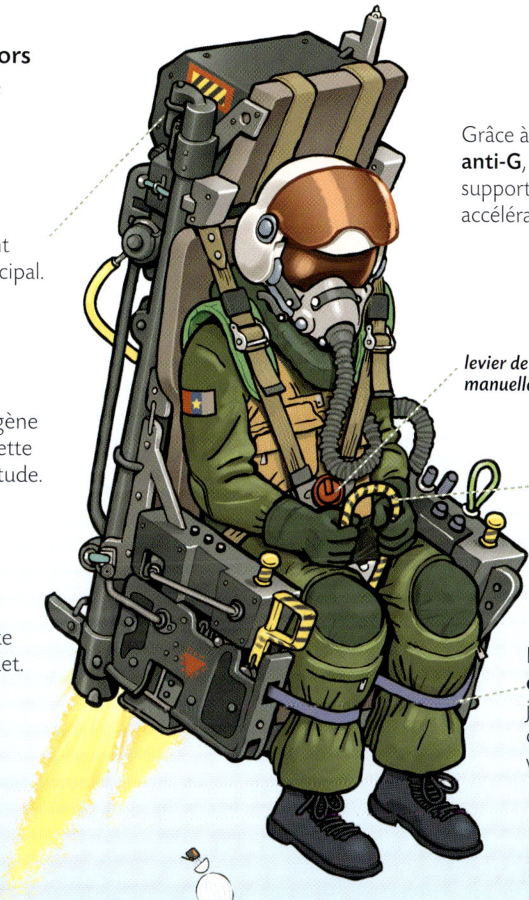

Le dossier contient le **parachute** principal.

Le **masque** apporte l'oxygène nécessaire à cette très haute altitude.

Les **sangles** bloquent le pilote sur le siège baquet.

Grâce à sa **combinaison anti-G**, le pilote peut supporter la terrible accélération de l'éjection.

Le **système de rappel** des jambes ramène les chevilles du pilote vers l'arrière.

LA COMBINAISON ANTI-G COMPRIME LES MUSCLES DU BAS DU CORPS, EMPÊCHANT LE SANG DE DESCENDRE.

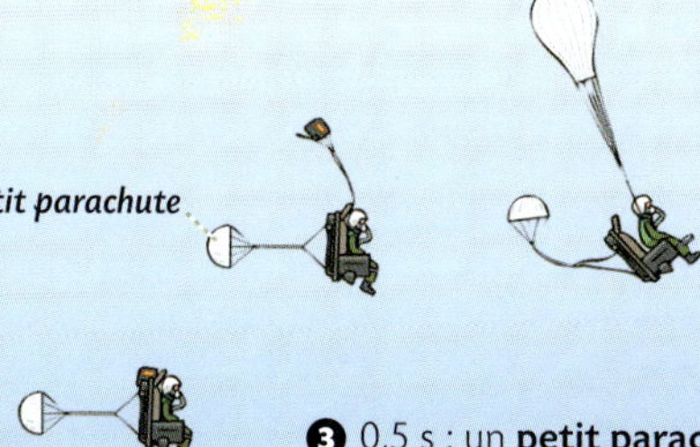

❶ Le pilote tire sur la poignée. Le gaz d'une cartouche actionne un vérin qui tend la sangle du siège. La verrière est larguée, le système d'**éjection** déclenché.

❷ 0,25 s : le **siège** est expulsé à très grande vitesse pour qu'il ne heurte pas la dérive de l'avion. Les cartouches continuent de propulser le pilote.

❸ 0,5 s : un **petit parachute** stabilise les mouvements du siège et commence à freiner la chute du pilote.

❹ 1,5 s : le harnais du siège se déverrouille, libérant le pilote. Le **parachute principal** s'ouvre. Le pilote se dirige grâce aux manettes.

La montgolfière et le dirigeable

102

Les montgolfières volent comme les avions, Pr Siphon ?

Eh non, Théo ! Contrairement aux avions, les ballons sont plus légers que l'air : ils flottent car ils subissent une poussée dirigée de bas en haut, égale au poids du volume d'air déplacé. C'est la poussée d'Archimède !

❶ montgolfière

Dans l'enveloppe, on chauffe l'air, qui devient plus léger que l'air extérieur. La montgolfière s'élève dans le ciel.

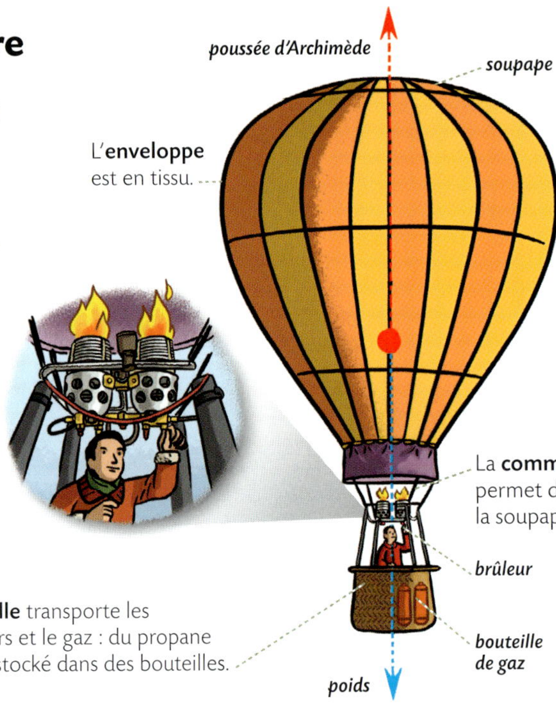

L'**enveloppe** est en tissu.

Le **brûleur** chauffe l'air de l'enveloppe au début de l'ascension et dès qu'on a besoin de monter.

La **commande** permet d'ouvrir la soupape.

La **nacelle** transporte les passagers et le gaz : du propane liquide stocké dans des bouteilles.

❶ La **soupape** est fermée : l'air chaud permet à la montgolfière de **monter**. La poussée est supérieure au poids.

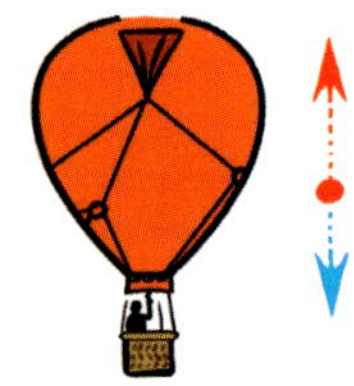

❷ La soupape est ouverte : l'air se refroidit ; le poids augmente. S'il est égal à la poussée : le ballon est **en équilibre**.

❸ Si le poids est supérieur à la poussée, le ballon **descend**.

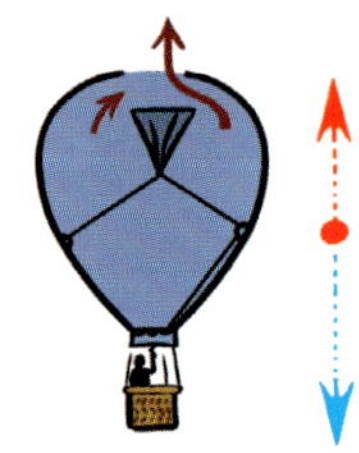

❷ dirigeable

Il navigue grâce à des hélices et des poches d'air. Son enveloppe est remplie d'hélium, un gaz plus léger que l'air.

Le volume d'air des **ballonnets** est réglable.

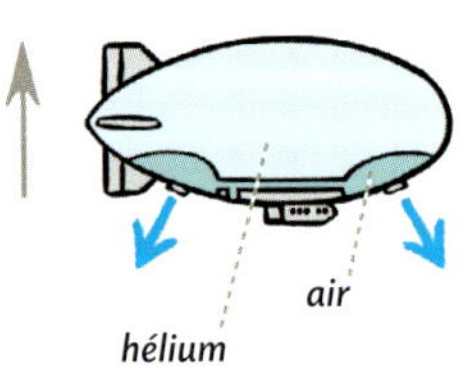

Lorsqu'on vide les ballonnets, le poids diminue. Le dirigeable monte.

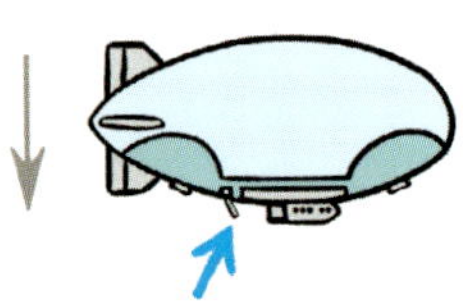

Lorsqu'on les remplit d'air, le dirigeable descend.

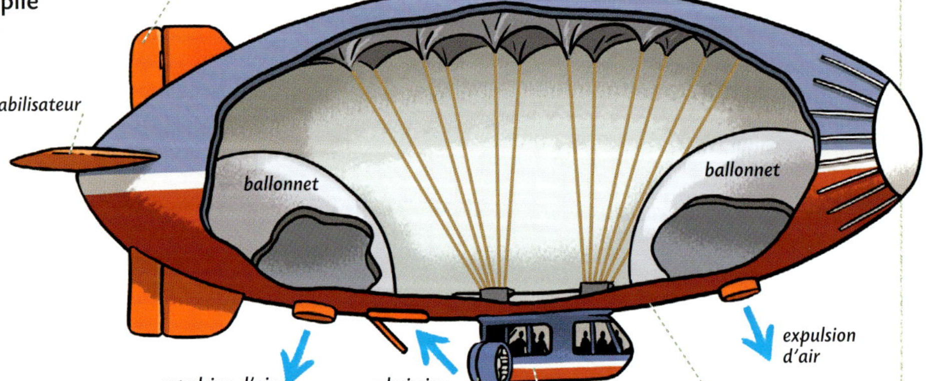

Le **gouvernail** permet de tourner.

Le **stabilisateur** guide la trajectoire du dirigeable.

Les **moteurs** à hélice font avancer l'engin volant.

L'enveloppe est remplie d'un gaz plus léger que l'air et ininflammable, l'**hélium**.

L'hélicoptère

***Pourquoi l'hélicoptère* doit-il s'incliner pour avancer, Pr Colza ?**

***Excellente question, Julia !* Toutes les manœuvres dépendent de l'inclinaison des pales. Pour avancer, il faut les incliner d'une certaine façon. Cela a pour effet de faire pencher l'hélicoptère.**

Le pilote modifie **l'inclinaison des pales** du rotor pour diriger l'engin. Ce sont les **plateaux cycliques** qui modifient l'angle des pales : le plateau supérieur se soulève ou s'abaisse, l'inférieur s'incline.

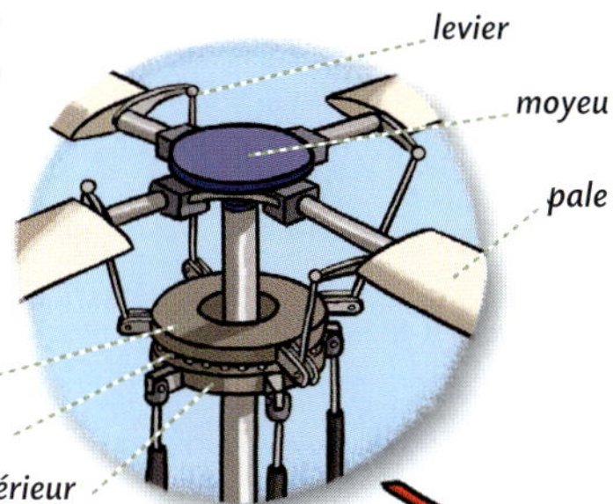

Les pales sont bombées comme des ailes d'avion. Lorsqu'elles tournent, le mouvement de l'air crée une aspiration vers le haut : la **portance**.

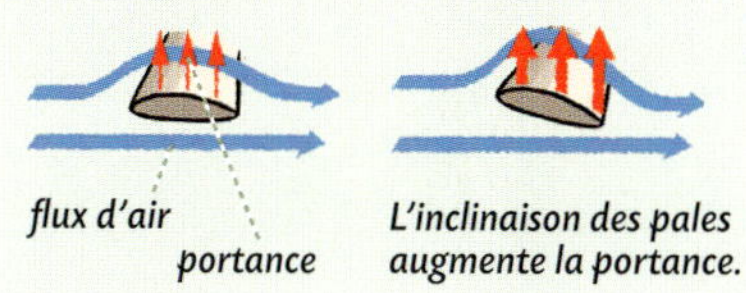

Sans le **rotor arrière**, vertical, l'hélicoptère tournerait sur lui-même en réaction au mouvement des pales.

Le **moteur** fait tourner le rotor et les pales à plusieurs centaines de tours par minute.

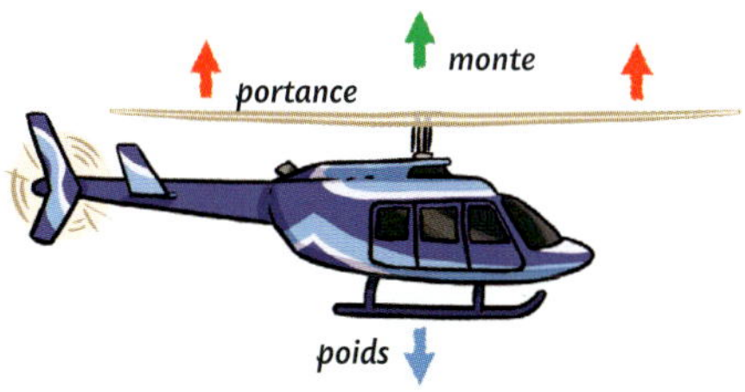

1 Pour **monter**, le pilote soulève le plateau cyclique, inclinant toutes les pales de la même façon. La portance augmente, l'hélicoptère s'élève. Pour **descendre**, il abaisse le plateau.

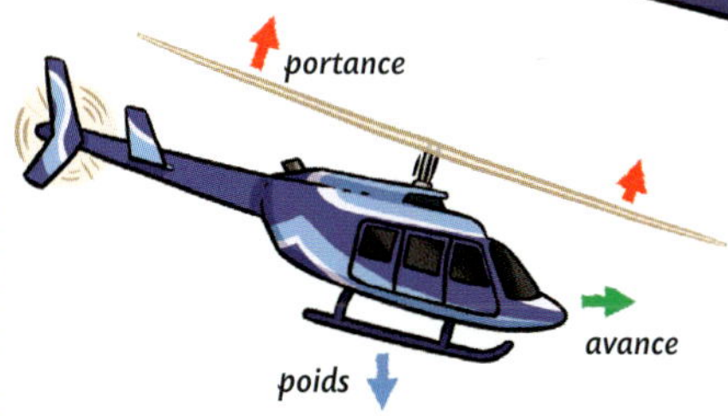

2 Pour **avancer**, le pilote incline les pales de telle sorte que la portance soit plus forte à l'arrière qu'à l'avant. Du même coup, l'hélicoptère s'incline.

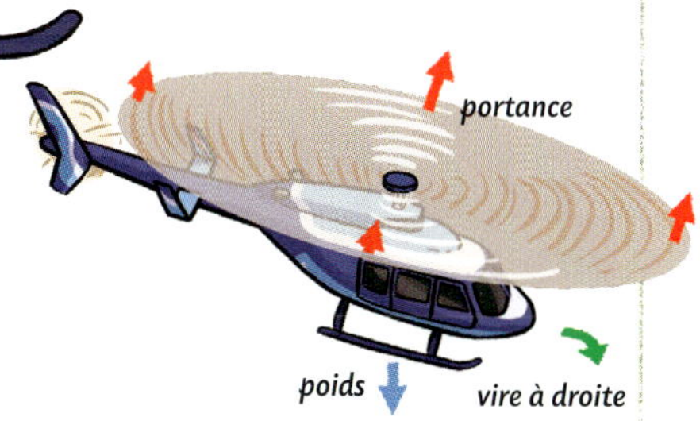

3 Pour **virer** à droite par exemple, le pilote modifie l'inclinaison des pales de façon que la portance soit plus forte à gauche.

La fusée

Pourquoi certains éléments **de la fusée sont-ils libérés lors du lancement ?**

Tout simplement parce qu'ainsi, la fusée **est peu à peu débarrassée des étages devenus inutiles une fois leurs réservoirs vidés. Allégée, elle peut alors augmenter sa vitesse pour atteindre l'altitude de largage des satellites.**

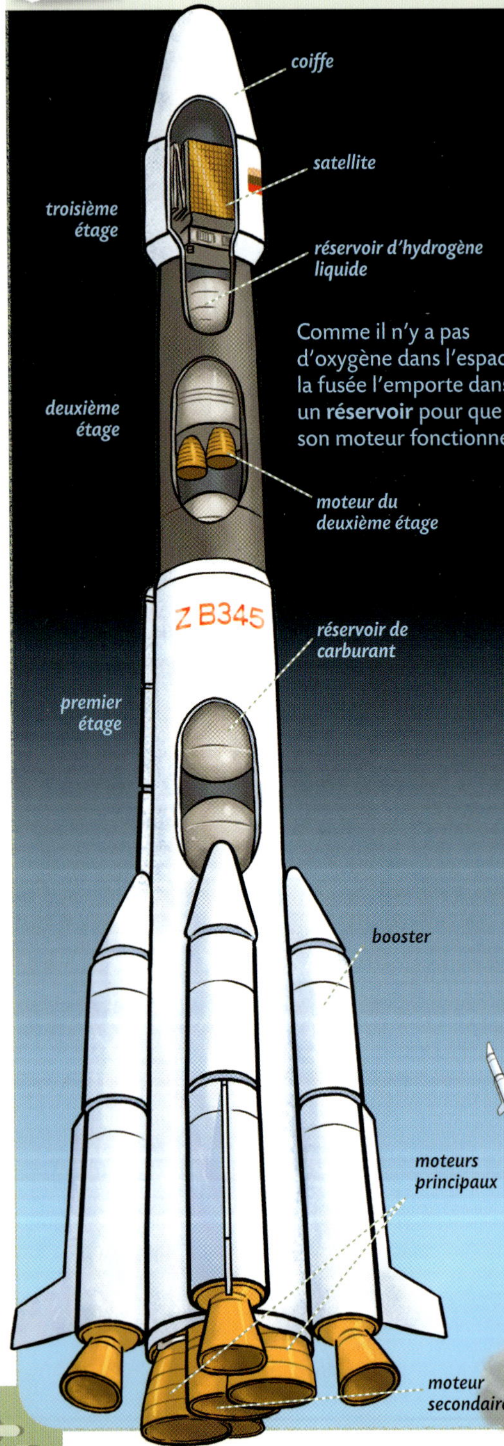

Comme il n'y a pas d'oxygène dans l'espace, la fusée l'emporte dans un **réservoir** pour que son moteur fonctionne.

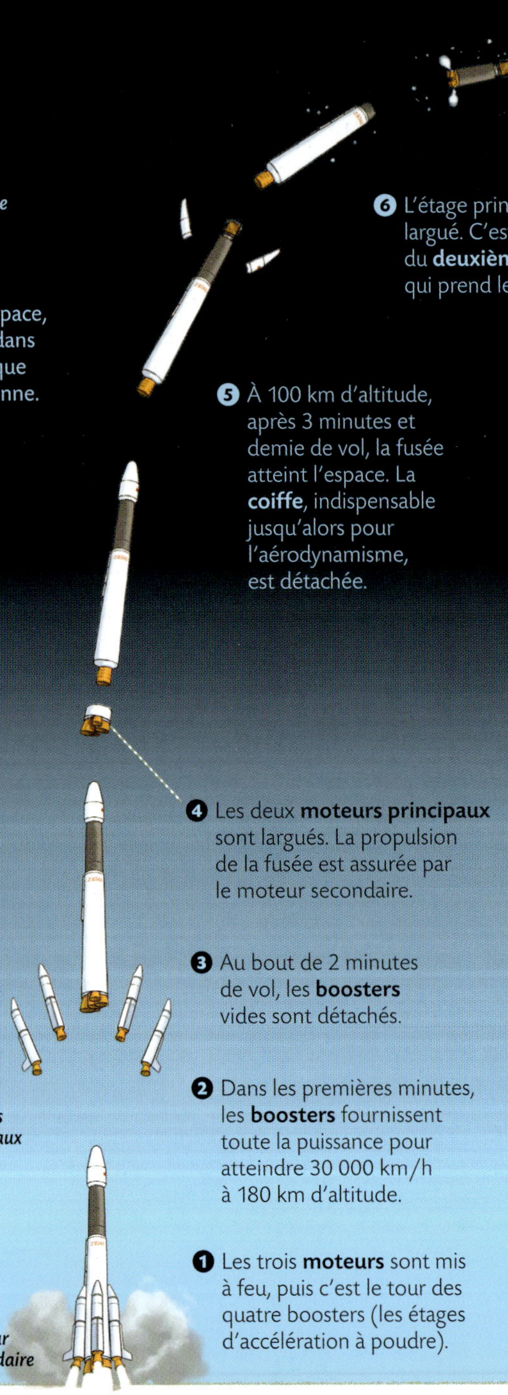

7 Les **satellites** de communication sont placés en orbite.

6 L'étage principal est largué. C'est le moteur du **deuxième étage** qui prend le relais.

5 À 100 km d'altitude, après 3 minutes et demie de vol, la fusée atteint l'espace. La **coiffe**, indispensable jusqu'alors pour l'aérodynamisme, est détachée.

4 Les deux **moteurs principaux** sont largués. La propulsion de la fusée est assurée par le moteur secondaire.

3 Au bout de 2 minutes de vol, les **boosters** vides sont détachés.

2 Dans les premières minutes, les **boosters** fournissent toute la puissance pour atteindre 30 000 km/h à 180 km d'altitude.

1 Les trois **moteurs** sont mis à feu, puis c'est le tour des quatre boosters (les étages d'accélération à poudre).

EXPÉRIENCE

Remplis une bouteille en plastique avec un peu d'eau. Perce un bouchon de liège pour introduire un gonfleur de ballon. Ferme la bouteille et place-la à l'envers sur un support, dans un jardin. Enfin, sous la surveillance d'un adulte, comprime l'air avec une pompe à vélo. D'un seul coup, la fusée à eau décolle. Elle peut atteindre une dizaine de mètres !

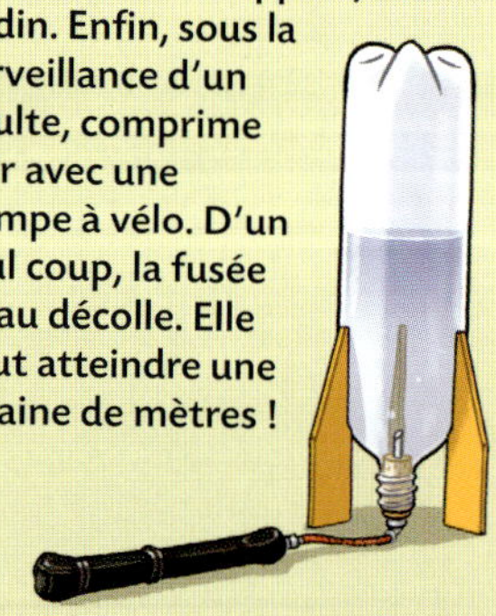

113

La navette spatiale

Une navette spatiale, c'est un avion ou une fusée, Pr Colza ?

Les deux, Théo ! À l'aller, la navette est propulsée comme une fusée, mais au retour, elle s'apparente plutôt à un planeur : ses ailes orientables lui permettent de revenir sur la Terre.

Le SpaceShipOne a été **conçu pour le tourisme spatial : ses passagers passent quelques instants au-delà de l'atmosphère. Il ne s'agit pas de faire un long voyage dans l'espace !**

Le **moteur-fusée** utilise un carburant solide à l'aspect de caoutchouc et un gaz.

La **cabine** comporte trois places : une pour le pilote et deux pour les passagers.

Lors de la mise à feu, une **réaction chimique** produit une grande quantité de gaz qui propulse le vaisseau.

Les **ailes** de l'avion sont articulées. Elles peuvent être horizontales ou verticales.

Comme dans un avion, le pilote actionne les leviers de commande des **ailerons**.

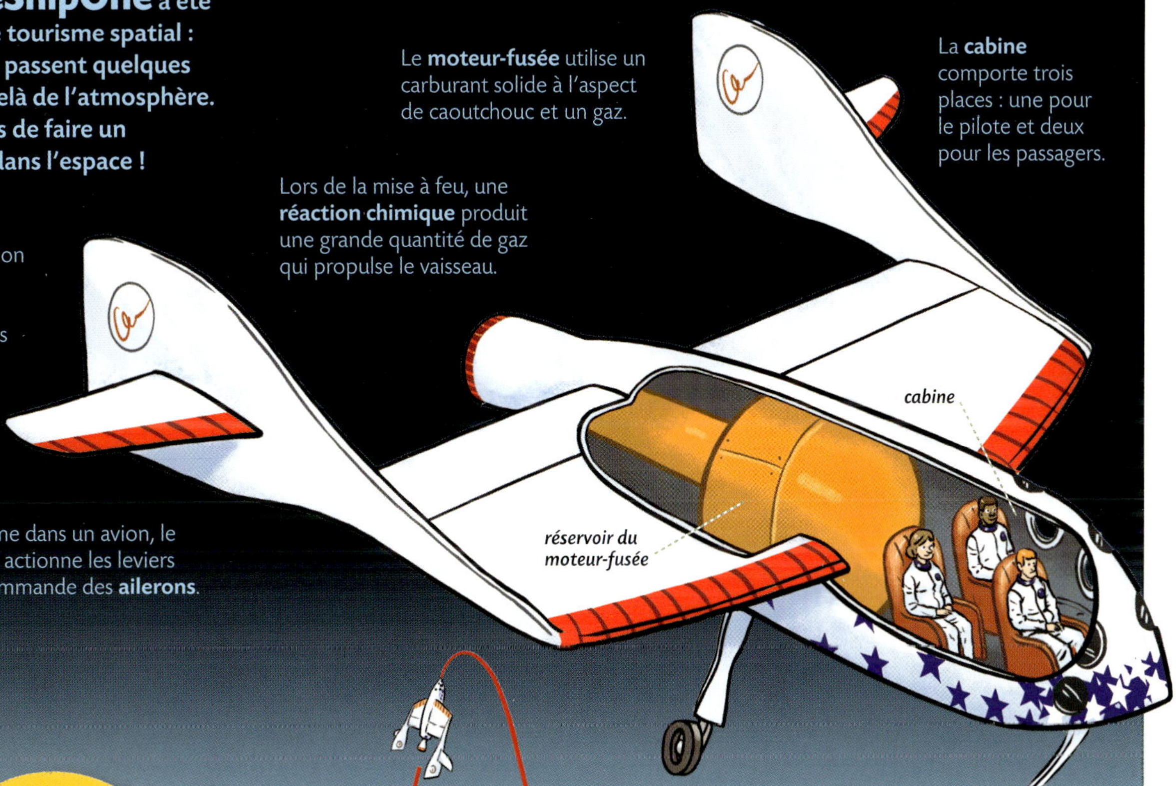

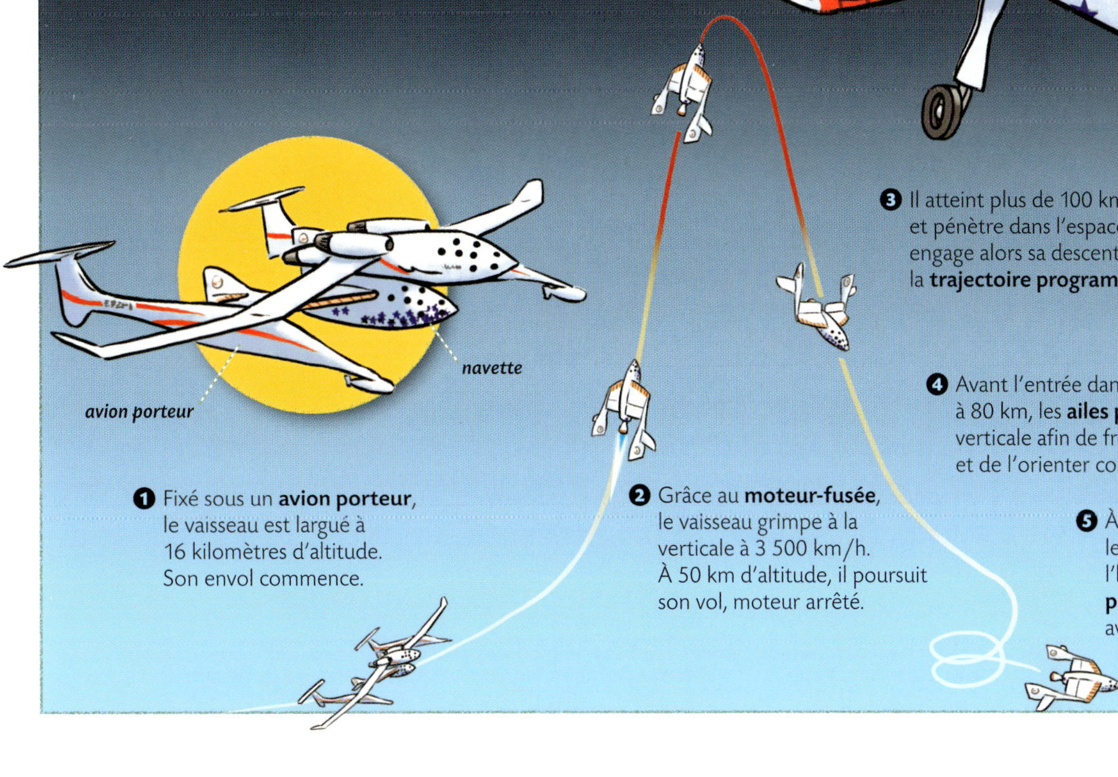

❶ Fixé sous un **avion porteur**, le vaisseau est largué à 16 kilomètres d'altitude. Son envol commence.

❷ Grâce au **moteur-fusée**, le vaisseau grimpe à la verticale à 3 500 km/h. À 50 km d'altitude, il poursuit son vol, moteur arrêté.

❸ Il atteint plus de 100 km d'altitude et pénètre dans l'espace. Il engage alors sa descente selon la **trajectoire programmée**.

❹ Avant l'entrée dans l'atmosphère, à 80 km, les **ailes pivotent** à la verticale afin de freiner le vaisseau et de l'orienter convenablement.

❺ À une altitude de 20 km, les ailes sont ramenées à l'horizontale. Le **vaisseau plane** pendant sa descente avant d'atterrir sur la piste.

LEXIQUE

Aimant
Un aimant a un pôle Nord et un pôle Sud. Grâce aux propriétés de son matériau, il crée un champ magnétique autour de lui qui attire tout objet contenant du fer. L'action à distance sur les électrons des fils électriques génère des effets électromagnétiques.

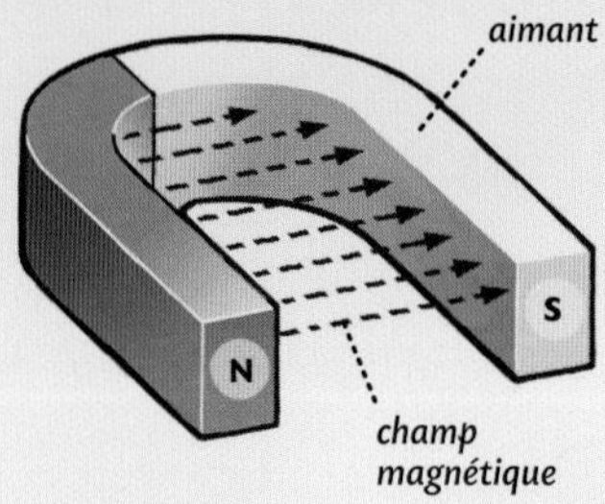

Alliage
Un alliage est obtenu en intégrant à un métal un ou plusieurs autres éléments chimiques, métalliques ou non. Le laiton est un alliage de cuivre et de zinc.

Alternateur
Machine rotative qui transforme l'énergie mécanique en énergie électrique. La dynamo d'un vélo, par exemple, est un alternateur.

Amplificateur
En électronique, système qui augmente la puissance d'un signal électrique, par exemple d'un son.

Analogique
Moyen d'enregistrer ou de transférer des sons ou des images sous forme d'un signal qui varie constamment, à la différence du numérique. Les appareils électroniques utilisent des convertisseurs analogique-numérique ou numérique-analogique.

Antenne
Dispositif permettant l'émission ou la réception des ondes électromagnétiques. Miniaturisées, les antennes sont intégrées dans les boîtiers des téléphones portables ou des box.

ASCII
C'est le code utilisé par tous les ordinateurs pour interpréter les lettres, les chiffres et les commandes du clavier. Le Z majuscule correspond à 90 et le z minuscule à 122.

Atome
Un atome est constitué d'un nuage d'électrons qui tournent autour du noyau composé de neutrons et de protons eux-mêmes formés de plus petites particules.

Ballast
Le ballast est un lest utilisé pour l'équilibre et la stabilité des montgolfières. Dans les sous-marins, c'est un volume que l'on remplit d'eau de mer ou que l'on vide pour modifier sa flottaison.

Batterie
Une batterie est composée d'une série d'accumulateurs. Chacun a deux électrodes (un pôle négatif et un pôle positif) plongées dans un électrolyte (une solution saline ou acide). Grâce à des réactions chimiques, l'accumulateur produit de l'électricité et peut être rechargé.

❶ Les ions (atomes de lithium ayant perdu un électron) circulent dans l'électrolyte entre les deux électrodes : le courant alimente l'ordinateur. Les réactions chimiques entraînent la modification des matériaux des deux électrodes. L'accumulateur se décharge.

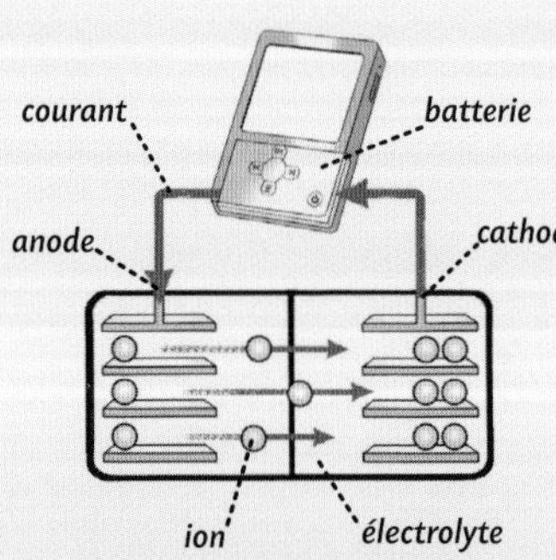

❷ Le chargeur est branché. Le courant qui circule rétablit l'état initial des électrodes et de l'électrolyte. L'accumulateur se recharge.

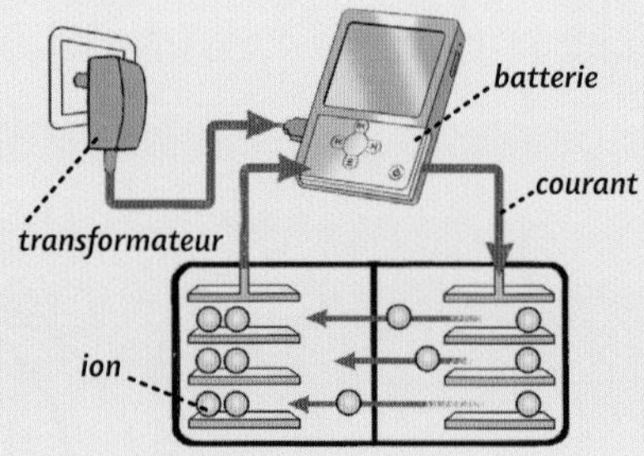

Bielle-manivelle
Ensemble de deux pièces mécaniques qui transforme un mouvement alternatif en un mouvement de rotation ou inversement. Grâce à ce mécanisme, les mouvements des pistons d'un moteur font tourner le vilebrequin puis les roues.

Binaire (calcul)
Les nombres décimaux peuvent s'écrire en binaire grâce à une conversion dans un tableau dont chaque colonne vaut 1, 2, 4, 8, 16, 32, 64, 128... Ainsi, 5 = 4 + 1 s'écrit 0101 ; 7 s'écrit 0111 ; 6 s'écrit 0110.

Le microprocesseur d'un ordinateur ne connaît que les nombres binaires. Pour additionner 7 et 6, par exemple, il commence par convertir ces chiffres en nombres binaires : une suite de 0 et de 1.

en binaire					*en décimal*
8	**4**	**2**	**1**		
0	1	0	1	↔	**5**
1	1	0	0	↔	**12**
0	1	1	1	↔	**7**
0	1	1	0	↔	**6**

Ensuite, il additionne les deux premiers chiffres de la colonne de droite : 0 et 1. Ces deux états électriques activent les entrées d'un ensemble de transistors. Un signal électrique correspond au résultat 1 + 0 = 1.

De la même façon, il additionne les chiffres de la deuxième colonne : 1 + 1. Le résultat est 0 et il y a une retenue de 1.

Puis il additionne les chiffres de la colonne suivante. 1 + 1 + 1 de retenue. Soit 1 avec une nouvelle retenue de 1.

Enfin, il additionne les chiffres de la dernière colonne. 0 + 0 + 1 =1. Le résultat est : 1011, c'est-à-dire 13, qui correspond bien, en décimal, à la somme de 6 + 7.

Bit (voir octet)
Contraction de l'anglais « binary digit » ou chiffre binaire. Un bit, c'est 0 ou 1. Un octet est une suite de 8 bits.

Bluetooth
Technologie qui permet les connexions sans fil à courte distance et la transmission de données par ondes entre différents appareils numériques.

Capteur
Composant mécanique ou électronique qui détecte des modifications de pression, de température, de rayonnement... et les traduit en signaux électriques.

Cellule photoélectrique
Capteur sensible à la lumière capable de commander un équipement automatique.

Cellule photovoltaïque
Composant électronique qui produit de l'électricité en transformant l'énergie lumineuse en énergie électrique.

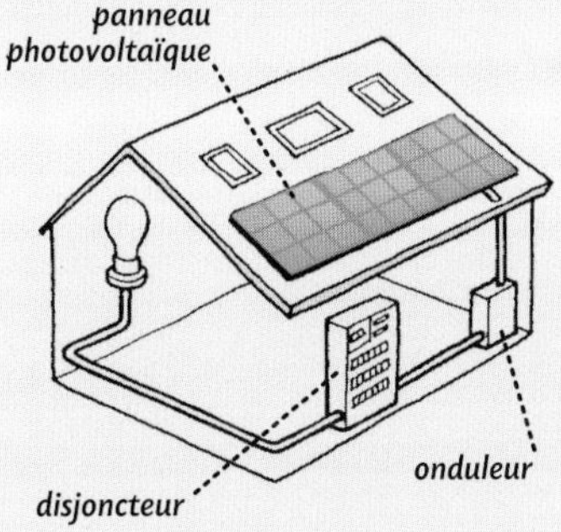

Centrifuge (effet ou force)
La force ou effet centrifuge tend à éloigner les objets qui tournent de leur centre de rotation. La force centripète s'oppose à l'effet de la force centrifuge.

Chaleur
Mode de transfert de l'énergie thermique déterminant les changements de température des objets. Le transfert de chaleur s'effectue toujours du plus chaud vers le plus froid.

Champ magnétique
Zone autour d'un aimant dans laquelle la force magnétique est constante.

Charge électrique
Un atome est électriquement neutre. Il devient chargé s'il perd ou gagne des électrons.

Circuit électrique
C'est une chaîne ininterrompue de conducteurs.

Circuit intégré
Ce composant électronique miniaturisé, également appelé puce, porte sur une très petite surface des milliers de composants électroniques élémentaires.

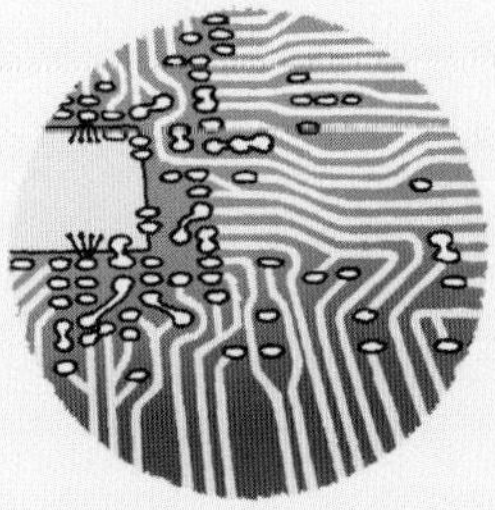

Combustible
Lorsqu'elle brûle, cette substance produit de l'énergie thermique (gaz, pétrole, bois...).

Conduction
Dans un matériau conducteur, les électrons se déplacent assez librement. Dans une solution liquide, ce sont des ions. Cela correspond au courant électrique. La conduction est aussi un mode de propagation de la chaleur qui s'effectue de proche en proche sans transport de matière grâce à l'agitation moléculaire.

Convection
Le transfert de chaleur par convection s'accompagne de mouvements de l'eau ou de l'air. Par exemple, l'eau qui chauffe dans une casserole monte alors que l'eau froide descend.

Couleur
L'addition des trois lumières colorées rouge, verte et bleue donne la lumière blanche. C'est la synthèse additive.
En peinture ou en imprimerie, les couleurs sont obtenues grâce à des pigments colorés. Les mélanges de cyan, magenta et jaune donnent l'ensemble des couleurs. C'est la synthèse soustractive.

Courant électrique
Mouvement d'ensemble des électrons dans un métal conducteur ou des ions dans une solution.

Cristaux liquides
Matériaux dont les éléments changent de direction en présence d'un courant électrique. Dans les écrans, ils laissent passer ou non la lumière.

Digital (voir numérique)

Diode électroluminescente
(ou led)
Composant électronique qui produit de la lumière.

Doppler (effet)
Il est perçu par exemple lors du passage d'un véhicule. Lorsqu'il se rapproche, le son devient plus aigu ; lorsqu'il s'éloigne, le son devient plus grave. La mesure de la différence de ces fréquences permet de calculer la vitesse du véhicule.

Dynamo (voir alternateur)

Électroaimant
Il est constitué d'un bobinage de fils électriques autour de pièces métalliques. Lorsqu'il est branché, il devient un aimant et produit une force électromagnétique (moteur) ou un champ magnétique (imagerie médicale).

Électron
Particule constitutive de l'atome, portant une charge électrique négative élémentaire.

Énergie
L'énergie se conserve. Elle ne se crée ni se détruit ; elle se transforme (l'énergie mécanique en énergie électrique par exemple).

Énergies renouvelables
Contrairement aux énergies fossiles (gaz naturel ou pétrole) dont les réserves diminuent, les énergies renouvelables utilisent des ressources naturelles considérées comme inépuisables : vent, soleil, marées, chutes d'eau, terre, chaleur de la terre... Elles n'engendrent pas ou peu de déchets ou d'émissions polluantes. La biomasse (biocarburants, biogaz) est une source d'énergie renouvelable car elle est renouvelée à l'échelle d'une vie humaine.

Engrenage
Ensemble de roues dentées qui transmettent et transforment un mouvement.

Fibre optique
Fil très fin en verre ou en matière plastique utilisé pour conduire la lumière et les données numériques.

Fluorescence
C'est une émission de lumière visible à partir d'une lumière invisible comme les ultraviolets.

Fréquence
Caractéristique des ondes électromagnétiques ou sonores. C'est le nombre de vibrations par seconde.

Générateur
Un générateur produit de l'énergie électrique à partir d'une autre forme d'énergie (mécanique, chimique...). Une pile, un accumulateur (ou batterie), un panneau photovoltaïque, un alternateur sont des générateurs électriques.

Gravitation
C'est une force qui régit les mouvements dans tout l'univers. Elle nous maintient au sol, garde la Lune en orbite autour de la Terre et la Terre en orbite autour du Soleil.

Gyroscopique (effet)
Une toupie, un diabolo, un yoyo, un frisbee... tiennent en équilibre lorsqu'ils tournent vite grâce à l'effet gyroscopique.

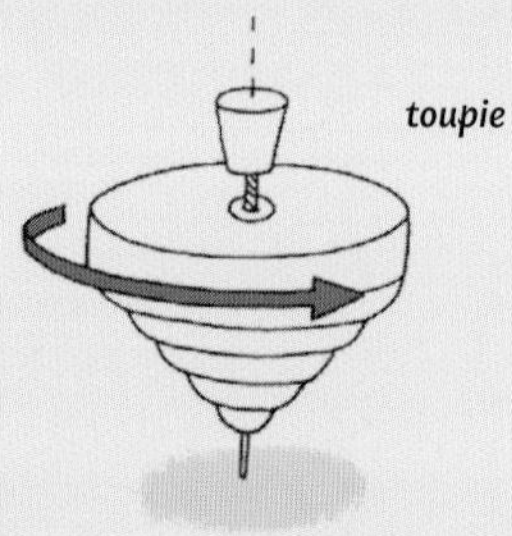

Horloge
Composant d'un ordinateur qui cadence le travail du microprocesseur.

Hydraulique
Concerne les machines ou les dispositifs qui utilisent l'eau ou un liquide. Un barrage est une centrale électrique hydraulique. Un moulin à eau est une machine hydraulique. Les vérins hydrauliques sont généralement actionnés par de l'huile sous pression.

Induction
Un champ magnétique variable, comme un aimant qui tourne ou un électroaimant, produit un courant électrique dans tout matériau conducteur à proximité. C'est l'induction électromagnétique, utilisée par exemple dans les chargeurs sans contact des brosses à dents électriques.

Inertie
L'inertie est la propriété d'un objet de conserver sa vitesse ou de rester immobile si aucune force externe ne s'y applique.

Infrarouge
Lumière invisible utilisée dans les capteurs optiques, les télécommandes et le chauffage.

Isolant
Matériau dont la structure limite la conduction de l'électricité ou de la chaleur. L'air est le meilleur des isolants thermiques.

Laser
Un laser (« light amplification by stimulated emission of radiation ») émet une lumière cohérente et d'une seule couleur. Il est utilisé entre autres pour lire ou graver les CD.

Lentille
Élément en verre ou en matière plastique, dont au moins l'une des faces n'est pas plane afin de faire converger ou diverger la lumière.

Levier
Mécanisme amplifiant la force ou le mouvement. Il en existe trois types distincts selon la position du point d'appui, de la force et de la résistance.

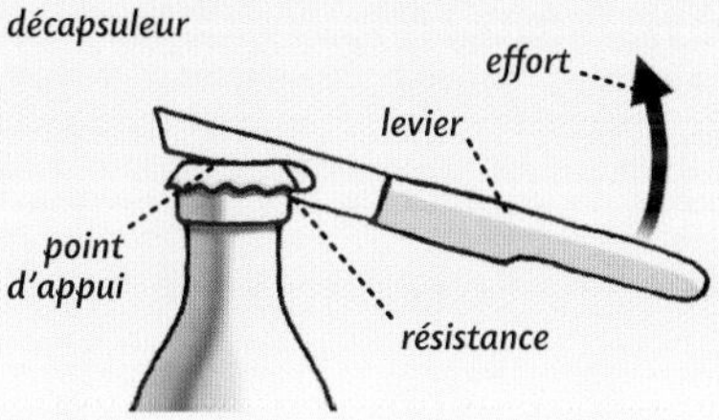

Lumière
La lumière est une onde électromagnétique. Il existe de la lumière visible et de la lumière invisible comme les infrarouges ou les ultraviolets. La lumière peut être chaude (soleil, lampe à incandescence) ou froide (tube fluorescent, luciole).

Luminescence
À la différence de l'incandescence (la lumière produite par une bougie ou un filament chauffé), la luminescence est l'émission de lumière « froide ». Les lucioles produisent de la lumière grâce à des réactions chimiques ; les diodes électroluminescentes, grâce à des phénomènes électroniques.

Magnus (effet)
Ce phénomène aérodynamique à l'origine des trajectoires des ballons est aussi utilisé pour la propulsion des bateaux dont la voilure est constituée de cylindres. Lorsque le vent souffle sur le cylindre en rotation, l'air est aspiré et accéléré sur la partie avant du cylindre et ralenti sur la partie arrière. Les surpressions et dépressions qui en résultent permettent au bateau d'avancer.

Matière
Tous les solides, les gaz, les liquides... sont constitués d'atomes qui sont les briques élémentaires de la matière. Selon leurs agencements et leurs liaisons, la matière a des formes et des propriétés différentes.

Microphone
Composant électronique qui transforme un son en un signal électrique.

Microprocesseur
Composant essentiel ou « cerveau » d'un ordinateur et de tout automatisme.

Molécule
Une molécule est un assemblage d'atomes identiques ou différents. Un atome d'oxygène et deux atomes d'hydrogène partagent leurs électrons et forment une molécule d'eau. Le sucre est un assemblage d'atomes de carbone, d'hydrogène et d'oxygène. Les matières plastiques sont des chaînes de plusieurs dizaines, voire de centaines de molécules, des macromolécules.

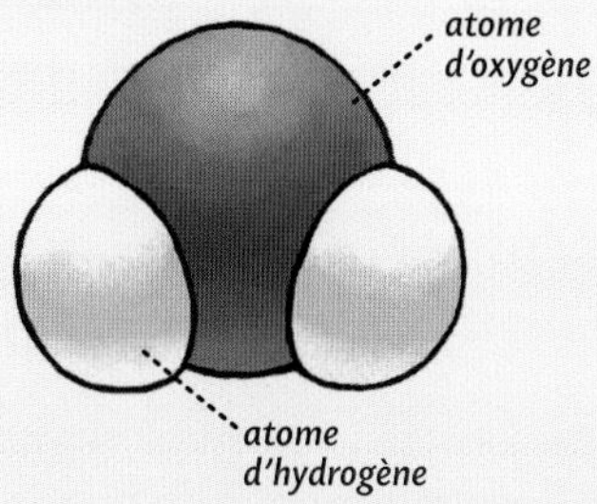

Moteur
Un moteur électrique transforme l'énergie électrique en énergie mécanique. Un moteur thermique (à essence, à fuel) transforme l'énergie de la combustion du carburant en énergie mécanique.

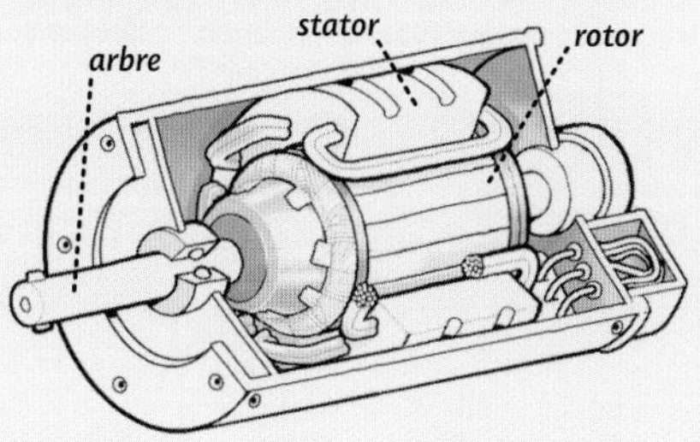

Nanotechnologie
Les nanotechnologies concernent les composants comme les nanotubes ou les nanofils, dont la taille avoisine le nanomètre (nm), c'est-à-dire de l'ordre du milliardième de mètre.

Neutron
Particule sans charge électrique. Les neutrons et les protons forment le noyau des atomes.

Nombre binaire
Nombre écrit en base 2 ; c'est une série de 0 et de 1. Comme un ordinateur ne sait faire que des opérations sur des nombres binaires, tous les nombres en base 10 sont convertis en base 2. Ainsi, 99 s'écrit 01100011.

Numérique (voir analogique)
Signal composé de deux états codés par 0 ou 1.

Numérisation
Moyen de stockage ou de transmission des données sous forme de nombres codés seulement avec des 0 et des 1.

Octet
Unité de mesure de la quantité de données en informatique. Un octet est composé de 8 bits (0 ou 1). 1 Ko = 1024 octets ; 1 Mo = 1024 Ko ; 1 Go = 1024 Mo

Ondes électromagnétiques
Vibrations émises naturellement ou produites artificiellement par un oscillateur et qui se propagent sans support matériel.

Ondes sonores
Vibrations qui se propagent grâce à l'air. Ces ondes mécaniques sont analogues aux vaguelettes produites par le jet d'une pierre dans l'eau.

Phosphorescent
Une matière phosphorescente continue à émettre de la lumière après avoir été éclairée.

Photon
Particule élémentaire de lumière, sans masse, transportant de l'énergie.

Piézoélectricité
Propriété de certains corps à réagir électriquement sous une action mécanique et réciproquement à se déformer quand ils sont électrisés. L'étincelle d'un briquet ou d'un allume-gaz résulte d'un choc sur un matériau qui produit une tension électrique. Inversement, une tension électrique appliquée sur un cristal de quartz engendre des déformations. Ces vibrations régulières deviennent la base de temps des montres ou horloges.

Pignon
Une roue dentée est un pignon.

Pile
Générateur d'électricité à partir d'énergie chimique.

Piston
Pièce métallique qui coulisse dans un cylindre.

Pixel
Plus petit élément d'une image numérique correspondant à un point de lumière avec sa composition de rouge, de vert et de bleu.

Portance
Cet effet de l'air sur une aile en mouvement crée une surpression en dessous et une dépression au-dessus. L'aile est ainsi aspirée vers le haut.

Poussée d'Archimède
Poussée subie par tout objet plongé dans l'eau ou dans l'air.

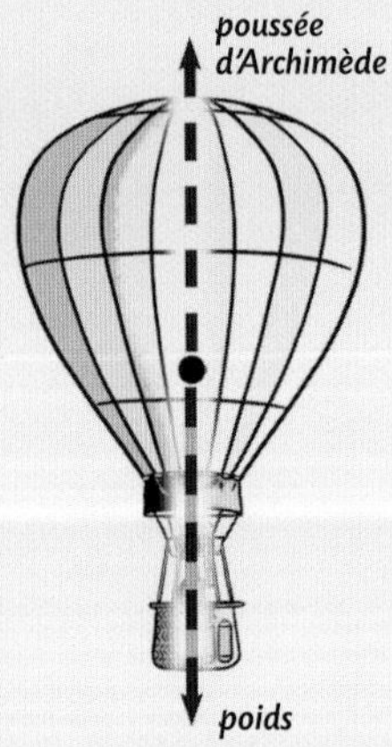

Pression
La pression est la force exercée par l'air, par l'eau, par une personne... sur une surface.

Prisme
Un prisme décompose la lumière blanche en lumières colorées de l'arc-en-ciel. Un prisme renvoie la lumière en changeant son orientation.

Programme informatique
Série des actions ordonnées logiquement pour le traitement des données.

Proton
Particule du noyau de l'atome, chargée positivement, de valeur équivalente à la charge négative de l'électron.

Puce
On appelle puce tout composant électronique miniature qui a de nombreuses pattes. Un microprocesseur est une puce.

Quartz
Ce composant essentiel des montres ou des horloges est un cristal naturel ou artificiel qui, sous l'effet d'un champ électrique, vibre régulièrement.

Radar
Dispositif permettant de détecter tous les objets dans l'espace aérien. Système de mesure et de contrôle de la vitesse des voitures.

Rayonnement
Le rayonnement est l'un des trois modes de transfert de la chaleur, avec la conduction et la convection.

Rayons X
Rayonnement électromagnétique utilisé pour photographier et contrôler l'intérieur du corps, des bagages...

radiographie des dents

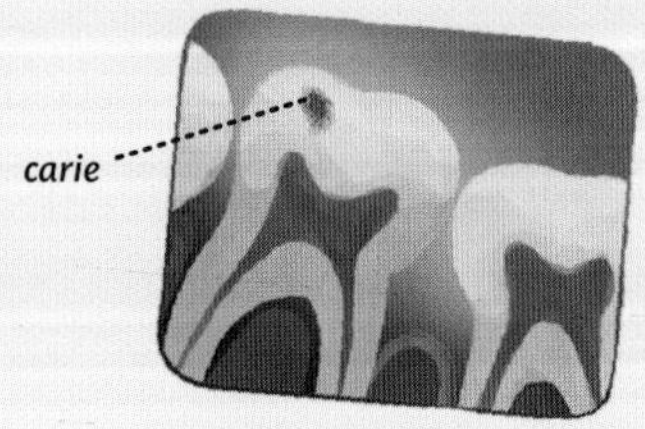

Résistance
Constituée d'un matériau qui résiste au passage du courant, une résistance électrique transforme l'énergie électrique en énergie thermique.

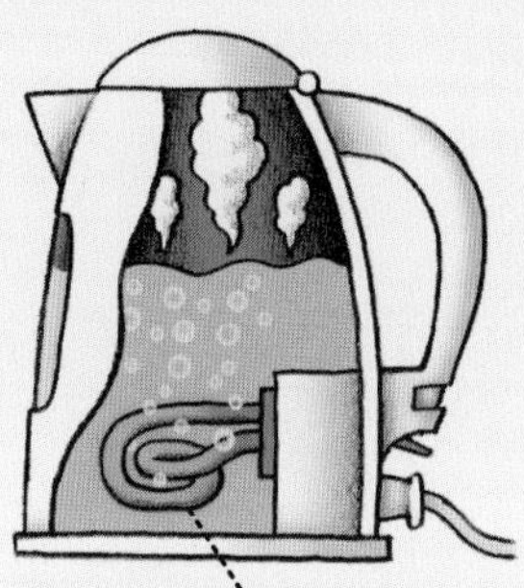

RFID
Radio Fréquence Identification. Moyen de lecture à distance des informations mémorisées dans la puce d'une carte ou d'une étiquette ne comportant pas de pile électrique.

Rotor
Dans un moteur électrique, le rotor est la partie mobile qui tourne par rapport à la partie fixe, le stator. Le rotor est aussi la voilure des hélicoptères.

Semi-conducteur
Matériau fabriqué à partir de silicium et dont les caractéristiques lui permettent d'être conducteur ou isolant électrique. Les leds, les cellules photoélectriques ou photovoltaïques, les transistors utilisent ces matériaux.

Signal électrique
Un signal électrique correspond à une variation dans le temps de la tension ou de l'intensité d'un courant électrique. Enfoncer une touche d'une calculatrice entraîne un signal (une impulsion) électrique ; parler dans un micro génère également des signaux électriques.

Silicium
Présent dans le sable, cet élément chimique est le constituant essentiel du verre et de la plupart des composants électroniques, semi-conducteurs.

Sonar
Dispositif analogue au radar mais utilisant les ondes sonores. La mesure de l'écho des sons émis permet de sonder les fonds marins mais aussi de voir à l'intérieur du corps grâce à l'échographie.

Stator
C'est la partie fixe d'un moteur électrique.

Thermostat
Grâce au thermostat, la température à l'intérieur d'un four ou d'un réfrigérateur, celle de l'eau d'un ballon ou d'une chaudière reste constante. Le liquide contenu dans l'ampoule et le tube capillaire se dilate lorsqu'il chauffe. Il exerce une pression sur le contacteur électrique qui arrête le chauffage. Lorsqu'il refroidit, il se contracte et rétablit le contact. Marche, arrêt, marche, arrêt… la température reste constante.

Traînée
Tout objet en mouvement dans l'air ou dans l'eau rencontre cette résistance due au frottement du fluide.

Transformateur
Un transformateur est constitué de bobinages de fils qui modifient les caractéristiques du courant électrique. Dans un chargeur d'appareil électronique, le courant de 230 V est transformé en 12 V.

Transistor
Composant électronique élémentaire à la base de l'électronique numérique et de l'informatique.

Turbine
L'eau, la vapeur d'eau, les gaz de combustion… font tourner les ailettes de la turbine dont l'arbre entraîne un alternateur.

Ultrason
Son non perçu par l'oreille humaine qui se propage facilement dans l'eau ou les milieux humides comme les tissus des organes.

Ultraviolet
Lumière non visible utilisée dans les lampes fluo-compactes ainsi que dans les détecteurs de faux billets.

Vapeur
État gazeux d'un corps comme l'eau, le mercure, le sodium… La vapeur d'eau est invisible. Le brouillard visible au-dessus d'une casserole d'eau est de la vapeur d'eau condensée : des fines gouttelettes d'eau.

Vis d'Archimède
Elle est utilisée pour pomper des liquides ou déplacer des grains ou des poudres.

Vis sans fin
Associée à un pignon, elle constitue un engrenage.

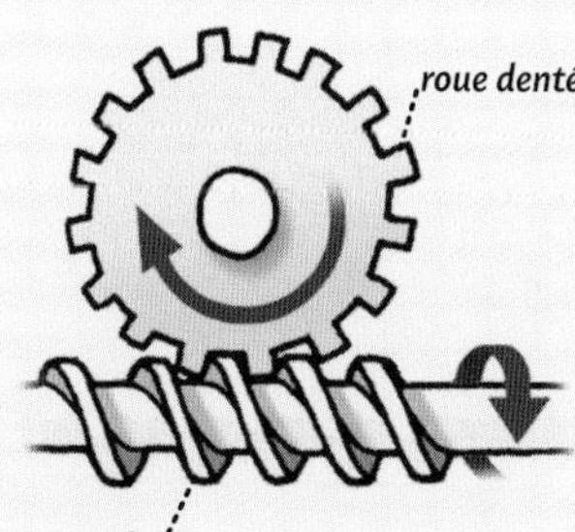

Wifi
Technologie de transmission de données informatiques sans fil et moyen d'accès à Internet.

CRÉDITS ILLUSTRATEURS

Didier Balicevic
Fiches 1, 8, 13, 15, 16, 17, 22, 23, 38, 39, 46, 47, 48, 49, 50, 51, 52, 62, 63, 64, 65, 68, 71, 80, 81, 82, 83, 84, 87, 88, 90, 91, 92, 93, 98, 99, 100, 102, 108, 109.
Dessins des 4 personnages
(Pr Colza, Pr Siphon, Julia et Théo)

Grégory Blot
Fiches 7, 14, 21, 25, 30, 36, 37, 44, 45, 56, 57, 60, 61, 62, 94, 95, 103, 104, 112, 113.

Buster Bone
Fiches 27, 55, 66, 69, 70, 75, 77, 96, 97, 105, 106.

Jazzi
Fiches 2, 3, 6, 9, 10, 18, 26, 28, 29, 31, 67, 72, 73, 74, 78, 79, 89, 101, 107, 110, 111.

Bruno Liance
Fiches 4, 5, 11, 12, 19, 20, 24, 32, 33, 34, 35, 40, 41, 42, 43, 53, 54, 58, 59, 76, 85, 86.

Tino
Pictos (chapitres, rubriques)

REMERCIEMENTS

À **DYSON** pour sa contribution à la fiche aspirateur (aspirateur à cyclones)

À **HP FRANCE** pour sa contribution à la fiche ordinateur
(portable Touchsmart à écran tactile)

À **PROMETHEAN** pour sa contribution à la fiche tableau blanc interactif

À **ALSTOM** pour sa contribution à la fiche train (AGV)

Merci à **TRISTAN LEBEAUME**
pour ses recherches documentaires et ses relectures

Merci à **JULIEN AUGUET** d'avoir posé
pour les photos présentant la réalité augmentée

CRÉDITS POUR LES VIDÉOS DES ANIMATIONS EN RÉALITÉ AUGMENTÉE

Domotique **1** : © Promotelec, www.promotelec.com

TBI **59** : © Promethean SAS, www.promethean.fr

Robot trayeur **86** : © Delaval, www.delavalfrance.fr

Navette spatiale **113** : © Virgin Galactic « Let the Journey begin »
www.virgingalactic.com

En application de la loi n°49.956 du 16 juillet 1949
sur les publications destinées à la jeunesse
N° d'éditeur : 10167240
Dépôt légal : mars 2010
Imprimé en France